〈内戦〉の世界史

デイヴィッド・アーミテイジ［著］
平田雅博／阪本 浩／細川道久［訳］

〈内戦〉の世界史

岩波書店

CIVIL WARS
A History in Ideas

by David Armitage

First published 2016 by Alfred A. Knopf, New York.
This Japanese edition published 2019
by Iwanami Shoten, Publishers, Tokyo
by arrangement with The Wylie Agency (UK) Ltd, London.

ニコラス・ヘンシャル（一九四四—二〇一五年）
クリストファー・ベイリ（一九四五—二〇一五年）
を追悼して

内戦？　それはいったい何の意味であるか。外戦というものが存在するか。すべて人間間のあらゆる戦争は、皆同胞間の戦いではないか。

——ヴィクトール・ユゴー『レ・ミゼラブル』（一八六二年）

どんなに人間が互いに兄弟たりえようとも、それは兄弟殺しから成長してきたものであり、どんな政治組織を人間がつくりあげてきたにせよ、それは犯罪に起源をもっているのである。

——ハンナ・アーレント『革命について』（一九六三年）

目　次

凡例

一、［　］は原注、〔　〕は訳注を示している。

一、必要に応じてルビ、原語を入れた。

一、原文のイタリックには傍点を付した。

一、注に引用されている原文は一部を除き省略した。

序章　内戦との対峙

一九四五年以来、ヨーロッパ、北アメリカ、それにオーストラリア、日本といった比較的裕福な国々は、「長い平和」と呼ばれる時代を経験している。第二次世界大戦後に到来した、国家間の戦争のないこの時期は、今や近現代史の中でも一番長く続いている。少なくともヨーロッパ内で、かつてもっとも穏やかだった時期といえば、ナポレオン戦争の終結からクリミア戦争までの期間（一八一五―五三年）、次いで一八七一年の普仏戦争の終結から一九一四年の第一次世界大戦の開戦までのおよそ四〇年間であった。しかし、グローバル・ノース〔北の先進諸国〕における最近の国際平和は、その大半の時期は冷戦の影が重くのしかかっていたとはいえ、すでにそうした過去の平和な時期よりも二〇年以上長くなっているのである。(1) 近年のグローバルな傾向によりさらに長くなりそうである。データのあるところで、直近の二〇一六年でいえば、国家間の戦争はインドとパキスタン、エリトリアとエチオピアの間で行われた二回きりであり、いずれも国境紛争だった。後者が行われたのはわずか二日間だった。(2) ロシアによるウクライナへの干渉、南シナ海の諸島をめぐって過熱する紛争にもかかわらず、長い平和は拡大し地球全体を覆うかのような状況を見せている。

とはいえ、われわれの時代も決して太平の世とは言えない。世界はいまだにきわめて暴力的な場所であることも確かである。(3) 二〇一六年には、アフガニスタンからイエメンまでの至る所で、四九件の武力紛争が進行していた。これには、テロ行為、騒擾《そうじょう》、あるいはこれ以外の形態をとる「非対称」戦争（そこでは非国家勢力が国家やその住民を攻撃する）は含まれていない。当初はアルカイダ、今やイスラーム国（ダーイシュ）とその支持者の活動によって、マンハッタンからムンバイ、シドニーからブリュッセルに至る世界中の市街地に戦争のための兵器が持ち込まれた。国家間こそ互いに平和を保っていても、その住民たちは遠くで起きている紛争（しかし、多くの住民はそれが自分たちの領域内の戦争であることを分かっている）の影響を受けており、とうてい気が休まらず安全とも感じていないのである。長い平和はいまだに暗い影――内戦の影――を引きずっている。

一九九〇年代初頭に、「歴史の終わり」の理論家たちは、資本主義と民主主義が地球全体に行き渡り、貿易の繁栄や確保された諸権利を享受する全ての人々を結びつけることになるだろうと確信を持って述べていた。こうした思想の信奉者たちはいわゆる民主主義的平和を主張した。（彼らが言うには）民主政体は互いに戦争を始めたりはしないから、民主主義が広まるにつれて、普遍的な平和もそれに続いて広まる、という見解である。それは哲学者イマニュエル・カント（一七二四―一八〇四年）の議論に基づいている。カントも永遠平和を確保する可能性をめぐって、長い伝統を持つヨーロッパの啓蒙思想の言説に依拠していた。(4) カントは決して世間知らずだったわけではなかった。彼は風刺を効かせて、オランダの宿屋には、墓場を描いた看板の絵と並んで、まさしく「永遠平和のために」の文言が書かれていた、と述べた。それは、唯一の真に永続的な平和は死という永遠の眠りであることを意味したのである。とはいえ、カントは国家間の平和は「けっして空虚な考えではなく」「しだいに実現され、つねにその目標に近づいていく課題に他ならない」と信じていた。(5) 彼の存命中に永遠平和に少しでも近づいたわけではない。カントは一八

○四年二月に亡くなるのだが、そのわずか一〇カ月後に、偉大な将軍にして帝国建設者であるナポレオンが皇帝となり、以後一〇年余りにわたって世界を震撼させるのである。そうであっても、それから二〇〇年余りが過ぎて、ついに国家間の武力紛争を乗り越えたかもしれないと、信じたがるものも多い。「われわれの本性の善なる天使」に従い、われわれはカントの夢を実現し、ついに「戦争をめぐる戦争に勝つ」ことができるだろう、と[6]。だが、われわれの周囲は死と破壊にあふれており、われわれが手にしている平和は、むしろ墓場の平和にも似ている。そして、近年、他のいかなる紛争にも増して墓場にあふれかえっている紛争は、国家間の戦争とかテロ行為などではなく、何よりも内戦なのである。

内戦は、もっとも広範囲に及び、もっとも破壊的で、もっとも特異な組織的対人暴力となっていった。冷戦終結後の数十年間には内戦が急増している。一九八九年以来、国家内の戦争が年に平均して二〇回起きている。これは、一八一六年から一九八九年までの年平均の約一〇倍である。一九四五年以後のこうした戦争における「戦死者の総数」は約二五〇〇万人であり、これは第二次世界大戦中の戦死者のおよそ半分である。これには、病人や栄養失調者はもちろんのこと、負傷者、難民、民間人の死者も含まれない。人的損失に劣らず甚大だったのは、物質的経済的な損失だった。グローバルな発展を冷徹に分析する者たちは、浪費された資源の価値、軍事費、犯罪や疾病の蔓延、近隣経済に与える混乱などとともに、生命、ひいては生産性の喪失を考慮に入れながら、戦争が成長に与える影響に注目してきた。その分析結果はどうだったろうか。内戦の代償は一年につきおよそ一二三〇億ドルであり、これはおよそグローバル・ノースによるグローバル・サウス〔南の発展途上国〕への経済援助の年間予算額である。したがって、内戦が「後ろ向きの発展」と冷ややかに書かれてきたのも無理はない[7]。

国家内の戦争は、国家間の戦争よりも――およそ四倍ほど――長期化する傾向があり、二〇世紀の後半には総じて二〇世紀前半の三倍ほど長く続いた。こうした紛争はまた他の紛争よりもはるかに再発しやすい。というのも「内戦のもっともありそうな遺産はさらなる内戦だ」からである。実際この一〇年間のほぼ全ての内戦は、以前の紛争が再発したものである。(8) 内戦は、開発経済学者のサー・ポール・コリアーが「底辺の一〇億」と呼んだ世界の最貧国――特にアフリカやアジアの――に偏って起こるようである。(9) 先進各国は一九四五年以後長い平和を享受してきたにしても、全世界の人々の大半は、それと同じくらい長い間、トラウマを経験してきた。オスロの内戦研究センターはそのウェブサイトでこうした特徴を列挙して、こう付け加えている。「とはいえ内戦は国家間の戦争ほど研究されていない」。(10) 内戦は、貧民に似て、常にわれわれとともにあるようだ。そしてそうである限り、内戦はおしなべて世界の貧民を苦しめることになるのである。

しかし、内戦は探求がなされないままであってはならない。よく言われるように、内戦は理論化が遅れていて、一般化も難しかった。カール・フォン・クラウゼヴィッツの『戦争論』やハンナ・アーレントの『革命について』に並び立つような『内戦論』と題した名著は存在しない。実際あとで触れるように、クラウゼヴィッツは内戦についてまったく論じていない。一方、アーレントは戦争そのものと同様、内戦も隔世遺伝的で反近代的なものと斥けていた。戦後ドイツの詩人にして政治評論家のハンス・マグヌス・エンツェンスベルガー(一九二九年生まれ)は、一九九三年に「内戦の理論として使いものになる理論は今日まで、一つもないのが実状なのだ」と述べた。(11) つい最近、イタリアの政治理論家ジョルジョ・アガンベン(一九四二年生まれ)は「今日、戦争理論にあたる「戦争学《ポレモロジー》」もあれば、平和理論にあたる「平和学《イレノロジー》」もあるが、内戦理論にあたる「内戦学《スタシオロジー》」は存在していない」と書いた。[12] こうした嘆きを長いこと耳にしてきた。ただ内戦の包括的な理論を提供することが私の目的ではない。その不足を埋め合わせる論文を上梓することでもない。歴史家として私がなしうることは、こうしたわれわれがいま抱える嘆きや不足感の原因を探り当てること、そして、いったいなぜわれわれは内戦についてこれほど混乱したままなのか、なぜ正面から向かい合おうとしないのか、を説明することである。

　われわれの時代は、内戦に毅然と立ち向かうことを求めている。一六四八年から一九四五年までの三〇〇年間は、国家間の戦争の時代だった。最近の六〇年間は国家内の戦争の時代のように見える。[13] 実際、これが数世紀にわたる対人紛争のパターンにおけるもっとも顕著な変化である。よく引用されるある推計によると、一九四五年以後、戦争のレヴェルまで達した紛争は世界各地に二五九件あり、そのうちの圧倒的多数は国内紛争であった。一九八九年以来、世界の戦争のうち、国家間で行われたのはわずか五％にすぎなかった。一九九〇年代のバルカン諸国の戦争、ないし、例えばルワンダ、ブルンジ、モザンビーク、ソマリア、ニカラグア、スリランカにおける戦争まで遡って考えてみるだけでも、こうした国内紛争が最近の記憶に強烈にいかに決定的に残っているか、またその後に生き延びた人々が引き継いだ苦しみがいかなるものかが分かるだろう。問題をさらに難しくしているのは、内戦が通常、それほど長く「国内《シヴィル》」に留まっていないことである。二〇一六年に、アフガニスタンからイエメンまでの四七件の国内紛争のうちの一八件までが、いわゆる国際化された内戦であった。これらは近隣諸国の諸勢力や外部の大国からの干渉を招いた。[14] 内戦は国境のことなど考慮しない。実際、内戦はしばしば国を転覆させる。人々が紛争によって追われ、安全を求めて故国を去るからである。内戦によって追い立てられた住民――特に二〇一二年以降のシリアでの一連の紛争の間に出た、当地からの難民はおよそ五〇〇万人を下らない――は、こうした流出のもっとも顕著な犠牲者である。彼らの惨状が難民危機を刺激し、その危機は何世代にもわたって中東、北アフリカ、ヨーロッパを再編しつつある。これに伴い安全や安定が揺るがされるために、われわれの世界は平和だとは言えなくなっている。われわれは内戦の世界にいるのである。

*

「戦争は地獄である」と語ったのはアメリカ南北戦争の将軍ウィリアム・テカムセ・シャーマンだとされる。しかし、これよりも悪いのは、ただ一つ――内戦である。[15] この事実については、幾世紀にもわたって広く意見が一致している。国内の戦争は外敵に対する戦争よりも破壊的になると考えられている。紀元前一世紀のローマの内戦の後に著作活動をした詩人ルカヌスは、壊滅した都という都、荒れ果てた田地、難民の群れから以下のような結論を下した。「これほど深く刃を突き立てることは、どんな外国人にもできなかったのだ。／深く抉《えぐ》られて残るその傷は、骨肉相食《こつにくあいは》む内戦の手のしからしめた業《わざ》」。内戦はさながら、内部から蝕んでいく政治的身体の病である。ルネサンス期の随筆家ミシェル・ド・モンテーニュならば、フランスの宗教戦争〔ユグノー戦争、一五六二―九八年〕の間に読者に「たしかに、外国との戦争は、内戦と比較すれば、はるかにおだやかな病気だといえる」と同じように警告していただろう。内戦は危険にしてかつ道徳的にも堕落していた。一九二二年のアイルランド内戦の直前に、高齢の聖職者は「外国人との戦争は、国家の最良にしてもっとも高貴なものをことごとく表面化させる――それにひき換え、内戦は卑怯で卑劣なものをことごとくひきつける」と嘆いた。[16] 戦闘が終わってからも癒やしがたい傷を残す。「深刻な内戦のうち、終わりを迎えられたものはあるのだろうか、疑問に思います」と、T・S・エリオットは一九四七年に記した。[17]一九七〇年にスペインを訪問した前大統領シャルル・ド・ゴールもこれを認めていた。「全ての戦争は悪い……しかし、相戦う両者の塹壕に同胞がいる内戦は、許しがたい。なぜならば、戦争が終わっても平和がやってこないからである」と。[18]

　内戦は間違いなく非人間的であるが、あまりに拡散しかつ永続しているので、われわれの人間性に本質的に備わるものではないか、と思うものもいる。エンツェンスベルガーが論じているように、「動物たちは闘争はするけれども、戦争をすることはない。人間だけが――霊長類の中でも特殊なことに――、自身の同類を計画的に、大規模に、かつ熱狂的に殺戮する」のである。身近な隣人に攻撃を加えることほど、きわめて人間的でありながら、他の動物の習性とはひどく異なることがあるだろうか。職業軍人によって遂行され、戦争法によって制限される公式の戦争は、近代的で最近のものだったが、この外見の裏に潜むものは、より基本的で永続する、非人間性の形態、すなわち内戦である。「内戦というものは、単に古い慣習の一つではない。内戦こそが、あらゆる集団的な抗争の、原初形態なのだろう」というのがエンツェンスベルガーの結論である。[19]

　エンツェンスベルガーがそう記したのは、アフリカやバルカン諸国の民族紛争の余波が続く時代であり、それは、一九九一年に〔合衆国で〕アフリカ系アメリカ人の運転手を殴った警察官に無罪判決が出て、翌一九九二年四月から五月のロサンゼルス暴動があってから間もない頃でもあった。この時はちょうど人間同士でふるわれる暴力が、あたかも、人類の持つ最悪な部分を再び蔓延させるかのごとく、また市民戦士としてのわれわれの運命を確認するかのごとく、また大陸を越えて、かつ都市の内部にまで浸透して、世界中でその頂点に達したように感じられた時であった。エンツェンスベルガーが、内戦が常にわれわれとともにあったと仮定しても仕方がないだろう。世界の神話のかくも多く――『マハーバーラタ』におけるクリシュナとアルジュナ、ヘブライ語聖書のカインとアベル、ギリシア神話におけるエテオクレスとポリュネイケス、ローマ人にとってのロムルスとレムス――では、殺し合いの暴力、特に兄弟殺しの暴力がその基本になっていることを示すかのように、この暴力に関心が払われている。[20] このような神話は紛争の感情的な次元を捉えるには役に立つかもしれないが、その永続性は内戦の必然性と誤解されてはならない。

内戦とはあらゆる対人紛争の中でももっとも破壊的で侵略的なものであるとも、長らく言われてきた。それにはまっとうな理由がある。紀元前一世紀におけるローマ内戦の最盛期には、一七歳から四五歳までの男子全市民の恐らく四分の一が兵役についていた。[21] それから一七〇〇年経った一六四〇年代の内戦で亡くなった犠牲者のイングランド全人口に占める比率は、第一次世界大戦の戦死者の比率よりも恐らく高かった。[22] アメリカ南北戦争の死亡者数は、第二次世界大戦におけるアメリカ人戦死者よりも人口比ではかなり高かった。すなわち、前者は南北合わせて七五万人と推計され、これは今日のアメリカ合衆国の人口でいえばおよそ七五〇万人の死者が出たことになる。[23] このような大規模な殺戮によって家族は引き裂かれ、共同体は分断されて、国家が形作られる。この殺戮は、その後の数世紀にわたる記憶にも傷跡を残すことになる。

とはいっても、内戦は、われわれ人間社会に不可欠なもの――われわれを人間たらしめているソフトウェアの特質であって不具合（バグ）ではない――なのだと決めてかかることには慎重でなくてはならない。というのも、そのように仮定してしまっては、われわれは永久に内戦に苦しむ運命となり、カントが約束した永遠平和には決して到達しないからである。永遠平和に到達するよりも永久に内戦に苦しめられる定めにあるのだとする見方を打破するために、私は、歴史という道具を使って、内戦という課題に挑んでみようと思う。本書の全体を通じて、私が示したいのは、内戦が恒久的でもなく不可解なものでもないことである。私が論じるのは、この現象が歴史的概念と並走していること、つまり共和政期ローマの恐るべき起源から、論争の的となっている現代、そして変わらず物議をかもしているだろう未来へと辿れるものだ、ということだ。それには、終わりこそいまだ見えずとも、始まりを特定できる歴史がある。歴史を探求していくと、内戦が状況に左右されてきたことが明らかとなり、内戦の恒久性や持続性を想定している人々を反駁できるのである。私は、人間が発明したものは人間が解体もできること、また、知的な意志によって祭り上げられてきたものも、同様に創意に富む意志を働かせて祭壇から引きずり下ろせるものだということを示したい。

私の目的は、内戦の歴史を掘り起こすに留まらず、われわれの世界観を作り上げる上で内戦が持つ意義を強調することでもある。内戦は、その破壊性にもかかわらず、歴史を通じて、多くの概念を生み出してくれた、と言えるだろう。少し挙げるだけでも、民主主義、政治、権威、革命、国際法、世界市民主義、人道主義、グローバル化といった概念は、内戦が突きつけた挑戦なくしては、かなり違ったものどころか、かなり貧弱なものにさえなっていただろう(24)。また、内戦の経験――内戦を理解し、緩和し、阻止しさえする努力――によって、今日までの共同体、権威、主権をめぐるわれわれの考え方が形成されてきたし、考え方への着想も与えられ続けているのである。内戦は深くて和解の余地のない分断から生じるが、内戦によって自分たちの帰属意識や共通の属性がえぐり出されたりする。ある戦争を「内戦」と呼ぶことは、敵を同じ共同体の構成員——外国人ではなく同胞市民である——と見なす親近性を認めることである。ドイツの法思想家カール・シュミット（一八八八—一九八五年）は以下のように述べた。「内戦には独特の陰惨さがある。それは骨肉間の闘争である。なぜなら敵をも包摂する共通の政治的単位内の闘争であり、両陣営ともに共通の統一体に対して同時に絶対的肯定と絶対的否定をもって臨むからである[25]」。これがわれわれが内戦に恐怖を抱く源泉である。内戦にあっては、敵対しつつも同胞であることを互いに認めあうこと——敵対する相手を映す鏡にこちら側も映し出すこと——が持っている意味を軽んじてはならないのである。

内戦の定義は、万人を満足させたり、疑問や論争なしに使われたりしたことは一度もなかった。そのために逆説的ながら、かえって豊かな研究成果をもたらした。これは内戦の概念がこれほど多くの異なる歴史的背景の中で議論されてきたためでもある。とはいえ、命名するということは一つの枠に当てはめることになる。ある対象を理解することは、まずは類似するものからそれを区別することであり、このことは、この対象を言葉で飼い慣らすことによって、それはいったい何なのかを必然的に確定していくことになる。次いで、どのような点が特異なのかが分かれば、そのありよう、継続性、差異性も分かり始めるようになり、ひいては理解も深まっていくのである。

この命名の問題は、政治思想がかかわっている場合にはとりわけ深刻である。われわれは、味方を説得し、敵を倒すためにこうした言葉を考案する。新しい事態が起こった場合、「私たちは何をしているのか」とその事態を理解すると同時に、相手側にもこちら側の理解を共有してもらうために、新しい言葉を作り出さなければならないのである。けれども、それが「内戦」といった言葉だとしたら、あれこれ定義を考える前に政治の方が先行してしまうのだ。ある戦争が「外戦《フォーリン》」というより「内戦《シヴィル》」とされるのはどうしてなのか。「外戦」と「内戦」の違いに、人は常に躍起となる。また何をもって暴力と「戦争」との見分けをつけるのか。またしても、戦争は一連の小競り合いとは異なる意味を持つのである。こうした問いをしていくだけでも、少なくとも二、三の論点を定める必要がある。すなわち、何が「内戦」なのか（何が「内戦」ではないのか）、これとともに何をもって戦争と見なすのか（そして戦争とは見なさないのか）を考えることである。何が内戦で何が内戦でないのかを決定するのは、決して容易ではないが、その区別は内戦というカテゴリーが創出される以前はまったく考えもつかなかったのである。

　内戦に注目しているのは研究者ばかりではない。内戦という言葉が使われると当事者間の争いを引き起こすことにもなる。既存の政府は、常に内戦を正当な権威に逆らう反乱、ないし非合法的な蜂起と見なすであろう。内戦が失敗に終わる場合は特にそうである。クラレンドン伯（一六〇九―七四年）はイングランドの一七世紀半ばの紛争に関する彼の王党派としての説明に『イングランドにおける反乱と内戦』（一七〇二―〇四年刊行）とのタイトルを付けたが、これは明らかに「反乱者」の正当性を拒むものだった。[26] 同じ理由で、一八八〇年から一九〇一年にかけて出版された、合衆国の「内戦（南北戦争）」の七〇巻に及ぶ公的歴史書も『反乱戦争《ウォー・オヴ・レベリオン》』と名付けられた。これも敵対して敗北した「反乱者」の正当性を認めないことをはっきりと意図したタイトルである。[27] 対照的に、内戦における勝利者は、例えばアメリカやフランスの「革命」がそうだったように、自分たちの闘争をよく革命として顕彰しようとする。主語が変わると述語もたやすく変わる。私は革命家である。あなたは反乱者である。彼らは内戦に突入している、といったように。

われわれのように幸運にも長い平和の下で暮らせている人間にとって、内戦はいまや、生《なま》の経験というよりも記憶や比喩の問題となっている。内戦は今日では、歴史の再現映像やSF的なビデオゲームにおいて、もっとお堅いところでは議会討論、政党間の権力闘争の中で起きている。例えば、合衆国連邦議会議員ニュート・ギングリッチは、一九八八年にアメリカ政治は内戦さながらだ、と書いた。「中心部にいる左翼は、シャイローの戦いの後のグラント将軍ばりに、これは内戦だ、勝てるのは片方だけだ、負けた一方は歴史の中に追放されてしまう、と決め込んでいる」。次いで彼はこの戦いのあらましを述べた。「この戦争は、まさに内戦にふさわしい規模、持続性、野蛮さをもって戦われなければならない。われわれの内戦が戦場ではなく投票箱で戦われていることを、この国にいて大いに幸運に思う。とはいえ、これは内戦に他ならないのである(28)」。より最近だと、二〇一五年一一月のイスラーム国（ダーイシュ）によるパリ同時多発テロ事件の後に、フランスの首相マニュエル・ヴァルスは、右翼の国民戦線がフランスの内戦をあおっている、として次のように非難した。「我が国には二つの選択肢がある。一つは、基本的に分断を扇動する極右という選択肢である。この分断は内戦へと至る。もう一つは共和国とその価値観のヴィジョンであり、これは一致協力を意味する(29)」。本書で言及するように、政党政治の不安定化によって、合衆国における共和党員同士、イギリス労働党内部、ブラジルの派閥政治エリートの間には、「内戦」のような告発が渦を巻いている。世界中で、民主主義政治はこれまで以上に別の手段で行われる内戦の様相を呈しているのである。

内戦は、ニュースの見出しやその現場、胸の内や頭の中、過去の内戦の顕彰などどこにでも存在する。内戦を一切免れてきたとする国もあるが、内戦の記憶なくしては自らを語れない国もある。その一つは合衆国である。そして国際社会はいまだに、他の国、例えばイラクを、内戦が果てしなく続く恒久的な戦場と見なしている。歴史が持つ効用――ことによるとそれは、歴史を忘れないようかけられた呪いかもしれない――とは、内戦はその一般的な使い方に見られるように、きっちりとして分かりやすいカテゴリーに収まるものでは決してないことを気付かせてくれることにある。

　とはいえ、一九九〇年代のリベリア、ルワンダばかりか、もっと最近でのイラク、アフガニスタン、シリアの紛争で起きているように、かくも多くの国内紛争が国境を越えて広がり外部から参戦者を引き入れたりしている時に、いかにして内戦を他の類いの戦争と区別できるのだろうか。アルカイダのように国境横断的な活動家で構成された反乱集団が、イスラーム国（ダーイシュ）の追求するカリフ国のような超国家的な共同体を建設する意志を表明することで、現在の諸国家からなる世界秩序の打倒を目論んでいるが、このような戦争は「内戦」――同一の共同体の同胞メンバー間に起こるという意味での――と言えるのだろうか。非常に多様なパターン――民族紛争、分離戦争や民族解放戦争、継承権を争う闘争など――があらゆる時代に世界中に見られたり、特定の暴力の事例を集団的な行動の広範なパターンの一部として分析するのにローカルな事情だけでは説明がつかないことがあったりするのに、どの内戦も本当に同じ種類の中のサンプルと言えるのか。[30] 特定の内戦を、グローバルな現象となったいかなる「新しい」戦争とも区別できるのか。[31] 要するに内戦とは何であるのか。

　内戦のような複雑な概念にはそのいずれにも多種多様の過去がある。歴史家は、われわれの現在の理解に至ったいくつもの曲がりくねった道とともに、通らなかった道も示すことができる。この手続きを流行の専門用語では「知的系譜論」という。この方法には家族史との共通点がいくつかある。過去を掘り起こすこと、ルーツを探すこと、込み入った歴史の脇道にそれることに常に寛容であること、などである。しかし、重要な違いもある。[32] 系譜論的な探求は、誰が誰の子孫であるか、誰が誰を生んだか、といった継続性に焦点を当てている。そして、家族の系譜論の目的がおおかた自己肯定とするならば、知的系譜論は懐疑主義や謙虚さを育てる。知的系譜論は、断絶ないし不連続を辿り、われわれ自身の取り決めなどいかに偶然であって必然ではないこと、選択の結果であって企画の産物ではないこと、偶発的で、したがって一時的で交換可能であること、を教えてくれる。このアプローチの優れた提唱者は次のように論じた。「ある概念の系譜を辿っていくと、われわれはそれがかつて使われていたのとは違う方法を発見する。そこで、それが現在いかに理解されているかを批判的に考察するための手段を身につけていく」[33]。

こういった概念の系譜論を開始したのは、フリードリヒ・ニーチェ（一八四四―一九〇〇年）であった。ニーチェは『道徳の系譜』（一八八七年）で「すでに存在するもの、あるいは何らかの方法で存在するようになったものは、常にその上位にある力によって新たな意図の下で解釈され、……新たな用途のために作り替えられ、向きを変えられるものである」と指摘した。ニーチェは、思想はなぜ出現するのか、それがかつて貢献した目的は何だったか、いかなる権力関係によってその持続性が持ちこたえたか、背景にあった当初の意図がすっかりなくなってからかなり経ってもいまだに抱えている初期の特徴は何か、を説明したかったのである。[34] ニーチェは優れた古典学者として、複雑な言葉の中に蓄積された意味の重層性を研究する語源学の重要性を知っていたので、この手法を使って思想と実践を分析した。彼の処方箋は説得力があるし明快でもあった。語義学的にいって、「全過程をすっぽりと含み込んでしまうような全ての概念は、定義できない。歴史を持たないもののしか、定義できない」[35]。すなわち、歴史の重みが単一の概念にあまりにも凝縮されているために、いくら純化しようと努力を重ねても、その概念が持つ複雑さを全て取り除くことはできなくなる、ということである。そのため、過去、とりわけ複雑で論争的な過去について、その意味を万人が納得するように正確に叙述することはできないのである。

ニーチェは内戦を取り上げていないが、たやすく事例研究にもなったはずである（何しろ『道徳の系譜』には「一つの論駁書」（文字通りの「論争の書」）というサブタイトルが付いていたのだから）。内戦の複雑な歴史を無視しない限り、定義を下すことはできない。というのも、歴史は、内戦とはいったい何なのかについて、すなわち合意に達した内戦の定義が一切ないことを示しているからである。内戦は、幾世紀にもわたって様々な目的のために様々な脈絡で再解釈され、再使用されてきた、基本的に政治的な概念である。それは一見叙述的ながら、かたくなに規範的であり、いかなるしっかりした定義よりも諸々の価値観や解釈を示している。

内戦は、哲学者が本質的に論争的な概念と名付けるものの一事例である。そのように呼ばれる理由は、内戦の概念が用いられると、「それが適切な使い方かどうかをめぐって、使い手の間で果てしのない論議が起きるのは避けられない」からである。こうしたことが起こるのは、特定の事例にこの概念を適用することであまりある利点が得られる――失うものも同じくらい多い――からであり、かつ、他の論争的な概念――例えば、芸術、民主主義、正義――と同様、それを使用すると価値判断になるからである。そのオブジェは芸術作品か。この政治システムは民主主義的か。この手続きは正しいか。こうした用語を使う人は誰しも、それが表す内戦の評価をめぐって批判を浴びる可能性があることに多少とも気付くべきである。(36)同時にこの使用者はまた、こうした概念を使用することは「遺産として引き継がれる果てしない知的な仕事という面から歴史的に理解されなければならない」こと、また「そうした論争を引き起こす解釈の歴史」は「過去からの継続によって制約される」が「将来の議論の可能性、それどころかその必要性も決して締め出すものではない」ことを肝に銘じるべきだろう[37]。

　こうしてみると、内戦の概念についてのもっとも有益な考察は、一九八九年ないし一九四五年の視野からかなり遡り、数世紀という長期にわたってその歴史を辿ることだろう。とはいえ、このアプローチは、内戦をめぐるごく最近の研究——そのほとんどは、かなり短い期間に焦点を当てる学問研究に支配されてしまっている——に対抗することになる。冷戦が終結した後、社会科学の専門家の間で「内戦研究のブーム」が起きた[38]。特にアフリカの低開発を研究する経済学者は、内戦をその主な原因の一つとして見出した。この現象は、国際関係論の研究者も引きつけた。国家間の戦争という彼らの伝統的なテーマがまさに彼らの目の前で消えつつあったからである。さらに、一九八九年以後の時期における明らかに民族的な紛争が噴出すると、バルカン諸国からアフリカのホーン岬までの世界各地の内紛の様々な原因への関心がかき立てられた[39]。社会科学者はしばしば第二次世界大戦以後に起きた紛争しか研究しない。それが彼らの規準となっているデータベースの一つ、ウプサラ大学の紛争データ・プロジェクトが第二次世界大戦で始まっているからである[40]。他にも、戦争相関プロジェクト（ミシガン大学に創設されたが今ではペンシルヴェニア州立大学で行われている）が手がける膨大なデータベース（これは一八一六年まで遡っている）を使って視野を広げる者もいる[41]。しかし、過去二世紀以上にわたる比較の視野、長期間の視野の下で内戦を検証した者はいない[42]。

　歴史家というと、やはり助けにはならない。彼ら——われわれというべきだが——は特定の紛争——イングランド内戦、アメリカ南北戦争、スペイン内戦——を研究しがちである。われわれ歴史家は、それを時間を越えて、かつ世界中で起こる、連続した現象と捉えることはなかった。その代わりに、われわれは、根底にあるパターンやモデルを浮かび上がらせることで得られる明晰さよりもむしろ、歴史的な特殊性をふんだんに再構築することを重視してきた[43]。最近まで、職業的な歴史家の多くは自然寿命に近い時間幅——一〇〇年を超えることはまれでしばしば数十年、それどころか数年——を集中的に研究して満足していたことは、決して偶然ではない。しかし、ごく最近になって、多くの歴史家は、流行遅れになっていた大きな歴史像、長期的な見方に帰りつつある。その目的は、過去数十年ないし数世紀にわたって存在する、われわれの時代のもっとも喫緊の課題のいくつか——気候変動、不平等、グローバル統治の危機——の起源を明らかにすることである[44]。より長い展望、つまり歴史からの展望は、過去二〇〇〇年にわたる内戦の中で、いったい何が問題となってきたか、課題として残っているかを見ようとするならばきわめて重要となるのである。

　私は、「思想の歴史」として知られる、長い伝統のある既存の思想史と区別するために本書を「思想における歴史」〔本書原著の副題〕と呼んでいる[45]。「思想の歴史」は、幾世紀ないし幾千年にもわたる大きな概念——自然、ロマン主義、存在の大いなる連鎖——の伝記を、あたかも思想自体が生きているかのように、かつ思想を活用する人々からは独立して存在するかのように再構築した。しかし、時を経て、思想が現世の人間生活のはるか彼方に存在するプラトン的な天上界に棲息するとの考え方は、より厳格な思想史家の間では思想の歴史への信頼を失墜させてしまい、重要な概念の歴史的理解が貧しくなってしまった。ごく最近になって彼ら——これもわれわれというべきである——は、より長期にわたる思想における一層繊細で複雑な歴史を構築する勇気を取り戻した。こうして、とりわけ、幸福と天才、寛容とコモンセンス、主権と持続可能性といった概念が今や研究の中心的なテーマとなっているのである。(46) 本書は、西洋の議論、かつグローバルな論議において鍵となる思想を、複数の歴史的背景において検証することで、こうした新しい歴史に参加するものである。本書は、起点をローマにはっきり定めて、それ以前のギリシアにまでは遡らない。われわれの政治的語彙の形成において、全ての道はローマから始まるというわけでもないが、かなり多くの語彙はローマから始まる。そのうちのいくつかは現代の語彙の中でももっとも永続的な思想となっている。これに含まれるのは、自由、帝国、財産、権利、そして内戦である。(47)

この類いの歴史を描く上で視点となる「思想」は、イデア論の天空から現世に時折舞い降りるような実体のないものではなく、時間をまたいでばらばらに形成され議論される、かなり重要な論点であり、いずれの論争の実例もその初期と後期の両方の論点に顕著に――でなければ少なくとも証明できる形で――結びついているのである。前提は変化しようとも、こうした「思想」は時間を越えて共通の名称に結びつけられている。思想はまた、過去との対話、ときには未来との対話によって蓄積された意味の重みで結びつけられている。内戦はこうした思想における歴史の中で真っ先に挙げられるテーマなのである。

*

私が本書で扱う過去二〇〇〇年にわたる内戦をめぐる論争の歴史は、体系的というよりも、意図的に焦点を絞ったものである。目指しているのは、時間と空間を越えた内戦についての完全な歴史でも、包括的な思想史でもない。確かに、同時代の人々や後世の観察者が内戦と見なす世界史上のあらゆる紛争の記述を収録する、多数の歴史家による何巻にも及ぶ、真に包括的な著作が思いつくだろう。だが、誰がこのような百科全書的な著作を読みたいと思うだろうか[48]。読者の関心を途切れさせないように、私は論点をかなり絞った。内戦の誕生、変容、同時代の変化形を描くために、長期にわたる内戦の三つの大きな契機《モーメント》、すなわち順に、地中海、ヨーロッパ、グローバルな契機を扱う。第一の契機は古代ローマ、第二は初期近代のヨーロッパ、第三は一九世紀半ば以後ということになる。内戦の歴史にはこれ以外の書き方もあるし、そうあるべきである。にもかかわらず本書は、二〇〇〇年にわたる内戦の変容を描く最初の試みである。

かくも長い期間を辿るために、対象とする空間的な範囲は狭めている。世界の主要な文化の全てにおいて、特定の共同体の内部に暴力の歴史があることは当然である。私が知るこのような伝統は、少なくとも四つあり、当然ながら私が知らない他の伝統もある。第一にはギリシアの伝統で、スタシス *stasis*——文字通りの意味では「立つこと」ないし「陣取る」であり、そこから派生して「分派」、内輪もめ、内紛を意味する——という言葉である[49]。私が第一章でこの第一の伝統に触れるのは、もっぱら第二の伝統——内戦（ベッルム・キウィレ *bellum civile*）というローマ人の考案したもの——を重視する理由を説明するためである。英語、フランス語、イタリア語、スペイン語、ドイツ語、アイルランド語、ロシア語、その他の多くの言語において、該当する言葉は、ラテン語からの直接的な語義借用であるか、それに近い。“civil war”, *guerre civile*, *guerra civile*, *guerra civil*, *Bürgerkrieg*, *Cogadh Carthatha*, гражданская война (*grazhdanskay voyna*). このロシア語のフレーズはドイツ語から来ている。ドイツ語〔の内戦〕はロマンス系の諸言語や英語にある言葉をそのまま翻訳したものである。だからといって、いずれの言葉も、その全てが二つの要素〔civil と war〕を共通して持っていると見て、どの言葉でもまったく同じ概念を表していると想定する必要はない。それぞれの言葉のルーツは市民を表す言葉である。「内《シヴィル》」戦は文字通り「市民の戦争」

すなわち同胞の市民間の戦争である。そしてこれら全ての背景にある市民を表す元々の言葉はラテン語の名詞キウィス *civis* であり、そこから英語の形容詞「シヴィル（市民の）」"civil"――ラテン語ではキウィリス *civilis*――が、「礼儀正しさ」"civility"や「文明」"civilization"といった重要な言葉とともに、由来した。

第三の伝統はアラビア語の伝統である。そこではフィトナ *fitna* という言葉――無秩序、内輪もめ、分断、分裂、特にスンニ派とシーア派の間のイスラーム内部の根底的な分裂と様々な意味がある――に、ローマの伝統内の同列の言葉と同じ意味が込められている。[50] 最後に、中国語には「国内の戦争」すなわち「内戦」という概念があり、これは（内戦という）日本語にも見られる。[51] 私が知る限り、こうしたアラビア語や中国語の概念を長期間にわたって再構築する試みは存在しない。これらを比較するいかなる試みも、したがってしばらくは不可能であろう。しかし、内戦の西洋的な概念は、二〇―二一世紀に国連や法律家、学者、活動家のグローバルな共同体のような国際的組織が採用したことで、グローバルな議論となった。この点は、本書の議論の一部をなしている。

私の議論は、ローマ期の内戦概念の遺産をその後の数世紀にわたり追跡しながら、この言葉の意味が変わった三つの重要な転換期を明らかにする。第一の転換期は一八世紀末で、これは同時代人が内戦を暴力による体制転換的な大変動のもう一つのカテゴリー、すなわち革命と区別する必要があった時期である。第二の転換期は一九世紀の半ばで、この時、内戦の意味を法の語彙に取り込もうとする最初の試みがなされた。これが一八六一―六五年のアメリカ南北戦争として（少なくとも合衆国では広く）知られる紛争期だったことは、決して偶然ではない。第三の転換期は、冷戦の最終局面である。社会科学者が代理戦争や脱植民地化の時代に世界中あちこちで起きていた紛争を分析する一助として、この言葉を定義しようとしたのである。内戦の意味や内戦を同時代の紛争に適用することについてのわれわれの混乱は、この長くて重層的な歴史の産物である。けれども、歴史の助けを借りてのみ、その意味がなぜ今日もこれほど論争的になっているのかを理解できる、と私は主張したい。

遅くとも一九世紀まで、そして、アメリカ南北戦争が画する歴史的な大分水嶺まで、内戦は蓄積された現象であり、その継承が過去に形を——十分な形とはとうてい言えないものの——与え、その継承を回避できれば未来の偉業が達成されるようなものだと理解された。この経験は、歴史と記憶によって、また過去の内戦の記録、自分自身の国の歴史において内戦が繰り返される恐怖を通じて、よくあるように屈折されていた。われわれが、内戦で犠牲になった人々が再び内戦が起こらないかとどれだけ心配しているかを理解しようとするならば、こうした恐怖は、歴史を通してしか知りえないのである。この歴史と格闘する最良の手段は言語を通じたものである。後に見るように、内戦は過去からの重みを持ち込み、果てしなく論じられる言葉でもって議論されるばかりであるので、このような論争的な現象となるのである。紛争の意味ばかりか、内戦の意味をめぐる論争も、長い時間幅による歴史研究にとってテーマの第一候補となる。

この物語を語るにあたり、私は本書を、三部に分け、それぞれ二章ずつを置いている。

第一部「ローマからの道」は、紀元前一世紀から紀元五世紀までの六〇〇年以上にわたって変わりゆく内戦の概念を年代順に追う。私の見るところ、この時代に、ローマ期の議論によって内戦をめぐるもろもろの概念——その誕生、規準となる定義、表面的な兆候の見分け方、再発の可能性など——がはっきり形づくられた。その後、全ての道はローマから発するのであって、アテナイやトゥキュディデスの世界までは遡れないと私は見ている。そこでは共同体内の紛争はかなり違ったものと理解されていたからである。ローマの遺産自体が内戦の異なる説明を取り込んだため、ローマ史における内戦の位置について様々な対立する物語が伝えられた。

第二部「初期近代の岐路」で示すように、一六世紀から一八世紀にかけてのヨーロッパでは、ローマから引き出されたこれらの解釈や物語が種々のレパートリーを提供し、ヨーロッパの思想家たちはそれを使って自身の内戦の概念を考えだした。しかし、啓蒙期以後、内戦と革命に関する二つの概念群は、互いに距離を置くようになり、はっきりと対峙するようになった。両者はまったく異なる道徳的政治的な意味合いを持つようになる。前者は過去志向で、破壊的、後退的と見なされ、後者は未来志向で、生産的、進歩的と見なされた。成功した内戦はかくして革命として「イメージチェンジ」される。一方、革命家は内戦に参加していた過去を否定する。[52]ところがことはそれほど単純ではない。後に見るように、二〇世紀になってもしばらく、この二つのカテゴリーは重なり合い、相互浸透し続けることになるのである。

本書の第三部「今日への道」は、アメリカ南北戦争の時代から今日までの内戦概念の遺産を追う。内戦の概念をめぐる歴史に対して一九世紀が果たした大きな貢献とは、それを法の領域に持ち込むことによって内戦の熾烈さを緩和しようとしたことであった。内戦を文明化することとは、まさに今日まで国際的な法共同体の目的であり続けている。本書の最終章では、二〇世紀を通してグローバルに展開する内戦の発展を追跡するが、主題となるのは、内戦の文明化への関心のルーツ、および内戦が今や国際人道法と呼ばれるものの内部で起こした緊張である。この時代には、「内」戦に脅かされる共同体の範囲は、国家や帝国の物理的な境界を越えて拡大し、全世界を覆っている。その拡大は、人間同士の戦争は全て内戦である、と長く示唆していた様々な潮流の世界市民主義的な思想へと遡ることができるかもしれない。(53) だが、その一方で、この〔内戦の〕衝動は、冷戦期の社会科学者が内戦を明晰な概念で捉えようとした、もう一つの二〇世紀の努力——後に見るように絶望的な計画——とは相いれないものである。

結論「言葉の内戦」で示すように、内戦の過去の定義や考え方は国際組織、報道機関、研究者の議論の知的なDNAの中に現在まで残っている。したがって、何が内戦か、何が内戦でないのか、についてわれわれ自身もしばしば混乱する。ローマ共和政期に遡る概念の歴史は、法や社会科学に関する近代の言語によって重層化されたために、より複雑になり錯綜したものとなった。結論において私は、内戦をめぐって論争になった過去は複数の未来を生み出し続けることを示唆する。いかにして歴史の知識のおかげでわれわれはそうした未来に向き合えるようになるかは、地球上の何万、いや数百万の人々——それもしばしばもっとも弱く不運な人々——にとって重要となる。その理由を理解するために、われわれはまず、二〇〇〇年以上も過去に遡って、共和政期ローマにおける内戦の発明を見なければならない。

第一部　ローマからの道

第一章　内戦の発明――ローマの伝統

内戦は発見されるのを待っている自然の中にある事実ではなかった。発明されなければならないものであり、人間の文化が創り出したものなのである。その発明は約二〇〇〇年前、前一世紀に遡る。ローマ人が、最初に内紛に苦しんだというわけではないが、それを初めて内戦として経験したのであった。恐らく彼らは、何が「シヴィル civil」――同胞市民間のという意味での――なのかを最初に明らかにした人々であり、それゆえ否が応でも、自分たちのもっともこじれた紛争をはっきりと政治的な用語で、戦争のレヴェルにまで達した市民間の対立と理解したのである。こうした要素は、歴史上長らく内戦の認識の核心的部分であり続けることになる。

こうして、「シヴィル」(市民の)を定義した上で、それを戦争の観念と――不本意にも、逆説的に、しかし不可逆的に――結合し、ローマ人は不安定で、今日のわれわれもなお戸惑う、壊れやすい複合物、「シヴィル・ウォー」(内戦)を創造したのである。誰が発明したのかは分からない。彼は――ローマ市民であったことは確かだから、男性に違いない――二つの異なる概念を結合して、爆発物のような新しい化合物を作った。この誰かは分からないローマ人より前に、この二つの要素をつないだ者はいなかったのである。

ギリシア人は戦争を明確に定義し、「ポレモス *polemos*」と呼んでいた――例えば英語の「ポレミカル polemical」のようにここから多くの現代語における、戦闘を意味する語が派生している。しかし彼らは、自分たちの共同体内部の「戦争」を、ローマ人が理解したのとは「まったく異なる事柄」と考えていた。[1] これは必ずしも、内部抗争の概念についてローマ人とギリシア人の間に架橋できない隔たりがあったと言おうとしているわけではない。ローマの著述家は時折、自分たちの政治的分裂の原因を、「民主制」のような危険なギリシア人の観念を導入したことにのせいにしている。[2] ギリシアの第一級の歴史家であるトゥキュディデスは、その後継者であるローマの著述家に影響を与えているが、中でも「トゥキュディデスにも匹敵する」(と、あるローマの年代記作者が呼んでいる)サルスティウスがもっとも有名である。[3] そして前一世紀には、ギリシア語で著述するローマの歴史家たちが、当然のことながらローマ人の内戦をギリシア人の用語を用いて叙述している。[4] このような連続性があってもなお、ローマ人は自分たちが何か新しいことを経験しつつあると確信しており、新しい名前を必要としたのであった。それが内戦を意味するラテン語の「ベッルム・キウィレ *bellum civile*」であった。

ローマ人にとって戦争とは、伝統的に明確に定義された事柄であった。それは、正しい目的のために外敵に対して行われる武力紛争である。単なる侵略はこれに当たらない。正しい目的がないからである。個人的な暴力が戦争のレヴェルに達することもない。ローマ人が持っていた戦争の諸法規に制限されるものではないからである。「ホスティス *hostis*」(敵)は定義上、ローマの外か、それとも少なくとも自由なローマ市民たちの共同体の外に住む、見知らぬ人々を意味した。したがってローマ人は、偉大な指導者スパルタクス率いる反乱のような、奴隷との戦争、地中海における海賊との戦争を戦っている。また、パルティア人、カルタゴ人のような国境を接する敵に対する戦争もあった。「シヴィル」(市民の)戦争(つまり内戦)を、特異なものとしているのは、敵が身近な人ばかりであり、近親者とさえ見なされることにあった。両陣営に分かれているのが、「キウェス *cives*」、つまりそれぞれの同胞市民なのである。そのような戦争は、ローマ人の基準、戦争の定義そのものに疑念を抱かせるものであった。敵は他者ではなく、自分たちと同じ側の人々である。そのような人々に対する闘争を正しいものとすることは、自衛のための適切な大義ばかりか正当な敵も意味する、彼らの正戦の概念と明らかに対立してしまうのである。

その結果、内戦の観念は意図的に逆説的なものとなっている。つまり、戦争としてはあり得ない戦争、真に敵ではない敵との戦いなのである。ローマの内戦期におけるプロパガンダ合戦では、競合する各陣営が支持者を獲得するために各自の大義の正当性を吹聴し、その抗争を、正しい大義のために戦う通常の戦争の理解に近づけようとした。[5] この種の戦争を「シヴィル」(市民の)と呼ぶことは、自分たちの戦っている相手によって戦争に名前を付けるローマ人の慣例に従っている。[6] この伝統は一九世紀まで続く。例えば、ヨーロッパにおける「ナポレオン戦争」、イギリスの「ズールー戦争」「ボーア戦争」「マオリ戦争」などがそうである。[7] しかし、われわれの時代までは生き残っていない。合衆国においてさえ、南北戦争を今でも「リンカーン大統領の戦争」と呼ぶ者はほとんどおらず、ついでながら合衆国の内外どこであれ湾岸戦争を「サダム戦争」と呼ぶ者はいない。西洋では一般的に、戦った場所から名付けるようになっており、朝鮮戦争、ヴェトナム戦争、第一次と第二次の湾岸戦争などと呼ばれている。二〇世紀には「世界」戦争もあった。

これは必ずしも、ローマ人が彼らの戦争を地理的に理解していなかったと言おうとしているのではなく、戦った相手の支配者あるいは国民に因んで名付ける方が典型的だったということである。例えば、前三世紀と前二世紀にカルタゴ人を相手に戦った三度の戦争を、彼らは「ポエニ戦争」と呼んでいる。カルタゴ人は「ポエニ *Poeni*」、すなわちフェニキア人の子孫だったからである。次の時代の北アフリカのユグルタ王に対する前一一二―前一〇五年の戦争は、「ユグルタ戦争」と名付けられることになる。前九一年から前八九年にかけてローマは、「ソキイ *socii*」すなわちイタリア内の各種の同盟者と、半島全土への完全市民権の拡大の問題をめぐって抗争することになった。その一連の闘争は、まとめて「同盟者戦争」と呼ばれるようになる。同様に、シチリアにおけるものと、前七一年のスパルタクスがもっとも有名だが、奴隷反乱に対する武力行使は、奴隷（セルウィ *servi*）に対する戦争、すなわち奴隷戦争として知られている(8)。これらの用語は、断続的に後世に思い出されることになる。例えば、アメリカ独立戦争の時期の著述家たちは、イギリス領アメリカ植民地の反乱を同盟者戦争に準《なぞら》え、一九世紀初期の合衆国南部では、奴隷所有者たちが「奴隷戦争」の脅威を口にしていた。しかしどちらも、「内戦」ほどしっかりと、永続的に根付くことにはならなかった。

ローマ人は、当初は不本意ながら内戦の観念を採用したのだった。長らく彼らはこの語を、恐る恐る使用している。彼らはこれまでになく不穏な何かと感じていたのであり、なぜ、内戦がそもそも不穏でただ恐怖の念をもって呼び起こされるのかを理解するのは、今なお非常に難しい。「英語のシヴィル・ウォー（内戦）は、ローマにはあった逆説的感覚を失っている」と、ローマの伝統を専門とするある学者が書いている。そこでは、ローマ人が発明する以前にははっきりしなかった、「キウェス *cives*（市民）と非キウェス（非市民）との区別が、地位、義務、権利において決定的に重要であった」。それは、今日ではほとんど識別できない、幽霊のような語源的な痕跡を残すばかりになっている(9)。

ローマ人にとって内戦は、都市を拠点とする文明の破壊であった。しかし他方で、内戦（シヴィル・ウォー)と文明(シヴィリゼーション)それ自体の間の緊密な関係を示唆するような、永続的で不穏とも言える特質がローマ人の歴史には存在している。そのような争いは、共和政期と帝政初期の歴史を通じてあまりにも頻繁に繰り返されているため、ローマ人の公生活に構造的に埋め込まれているように見えてしまう。そのためローマ人は、自分たちの内戦の原因を説明するのに苦労したのである。彼らはやがて、様々な事件の間の関連に目を向けるようになり、それを、例えば火山の噴火のような自然現象に準えた。一度噴火した後、休止状態になるが、いつまた再び噴火するか分からない、というように。そのように見ると、ローマ史とは、合間に短い平穏な期間を挟んだ一連の内戦に他ならないように見えてくる。これが、内戦に陥りやすい傾向を持つ、それに呪われているとさえ言える、文明の物語――実際には一連の物語――を創り出した――それは何世紀もの間続き、初期近代および近代ヨーロッパを通して、後代の内戦理解を特徴付けることになり、その影響はさらにその先にまで及んでいる。

ここでわれわれは立ち止まり、ローマ人が彼らの内戦の観念を発明する前には、どのような内部抗争の概念があったのかと問うてみることにしよう。ローマ人自身には、この問いへの答えを探すべき場所として、二つが思い当たった――古代ギリシアの都市国家の歴史と、ローマ建国にまで遡る自分たち自身の初期の歴史である。ギリシア、特にアテナイの歴史の中に内戦のように見える出来事を見出したことだろうが、彼らはそれを、自分たちを苦しめた混乱と同じものとは認識しなかった。初期ローマの事例にも、彼らはそれを見出せなかったが、その根源は見つけている――ローマを、恐らくはもっとも破壊的な刷新へと最終的には導くことになる、道徳的な、またしばしば、非道徳的な原因である。長期的に見た内戦の原因についての彼らの分析から、現在を説明し、未来を予測するための、一連の歴史叙述が生まれてきた。

それらの物語はいずれもきわめて政治的であり、それゆえに高度に論争的になっている。なぜそうなるのかを理解するために、まずは、内部抗争に関するギリシアとローマの歴史を順に見ていくことにしよう。

*

内戦の概念は、文明と戦争それ自体の理解とともに変わった。その歴史の大半において、内戦は都市の観念と密接に関連している。文明と政治の両方の西洋的観念の基礎自体が、複雑で高度に秩序付けられた、われわれが都市と呼ぶところの、緊密に結束した共同体へと人間を組織しようとした経験に直接由来している。このことを思い起こすなら、これは何も驚くべきことではないだろう。ギリシア人にとって都市とは、アリストテレス等によって叙述された、自立した模範的な共同体「ポリス *polis*」であった。今でも「政治」(ポリティクス)という言葉はこれに由来している。その後継者たるローマ人にとって都市とは、「キウェス *cives*」(市民)が住む「キウィタス *civitas*」である。遠く隔たったわれわれも、「シヴィル」(市民の)、「シヴィリティ」(礼儀正しさ)、「シヴィリゼーション」(文明)の語を使うたびにそれを記念していることになる[10]。この二〇〇〇年の間、都市が頻繁に(その名の示す通り)都市住民である市民間の闘争である内戦の舞台となってきたことは、決して偶然ではない[11]。内戦(市民戦争)は、市民間の闘争であり、しばしば実際の、かつ想像上の都市内で戦われたのである。

古典期の思想家たちにとって都市とは、例えばアテナイやローマの境界線内にある実際の場所であるとともに、形而上学的空間であった。そこは、人間が法の支配の下に人間性を育むことができる、協働と平和の場所である。それは、文字通りにも比喩としても、しだいに粗野な自然の危険と無作法から遠ざかっていく。都市はそもそも、非理性、野蛮、動物性を境界内に寄せ付けないために建設され、維持されていたからである。[12] そのような諸悪が再来する時、それは文明自体の境界内に押し入る暴力の形を取る。それが、古典古代から今日まで、内戦のイメージが野蛮、獣性、非人間性、正しく歯と爪を血で真っ赤に染めた自然そのものの写し絵になっている理由なのである。

政治に関するギリシア思想は、調和を他のいかなる価値よりも称揚している。プラトン、アリストテレスを通して知りうる、概して貴族的な都市生活の擁護論から判断する限りではそう言える。「ではわれわれは、およそ国家にとって、国を分裂させ、一つの国でなく多くの国としてしまうようなものよりも大きな悪を、何か挙げることができるだろうか？」と、プラトンの対話編『国家』の中でソクラテスが問うている、「あるいは、国を結合させて一つの国たらしめるものよりも、何か大きな善を言うことができるだろうか？」[13] これがプラトンの都市の観念全体の核心であろう。そこでは、個々人の魂のバランスが、ポリス内部の諸要素の理想的バランスを映し出している。そして、もし調和が最大の善だとすれば、分裂は最大の悪となるのである。

ポリスを分裂させる悪を意味するギリシア語は、「スタシス *stasis*」である。内戦のローマ的概念と同様、「スタシス」も逆説に立脚している。この語の語源は、スタティク(静的な)にあり、字義通りの意味の一つは、動きの欠如である。しかし、他の意味として「位置」あるいは「立場」があり、そこから、ある政治的論争において「ある立場を取る」という意味も現すようになった[14](さらには、根気よく立っている場所をも意味するようになる。現代ギリシア語では、スタシスはバス停を指す語として今も使われている)。しかしここでわれわれにとって関心のあるのは、もっとも基本的で自然な共同体における状態を指す、ポリスの観念と関連する意味である。ポリスの統一や共通の目的を無視する、敵対的で分裂をもたらす政治的姿勢としての「スタシス」は、徒党、党派と同義となり、後に内戦と呼ばれることになるものに近づく。近づきはするが、実際に同じものではない。アテナイ人にとって政治とは、市民の間で名誉と役職を分配するメカニズム、統治の技法であり、対立する利害を公共の善のために、流血なしで調整する手段という意味で言えば、事実上、「スタシス」の治癒であり、それに取って代わるものだったのである。「スタシス」はギリシア人にとって、物理的な反抗の行為であるよりも、心の状態であり続けた。それは戦争へと導き、あるいは戦争から派生することもあったかもしれないが、それ自体は戦争を必然的に伴うものではなかった。その意味では、実際の攻撃あるいは戦闘なしの行き詰まり状態とわれわれが呼ぶものを指していると言えよう(15)。そしてギリシア人は「スタシス」の語に、内部分裂のいずれかの立場に立つ者を政治的あるいは法的に定義付けるような形容詞を、決して付けることはなかった。結局、それは「シヴィル」(市民の)でもないし、「ウォー」(戦争)を必然的に伴うものではなかったのである。

しかしギリシア人は、二種類の闘争を区別していた。つまり、ポリス内部の分裂と政治的共同体間の戦争の二種類である。彼らはこの区別を体系的に扱っていたわけではないが、彼らにとっては意味のある区別であった。例えば、プラトンの『国家』の中のソクラテスが、架空の対話において相手のグラウコンにこう言っている。彼が心に描く理想の都市を防衛する者は、友好的で文明的なギリシア人と、敵対的でよそ者である異民族を区別しなければならない。もしギリシア人が同胞ギリシア人と戦うとしても、異民族と戦闘する時のように土地を荒らし、家を燃やすようなことをすべきではない。ギリシア人と異民族との境界線は同時に二種類の対立の境界線にもなるのである——ギリシア人の間のそれと、よそ者との間のそれである。プラトンによれば、「身内であり同族」の間の争いはギリシア語で「スタシス」、それに対して「よそのもの・異民族のもの」との争いは「ポレモス」(戦争)と呼ばれる(16)。

同様に、プラトンの最後の作品である『法律』では、プラトン自身の見解を口にしていると思われる登場人物であるアテナイ人が、ポリスを創建しようとする者は、外敵との戦争の脅威に備えて組織作りをするのか、と問うている。「それとも、時に応じて国の内部に生じる戦い、いわゆるスタシスと呼ばれているものに着目して、そうするでしょうか。そのスタシスこそは、誰しも、自国に生じないことをなにより も望むものなのです」。そのアテナイ人は、さらに続けて、外敵との戦争とスタシスとを対比している、「戦いには二つの種類がある。その一つは、わたしたちすべてがスタシスと呼ぶところのもの、それこそは、今しがたも言ったように、あらゆる戦いのなかで最も恐るべきものだ。これに対し、わたしたちのすべてが、戦いの今一つの種類と見なすものは、国外の、異種族との間で不和になるときに交える戦いであり、さきの戦いよりはるかに穏やかなものなのだと(17)」。

古代ギリシア人はまた、血縁関係で結ばれた共同体内部の党争、あるいは分派のことを「スタシス・エンピュロス *stasis emphylos*」と呼んでいる。「ピュロス *phylos*」は、家族あるいは氏族を指す言葉である。しかし彼らは「ポレモス *polemos*」(戦争)という言葉を、共同体内のものであっても、彼らがもっとも危険と考える不和についても使っている。ただし、後のローマ人の概念とは違う使い方をしているのだが。争いが共同体内で起こった場合、彼らはこれを大きな氏族内の戦争、すなわち「エンピュリオス・ポレモス *emphylios polemos*」と呼んだ。何世紀も後のビザンツの歴史家たちは、この用語を帝国内の武力闘争を表現するのに使うことになる。ただし、彼らがこれをキリスト教徒同士の争いに関して使用するのは稀で、

一三、一四世紀にこの語は、厳密に言うと文化的、あるいは民族的な意味を失っている。[18] この表現は現代ギリシア語にも残っており、例えば一九四四年から四九年にかけてのギリシアにおける分派抗争についても使われている。[19]

共同体の観念には、脈絡に応じて若干の変動が見られる。先に見たように、プラトンはギリシア人の間での争いと、異民族に対する戦争を明確に区別していた。ギリシア人の共同体間の戦争は――例えば、歴史家トゥキュディデスが記録しているアテナイ人とスパルタ人、それぞれの同盟者の間の戦争のような――単一の拡大家族内部の抗争という性質を帯びている。[20] このことが、国家間あるいは都市間の戦争と、単一の政治的共同体内部で起こる、ローマ人なら内戦と呼ぶであろうものとの区別を曖昧なものにしてしまう。プラトンの『国家』に登場するソクラテスは、さしあたりこう言っている、「それなら、ギリシア人たちとの不和のことを、相手を身内の者とみて、〈スタシス〉であると考えるだろうし、たとえ名前の上だけでも〈戦争〉とは呼ばないのではなかろうか？」[21]

古典期ギリシアの内戦についての評価は、トゥキュディデス『戦史』（ペロポネソス戦争の歴史）の第三巻に見られる。それは、コルキュラ（イオニア諸島の一つ、コルフ島）における前四二七年の騒乱のエピソードである。多くの現代の注釈者によって、内戦というもののイメージを呼び起こす、最初の実例と見なされている。トゥキュディデスの描くところでは、スパルタとアテナイの戦争の過程で、コルキュラはアテナイ側に寝返った。四年間争いが続いた後、コルキュラ人捕虜の一団が故郷に送り返されたが、それは、反乱を起こし、以前のコリントスとの同盟に戻るよう説得させるためであった。スパルタにつくかアテナイにつくかの外交政策をめぐる不一致が、やがて政治的分裂となった。民衆による統治を支持する親アテナイ的な民主派と、コリントスとの同盟を支持する寡頭派への分裂である。

釈放されたコルキュラ人捕虜の第五列は、平和的な手段によってアテナイとの同盟を破棄させようと努めたが、コルキュラの民会を説得するのに失敗した。次いで彼らは、民主派の指導者ペイティアスを、コルキュラをアテナイに隷属させたとして告発しようとした。これも失敗に終わる。ペイティアスが逆襲に転じると、告発者たちは彼とその仲間六〇名を殺害した。寡頭派が一時的に民主派を抑え込むことになったが、一隻のコリントスのガレー船が到着すると、この不安定な停戦状態が崩れ、党争が公然と開始された。

このように、他所《よそ》の都市間の戦争がコルキュラ内の異なる場所をそれぞれに占拠して小競り合いを繰り広げる二つのグループの間の内部抗争を煽り立てたのであった。両派とも、解放を約束して、この都市の奴隷たちの支持を確保しようとした。奴隷たちは、アテナイ人の援助を得て優勢だった民主派を支持することにした。コリントス、アテナイ双方の艦隊が到着して一層緊張が高まる。一時的な和平の後、さらに大きな艦隊がアテナイからやって来ると戦いが再燃した。その結果、民主派が恐怖政治を始めるのだが、それは、政治的転覆と社会的秩序転倒の歴史的見本と見なされるようになる。一七世紀イギリスの哲学者トマス・ホッブズは、一六二九年にトゥキュディデスの当該箇所を英訳している、「こうしてありとあらゆる形の殺人行為が横行し……父に殺された子もあり、神殿にすがるのを無理やりに引き出されたり、さらにはその場で殺されたものもあり、またディオニュソスの神殿の中で壁詰めにされて殺された者すら実際に幾人かいたのである。このようにして〈騒乱〉は残虐の度を増しつつ荒れ狂った(22)」。注目すべきことに、この『ペロポネソス戦争についての八巻』の翻訳において、ホッブズは「シヴィル・ウォー」(内戦)という訳語をどこにも用いていない。実際、一九世紀になって初めて、トゥキュディデスの翻訳に際してこの訳語が定番となるのである[23]。

　トゥキュディデスは「スタシス」を、ギリシア諸都市に広まった病気として描いている[24]。分裂した共同体は、平時より戦時の方がより感染しやすくなるのである、「戦争は日々の円滑な暮らしを足もとから奪いとり、強食弱肉を説く師となって、ほとんどの人間の感情をただ目前の安危という一点に釘づけにするからである」。病の兆候は多方面にわたる。悪行が、非難されるのではなく、推奨される。法は無視され、無法がそれに取って代わる。誓いは破られる。欺瞞、不誠実、復讐が蔓延《はびこ》り、あらゆる種類の犯罪が、恥ではなく自慢の種となった。「やがては、言葉すら本来それが意味するとされていた対象を改め、それを用いる人の行動に即してべつの意味をもつこととなった」。無思慮な暴勇が勇気に、沈着が卑怯に、知恵が無為無策になった。まさにこれは、転倒した世界だった。「このようにして〈騒乱〉の度にギリシア世界には、ありとあらゆる形の道徳的頽廃がひろまった」とホッブズは訳している[25]。

　このように「スタシス」を扱う時のトゥキュディデスは、スパルタ対アテナイの戦争と、コルキュラ内の闘争とを、一貫して区別している。彼の記述は内戦に関する後世の理論に多大の影響を与えることになるが、その理由の一つは、対外戦争の重圧がいかに内部分裂を促進しうるかを示したことにある。しかし、諸連関を結びつける彼の原因論は、二つの形態の暴力を明確に区別して定義してはいない。「ポレモス」(戦争)は、敵に対して軍隊あるいは艦隊を率いる、諸都市あるいはその支配者たちの行為である。「スタシス」(党争)は、ポリス内部で鋭く対立するグループ間に起こるものであり、軍隊が公式に隊列を組むことはなく、例えばコルキュラの騒乱の初期に女たちが屋根のタイルを寡頭派に投げつけたように、手あたりしだいの武器で戦うことも多かった[26]。後のローマにおけると同様、諸党派はその都市の支配権をめぐって格闘するのだが、ギリシアの場合、正当性の問題が浮上することはなかった。

トゥキュディデスの記述で問題とされていたのは、ポリス自体の道徳的崩壊である。あらゆる正義が粉砕され、確固たる道徳的規準がもはや適用できないのだから、大義について議論することは問題に成りえなかったのである。暴力の規模も、後のローマの内戦の時に集められた軍隊に比べれば、全然問題にならない。ローマでは、一都市ではなく属州全体をめぐる戦いとなり全軍団が動員されるのである。ローマにおける対立抗争の規模と、戦いの舞台となる領域の広さは、ギリシア人にとっては想像もできないものであった。事実、対立が都市の境界を越えて初めて内戦となった——都市を飲み込み、そこには収まりきらなくなった戦争だった。トゥキュディデスが記録している時代には、そのような規模の、そのような種類の戦いがギリシア人を苦しめることはなかったのである[27]。

そのうえギリシアでは、諸党派はお互いを公式の敵とは考えていなかった。しかし彼らはまた、市民間の暴力のローマ的概念の基礎となっている、市民権の範疇でお互いを見ることもなかった。「多くの著述家がペロポネソス戦争を……ギリシアの大きな内戦(シヴィル・ウォー)とよんでいる」と、一八四四年にイギリスのエッセイスト、トマス・ド・クインシーが書いている。「シヴィルか——ギリシア諸国家が、皆に服従を要求できるような一つの中央機関を持っていたのなら、あるいはそう言ってよいのだろう[28]」。政治的統一なしに、法的、あるいは政治的な共通市民権は存在しえない。そして、そのような市民権の概念なしに、市民間の「戦争」はありえない。したがって、シヴィル・ウォー(内戦)はありえないのである。最新の、そしてもっとも信頼できるトゥキュディデスの英訳版の訳者が、賢明にもこう指摘している、

「慣例になっているように、スタシスをシヴィル・ウォーと訳すのは時代錯誤的であり、抗争の規模から見ると不適切である」[29]。このように考えるなら、いかに類似して見えようとも、ギリシア人の「スタシス」は、端的に言って、ローマ人の「ベッルム・キウィレ」と同じものではないのである。

あらゆる内戦の概念には、それぞれに逆説的なところがある。ギリシアの逆説は、ローマ人が直面したものとは異なる。分裂した人々の民族的、遺伝的とさえ言える一体性を前提として、トゥキュディデスは「スタシス」を全ギリシア人が共有した苦悩であり、彼らの全ての共同体を切り刻む運命にあるものとして描写している。そしてそれは、「人間の性情が変わらない限り、……未来の歴史にも繰返されるであろう」[30]。このように党派争いを理解することには、少なくとも、この挑戦に対抗するのに十分なほど統合された共同体であるという前提があると言える。全ての構成員が同じ祖先の子孫なのだから、政治以前に、そして法を越えて、基本的に一体であると理解されている。その都市への所属は、獲得すべき地位ではなく一種の世襲なのであり、ローマ人とは異なって、分派を法的、政治的に正当なものとして明示する必要はなかった[31]。このような流儀でギリシア人は、家内の戦争、あるいは家の集合体と理解した場合の、ポリス内の戦争を思い描くことができた。これを彼らは、家内戦争（オイケイオス・ポレモス *oikeios polemos*）と呼んだ[32]。彼らに思い描くことができなかったのは、形而上学的に理解したポリスの内部の戦争である。それは、自分自身と戦争するようなものだったのだろう。

ローマ人は、自分たちの内部の衝突が、ギリシア人を苦しめたそれとは異なる、身震いするほど異なることを意識していた。ギリシア人は、「ポリティコス・ポレモス *politikos polemos*」すなわち政治的戦争とは一度も言っていない。それはギリシアでは、文字通り想像もできないのである。ローマ人だけが内戦を発明し、そしてそれを物語る方法を学び、その歴史が何を意味するかを決定したという罪を負うことになるのである。

＊

内部抗争の問題に対する答えを求めてギリシアの闘争まで遡ってみる代わりに、ローマ人は自分たちの国の初期の歴史にも目を向けることができた。その歴史には、虐殺、暗殺、暴動、騒乱、陰謀、蜂起といった内戦を除くあらゆる種類の政治的暴力が点在している[33]。こうした初期の騒動のほとんどは市民団内部で起こっているが、戦争と呼べるレヴェルに達したものはない[34]。この内戦の不在が、内戦がローマ特有のものだったばかりでなく、歴史的にまったく新しい出来事だったとする主張を強固にしている。

　ローマ神話は、ローマそれ自体が殺人行為から生まれたと語っている。実際、兄弟殺しこそが内戦の核心にあって、自然に反する衝突の隠喩となっていく。伝承は、ローマ創建者であるロムルスとレムスの兄弟が、新しい都市をどこに創るか、またそれを統治する新しい王統をいかにして作り出すかをめぐって争った様を語っている。双子だったため、どちらも優先権を主張できなかった。もっとも広く知られているのは、初期ローマの歴史を書いたリウィウスを通して伝えられているストーリーだが、そこでは、ロムルスがレムスを、自分の主張を嘲ったとして殺し、「こうして、単独で支配権を手中におさめ、新設の市《ウルブス》は建市者の名にちなんで呼ばれた」。ロムルスにちなんでローマ、である[35]。「ローマの城壁は、初めから兄弟の血にまみれた」と、詩人ルカヌスが、カエサルとポンペイウスとの戦争を描いた叙事詩『内戦』(デ・ベッロ・キウィリ *De Bello civili*)の中で語っている[36]。このストーリーは真偽の確かめようもない典型的な神話だが、後の時代にローマ人の内戦の叙述において現れていることが重要だろう。というのは、この問題への、そしてその恐怖について考える時に使われる用語とに対する「ローマ人の並々ならぬ関心を表している」からである。(37)

ローマの歴史家や詩人の間では、前五世紀初めの、ローマ最後の王タルクィニウス・スペルブスの追放が、都市創建時の恥を幾分か償うものと見なされている。この暴力なしで達成された転覆劇が、血塗られた都市を共和国（レス・プブリカ *res publica*）として新たに再建することを可能にした。レス・プブリカとは、文字通り人民の事柄、あるいは全ての市民が共有する共有財である。(38) 今やローマは、リウィウスが言うところの「平時、戦時において自由な国民」、「人間の支配以上に厳格な法の支配に従う」政治的共同体になるチャンスを得たのである。市民は、自由な共和国に生きている時にだけ、真に自由であった。彼らの自由は、レス・プブリカそのものの自由に依存していたのである。(39)

ローマ共和国は、理論上は自由で法の支配に従うものだったが、現実は、問題のない平和な状態とは程遠かった。例えば、前五世紀から前三世紀にかけて、生まれの卑しい平民（プレブス）が、より古い家系を誇る者たち（パトリキ）に対して政治的承認を求めて闘っている。その一連の闘いは、後に身分闘争と呼ばれることになる。(40) 近代世界は、社会的、階級的対立に関する主要な用語をこの時代から受け継いでいる。そもそも「クラス」（階級）という語はラテン語の「クラッシス *classis*」に由来する。「パトリシアン」（貴族）、「プレベイアン」（平民）、そして「プロレタリアート」。これは「プロレス *proles*」（子供）を作ることでしか共和国に貢献できない人々のことであった。これらはローマ人の生活で使われていた用語だったのだが、特にカール・マルクス（一八一八―八三年）の著作を通して他の言語にも入っている。この一九世紀の、市民

対立に関する鋭い鑑定家は、古典古代の歴史全般と、特にローマの政治的騒擾について学んだ研究者であった。(41)

ローマの貴族たちは街のならず者たちを支配し、従属者と庇護民から私兵を募ることができた。共和政最後の世紀には、身の毛のよだつような殺人が目立つが、その始まりは、ポピュリストの護民官ティベリウス・グラックスの死だった。前一三三年、政治的に激高した群衆が、三〇〇名のグラックス支持者を殺害し、護民官の遺体を辱めるためにティベリス川に投げ込んだのである。「なお、これは、市民の流血と殺戮で決着がついた点では、王政顚覆以来ローマで起こった騒擾のなかでも最初のものであった、と報告されている」と、二世紀初期の歴史家プルタルコスが嘆いている。これが最初だったが、最後にはならなかった。前一二一年、ティベリウスの弟で護民官となっていたガイウス・グラックスが殺され、首を刎《は》ねられた。そして溶かした鉛を流し込んだ彼の頭蓋骨、次いで首のない遺体が、やはりティベリス川に投げ込まれたのだった。(42)

これらの殺戮は、市民団内部で起こったのだから、「シヴィル」(市民の)行為であったが、いずれも「戦争」と呼ぶことはできない。ローマの歴史家たちは後知恵で、そのような出来事は本格的な内戦の兆候であり、一世紀後の前四四年のユリウス・カエサル暗殺、翌年のキケロ処刑などの有名な流血沙汰の先触れであった、と見なしている。ギリシア語話者である歴史家アッピアノス(九五年頃―一六五年頃)が、二世紀の時点で五世紀以上昔のローマの歴史を振り返って、こう書いている、

ローマでは、法案の通過と借財の帳消しあるいは土地の分配をめぐって、あるいは選挙戦で、平民と

元老院が頻繁に対立していたが、市民間の暴力沙汰に至ることは一度もなかった……剣が民会に持ち込まれたことはなく、ローマ人に殺されたローマ人も一人もいなかった。現職の護民官で法案を提出している最中に殺されたティベリウス・グラックスが、市民間の騒乱の中で死んだ最初の人物となった。

この市民間の騒乱は、アッピアノスのギリシア語では当然「スタシス」となっているが、それはいまだ市民間の戦争（つまり内戦）ではなかった[43]。

時の経過とギリシア語による記述によって批判的な距離を保てたアッピアノスは、前一世紀のローマにおける争いと、一方ではギリシア人の分裂、他方ではローマの初期の数世紀間の主要な暴力沙汰との差異をもたらすものが何であるのかを見通すことができた。第一に、公の場で剣が抜かれたこと。これは市民間の平和を破るという一線を超える行為だった。しかしこれはいまだ、個人が個人を脅す、個人間の威嚇であった。そこには集合的行動は含まれておらず、市民生活と軍紀の二つの領域の間にローマ法が実現していた微妙なバランスを損なうこともなかった。内戦とは、さらに大きな抗争がローマを引き裂くに至るまで共和国を掘り崩した、野心と不法行為の結果であった、とアッピアノスは論じている。「共和国に対する反乱が公然と始まり、大軍が彼らの祖国に対する武力行使のために動かされた……もし一方が最初にローマを取れば、他方は名目上彼らに敵対する者と戦争したのだが、実際には彼らの母国と戦争したのである。彼らは、あたかも敵の都市であるかのようにそれを攻撃した」。これは、古くから続く敵対関係の再燃ではなかった。驚くほど新しい何か、前例のないほど不穏なものだった。人民の人民に対する戦争、つまり（ついに）内戦が始まったのである。[44]

定義上、市民間に起こるのだから、共和国の境界内で起こる出来事は「シヴィル」（市民の）と言える。ラテン語の「キウィリス *civilis*」という語が最初に現れるのは前二世紀だが、ローマの法、政治に関する語彙の中でもよく使われる語となった。「ベッルム・キウィレ *bellum civile*」という用語は、「ユス・キウィレ *ius civile*」（市民法）にならっているのかもしれない。これは同じ政治的共同体、共和国の構成員間の関係を統べる法であり、外国人の間の、あるいはローマ人と部外者との関係を定めた「ユス・ゲンティウム *ius gentium*」（万民法）とは異なる一連の規範である。ローマ人は、「ホステス *hostes*」、つまりローマ共和国の外に住む、文字通りの敵としか戦争しなかった。[45] ローマ市内で政務官が保持する権限と、その外で将軍が保持する権限も、やはり明確に区別されていた。市内に軍指揮権を持ち込み、市民を敵のように扱って、この分離の原則を破ることは、究極の反逆であり、共和国に対する神性冒瀆であった。この罪の大きさが、なぜローマ人が内戦に名を与えることに躊躇し、それを発明した後も長らくあまり使いたがらなかったかの理由を説明してくれるだろう。[46]

内戦は親しい敵に対する闘争である。実際、それまでまったく敵とは考えてこなかった者に対する戦いなのである。市民は市民法の保護を受け、共和国の与える役職と栄誉を受ける資格を有する唯一の民だった。身分闘争が示しているように、実際には全ての市民がそれらを享受できたわけではないのだが。また彼らは、軍団に勤務して共和国を軍事的に防衛する責任を負っていた。[47] 市民権、つまり市民の諸権利は法的、政治的に定められており、それに伴う義務として敵からローマを防衛しなければならなかったのである。内戦は、これらの確信を全て覆してしまう。それは、共和国を親睦の場から対立の闘技場へと変えてしまうこと、すなわち市民らしさそのものの只中への敵意の侵入であった。この新しく不穏な、内戦という観念がローマ政治の辞書に入ってしまった、その原因は何だったのだろう？　答えは、結局のところ、ローマ自体に対する一連の新たな脅威だったのである。

＊

一般に認められている所によれば、ローマで一連の内戦が始まるのは、前八八年に執政官ルキウス・コルネリウス・スッラが軍隊の先頭に立ってローマに進軍した時であった。それによってスッラは、いかなるローマの政務官も軍司令官も犯したことのない、究極のタブーを犯してしまったのである。彼がローマの最高官職である執政官職を得たのには、同盟者戦争における彼の勝利への褒賞という意味もあった。ローマを盟主とするイタリア連邦の構成員たちは平等の権利、特にローマ市民の権利を要求していた。ローマはこれを拒否。前九〇年、これに不満な同盟者が反乱を起こして独立を目指したが、二年間の戦役の末に鎮圧されたのであった。しかしその時までに、すでにほとんどの同盟者に徐々に市民権が与えられていた。ただしそれは、ローマの民会で彼らの投票がほとんど意味を持たないような市民権であった。前八八年に護民官プブリウス・スルピキウス・ルフスが市民権拡大の法案を元老院に提示した時、同盟者に対する掃討作戦から帰還していたスッラが、この法案は違法であると宣言した。立腹したスルピキウスは、他の野戦軍司令官で、スッラのライヴァルだったガイウス・マリウスに頼ることにした。ここから急激に事態が進行し、スッラのローマ進軍へと続くのである。マリウスの支援に対する返礼として、スルピキウスは甘い果実を約束する。ペルシア系の王ミトリダテスに対して派遣されるローマ軍の司令官の地位がそれであるが、これは好きなだけ略奪できる好機を与えるとともに、栄光と凱旋式をもたらす地位であった。この軍指揮権はすでにスッラに約束されていたため、ローマ最強の二将軍の衝突は避けられない状況となった(48)。

内戦の歴史の先駆者であるスッラも、ローマ市そのものへ自分の部隊を向けるのには気乗りせず、ためらっていた。彼と同僚の執政官がスルピキウスの法案通過を阻止しようとすると、市街で暴動の火の手が上がった。スルピキウスは三〇〇〇人の剣士を擁しているとの噂が広まっていた。対立が暴力沙汰に及ぶとスッラは逃げ出し、一時マリウスの自宅に身を寄せている。このライヴァルと、自分の安全のためにローマを脱出する交渉をしたのかもしれない。彼の不在中にスルピキウスは抵抗なく法案を通過させ、それまで秘密にしていた、対ミトリダテス軍の指揮権をマリウスに移すという計画を明らかにしたのだった。

もしこの動きを受け入れてしまったら、政治的にも個人的にも身の破滅となると知っていたスッラは、自分の部隊に向けて、自分に対して為された悪行の数々を並べてみせた。彼には、スルピキウスあるいはマリウスに向けて進軍する計画はなかったように思われるが、彼の忠実な兵士たちが急き立てた。その間、将校たちは恐ろしくなり、彼を見捨てて脱走している。彼が抱えていた占い師が犠牲獣の内臓を調べると、吉兆を告げていた。次いで、スッラの夢の中に女神が現れ、彼に雷を与え、敵を討てと告げた。これらのめでたい前兆と正規兵の好意を得て大胆になったスッラは、その歴史上初めてローマ進軍を敢行する軍隊の先頭に立つことにした。これが、その後数多く繰り返されることになる進軍の、最初の実例となる。

接近してくるスッラに対して元老院は使節を差し向けることにした。実際、対抗できるような組織された部隊を有していなかったのだから、それ以外何もできなかった。三組の元老院使節より意図を尋ねられたスッラは、祖国を暴君から解放するために来たのだと答えた。つまり彼は防衛のための作戦を実行しているのであり、したがってそれは、正当な行動だと解釈できるのである。四〇年後にユリウス・カエサルが、ルビコン川を越えて自軍をローマに向かわせる時、ほぼ同様の主張をすることになる(49)。

スッラの軍隊がローマまで五マイルの地点に達した時、元老院はその前進を食い止める最後の努力をした。スッラは宥和を約束したが、それでも分遣隊を前進させている。彼の部下たちが市内に入ると、石や屋根瓦を投げつけられて市民たちの激しい抵抗に出会うが、やがてスッラが到着して突撃を開始した。スルピキウスとマリウスが支持者たちを結集してこれに対抗しようとしたが、スッラはフォルム(公共広場)を通って進軍し、カピトリウム丘を占領した。翌日、説明を求められた彼は、再び、自分は共和国をその敵から防衛するために執政官としての権限を行使したのだと答えている。彼は直ちにスルピキウス、マリウス(すでにアフリカに逃走していた)、その一〇名の支持者を正式に公敵(ホステス・プブリキ *hostes publici*)と宣言し、法の保護の外に置いた。スルピキウスだけが捕まり、処刑された。それ以外は、スッラのクーデターは無血だった。双方とも、市内で兵士と市民が衝突するのを回避しようと努めたからである。

スッラの行動は整然としたものであったのかもしれないが、明らかにローマの運命のターニングポイントとなった。その直後に悲惨な出来事などほとんどなかった。後にスッラは、期間限定で非常大権を与えられる独裁官に就任しその任期を延長するのだが、その時になって初めて、彼の最初の行動が市民間の暴力の連鎖の始まりであったことが明らかになるのである。その連鎖は、前二七年にアウグストゥスが皇帝になって帝政が成立するまで続くことになる。

スッラには、軍事的に共和国を乗っ取ろうなどという意図はまったくなかった。確かに彼は軍隊を市内に引き入れ、ローマ人であるライヴァルを外敵と同様に扱った。どちらもローマ史上初めてであった。そしてその軍隊は、彼がスルピキウスの計画していた立法を潰すため市内に留まっていた。何もしなかったが、疑いなく脅しにはなっていた。しかしその仕事を終えると、後任の二人の執政官、グナエウス・オクタウィウスとルキウス・コルネリウス・キンナにローマを託して、自分の部隊を率いて出立したのであった。しかしすぐに両執政官は、市民権を与えられて間もないイタリア人たちの処遇をめぐって衝突してしまう。それぞれの支持者たちが諍《いさか》いを始め、オクタウィウスが幾人かの新市民を殺させると、暴力は急激にエスカレートしていった。その間キンナはローマを去り、自分の政治的目的を軍事的に達成するための支持を集めようとしていた。

元老院がキンナをホステス（公敵）と宣言した。これは一市民がローマの敵との烙印を押された二番目の例となる。マリウスとの同盟を画策した彼は、一軍を伴って帰還し、ローマを包囲した。一回目と同様、直接の軍事的脅威に晒された都市ローマは使節を派遣するのだが、再び執政官と軍司令官が、軍隊を背景に権力の座に返り咲いたのであった。しかし今回はスッラが公敵と宣言されて、翌年の執政官就任予定者としてキンナと合流していたマリウスと争うことになる。

こうして二人の仇敵の間の抗争――二回目のローマの内戦と見なされるようになる――の舞台が整ったのである。前八五年後半、スッラはギリシアから書簡を元老院に送り、ローマのために勝ち取った彼の勝利を思い出させ、自分の敵への復讐を誓っている。これは単なる脅しではなかった。彼は、自分を公敵とする先の宣言を認めず、彼が率いてミトリダテス王と戦った軍隊に対して自分は正当な軍指揮権を有していると確信しており、彼に敵対する者たちも知っていたように、自分の部隊を率いてローマに帰還する計画を立てていたのであった。

元老院との交渉が不成功に終わった後、前八三年の春にスッラは前進を開始し、すぐにクラッススとポンペイウスと合流する。後者は、内戦中にアフリカの戦役での勝利によって、最初の早咲きの凱旋式を二四歳にして獲得していた。翌年、スッラとその部下たちは、処々に道を切り開いていき、ローマに到着した時には、彼の全ての敵がそこを立ち去っていた。ローマを占領した彼は、一連の処刑者名簿を公表した。それによって、著名な政敵の処刑と財産没収が始まり、その子孫の官職就任が禁止された。そしてスッラは、独裁官の地位に復帰したのであった。

それ以降ローマおよびローマの後継諸国家において、スッラは自己の目的を追求するために非常大権を要求する大胆な軍事指導者像の体現者と見なされ、そのイメージは、ユリウス・カエサルから、一八世紀後のオリヴァ・クロムウェルに至るまで付いて回ることになる。しかし彼はまた、内戦に人間的な形を与え、その特徴を数世代にわたりローマ人たちのために明確にしたと評価されるべきであろう。アッピアノスが力強く記述しているように、フォルム（公共広場）へと向かうスッラにマリウスとスルピキウスが出会った時、「政敵間の闘争が起こったが、それはローマにおいて初めて、市民間の衝突を装うのでなく、ラッパと軍旗まで登場するむき出しの戦争として遂行された……このようにして、市民間の不和のエピソードは、競合関係と論戦から殺人へ、殺人から全面戦争へとエスカレートしたのであった。そしてこれは、あたかも敵国に対するように自分の国を攻撃する、ローマ市民によって構成された初めての軍隊であった」[50]。この時、観念としてではなく、現実の出来事として、内戦が始まったのである。

スッラの行動の何が重視されるべきかに関するアッピアノスの見解が、内戦のどこが戦争と同じなのかという問題についての後代の理解を用意することになる。アッピアノスはいかにもギリシア人らしく、法、借財、土地分配、公職選挙などの問題で平民と貴族が激しく対立する共和国の分析から説明を始めている。いかに両陣営が辛辣《しんらつ》になろうとも殴り合いになることは決してなかった、とアッピアノスの説明は続く。彼らのもっとも激烈な衝突でさえ、例えば、変節した将軍コリオラヌスがローマの敵と同盟してローマを攻めてきた前四九一年の出来事とは比較にもならないのである。

他のローマの批評家の大多数と同じくアッピアノスにとって、他の国内の騒乱と内戦を区別するのは、武器の所持と戦争の規則の適用であった。「党派指導者たちがお互いに、祖国を手中に収めることを目指して、大軍を擁して軍事的に闘争した」ことによって、スッラとマリウスの下で内戦が本格的に始まったと言えるのである(51)。ラッパと軍旗が目に見える印、通常戦争が手段、そして共和国の政治的支配が目標となる。結局のところ、これらが、単なる暴動、騒乱、扇動とは異なる内戦の特徴なのである。

ローマ人は内戦の二つの要素を導入したが、これらが後代の内戦の概念に、共通の親を持つ肉親のような類似点をもたらすことになる。その一つは、単一の政治的共同体の境界内で起こる戦争という観念である。ローマの場合、この共同体は都市ローマからイタリア半島へ、さらにはローマ市民権がますます多くの人々に広まるにつれて地中海沿岸一帯へと、常に拡大を続けている。この内戦を定義する共同体の境界の拡大は、後の時代にも繰り返され、後に見るように、われわれの時代には「グローバル内戦」という極限の概念にまで達することになる。ローマ人はまた、内戦にはその共同体に対する正当な支配権を主張する、少なくとも二つの争い合う党派が存在することを知っていた。これらの要素は、内戦という言葉そのものを通して、また内戦の叙述を通して後世に伝えられることになる。それらの叙述は、ローマの歴史家たちが、ラテン語であれギリシア語であれ、自国の一連の災難を説明し、理解するために物語ったものであった。

内戦はローマ文明の歴史を定義するに至る。共和国が振り払うことのできなかった呪いとして、あるいは、王政の回復を可能にするような、共和国で流行っていた病に対抗する下剤として。ラテン的西方におけるローマの後継諸国家は、この主題に関するローマ人の著作類の集成から引き出した前例とイメージの蓄えの助けを借りて、自分たちに固有の内的諸問題を理解することになる。列柱、議事堂、円形闘技場、水道橋、法律、ラテン語、ローマが世界に残した遺産はそれだけではなかった。中でももっとも永続的で、人心を動揺させるものが、内戦というカテゴリーなのである。実際、一五〇〇年以上にわたり、内戦はローマ色の眼鏡を通して見られてきたのである。

第二章　内戦の記憶――ローマ人の描く心象

「内戦に対する最良の防御は忘却である」。このように、ローマの弁論家で歴史家のティトゥス・ラビエヌスは考えている[1]。現代のわれわれはこれを、一般向けの心理学の用語で抑圧本能と呼べるかもしれない。痛ましい思い出を、意図的な記憶喪失によって抑圧する試みである。しかし抑圧本能はしばしばトラウマと関連しているため、そのような記憶を無意識の奥深くに押し込むには相当のエネルギーが必要であり、慢然とできることではない。内戦について語らないように最大限に努力したローマ人でさえ、自分たちの著作と弁論においてそれを追体験してしまうことに気付かされた。そして彼らの同時代人も後継者たちも、ローマ人の体験から引き出された言葉で語るのを回避できなかったのである。

多くのローマ人にとって内戦は、その名を敢えて口にしたくない戦争であり続けた。「ベッルム・キウィレ *bellum civile*」という言葉は、大きな抗争の辛い記憶のゆえに、どうしても必要な時でも慎重に考量し、控えめに話さなければならなかった。そのような用心深さのもっとも分かりやすい実例は、内戦の戦士であり歴史家であったユリウス・カエサルに見ることができるだろう。カエサルは、自身のポンペイウスとの権力闘争を、単純に『内戦記(内乱記)』として知られている著作において叙述している。戦史であり、自伝でもあり、自己正当化でもあるこの著作は、同様の目的でガリア征服を振り返った、通常『ガリア戦記』として知られている彼の七巻の著作の続編である。この続編の歴史書の冒頭は失われており、未完成のまま打ち捨てられたようだが、カエサル自身がこれを『内戦記』と呼んでいなかったことは確実であると思われる。後代の写本にしか現れないこの書名は、著者にとってはおよそ考えもしないような選択だっただろう。事実カエサルは、自分の本文では可能な限りこの言い回しを使わないようにしている。現存する三巻の中で、「ベッルム・キウィレ」の語は二回しか現れていない。その一つは写本の乱れがある部分でもあるが、カエサルは、自軍の中に広まった恐怖心を描く場面で、神経を尖らせ恐らくは正しい判断ができなくなっている兵士たちにこの語を語らせている。もう一カ所は彼自身の言葉だが、自分のポンペイウスとの闘争を描く部分で、回想風に何気なく使っている(2)。

カエサルとポンペイウスは前六〇年に、元老院内の共通の敵に対抗して便宜主義的に提携したが、この同盟は前五九年にカエサルの娘ユリアとポンペイウスが結婚することで強化された。彼らの政治的取り決めには、第三の男、マルクス・クラッススも含まれており、そのため第一回三頭政治として知られるようになる。三人のウィル *vir*(男)による支配だから「トリウムウィリ *triumviri*」(三頭政治)である。カエサルとポンペイウスが婚姻によって結び付いたのと同じ年、カエサルは共和国でもっとも高い政治的地位に就いた。一年間共和国を管理し、その軍隊の頂点に立つ二名の執政官の一人になったのである。在職中に彼は、巧みに工作して、ローマに近いガリア・キサルピナ(北イタリア)における五年間の軍指揮権を自分のために用意したが、その理由の一つは、執政官として着手していた事業のゆえに元老院から訴追されるのを免れるためであった。前五六年にポンペイウスとクラッススも同様の五年間の軍指揮権を確保し、カエサルの地位を前五〇年まで延長する法案を通過させている。

その時がやって来た。ユリアもクラッススも亡くなっており、カエサルの支持者たちがローマで彼のために画策し、他方ポンペイウスの支持者たちも同様に活動していた。危機が高まったのは、カエサル、ポンペイウスの両者が軍指揮権を放棄しなければならないと元老院が決議した時だった。どちらもそうしなかった。護民官であるアントニウスとカッシウスが、カエサルをその地位に留めておく権限を有していたが、現職執政官のレントゥルスが、彼らの提案を無効とした後、元老院が、「国家がいかなる害も被らないように」非常事態を宣言した。これがカエサルをローマへ向けて進軍させることになる。彼は、自分と自分の軍隊の行動が同胞ローマ人を攻撃するものではないことを説明するために、あらゆる努力を惜しまなかった。ローマの軍司令官らしく、彼は自分の目的が正当であると主張し、これは純粋に防衛的な作戦であると説明した。真の違反者は、ローマの国制を犯して彼から執政官職を剝奪しようと企んだ元老院内の少数の有力者である、と彼は主張している。

私が任地属州から足を踏み出したのは悪事をなすためではない。政敵の侮辱からわが身を護るため、現下の問題で国を逐われた護民官たちの威信を回復するため、少数者の派閥に苦しめられている私とローマ国民のために自由を勝ち取るためだ(3)。

ここでカエサルが言及している一歩、「任地属州から足を踏み出した」は、内戦に関する知識の宝庫に遺したローマの最大の遺産の一つとなる行為であった。それは前四九年一月のことだった。その時カエサルは、彼が軍司令官としての権限を有するガリア属州と、そのような軍事力保持を堅く禁じられていたローマ市との境界線となっていた川を、軍隊を率いて渡河したのだった。その小川の名は、歴史に流れ込んでいる。ルビコンである。ここから、危険をはらんだ、迅速な、不可逆的な政治的決断のことを「ルビコンを渡る」と言うようになったのである。(4)

軍指揮権と一般行政との厳格な分離を犯すことで、この行為は、注意深くローマの境界の外に限定されていた戦争の領域を、共和国の平和の領域に持ち込むことになった。ローマの記憶の保持者である歴史家と詩人は、この出来事を様々な形で語ることになる。プルタルコスとアッピアノスは、カエサルが小分遣隊をアリミヌムに送り込んだと伝えている。ルビコン川から一〇マイル南にある、現在はリミニの保養地になっている町である。その後、彼自身は夕食の席を抜け出して、密かに少数の供のものとともに四輪馬車に乗り込んだ。深く考え込んだカエサルは、日暮れごろ川を前にして躊躇し、周囲の者たちに疑念を打ち明けた。「この渡河を諦めるなら、友よ、私にとって不幸の始まりとなるだろう」。アッピアノスはこう語るカエサルを描いている。「だがもし渡河したら、それは全人類にとって不幸の始まりになるだろう」。そこで感情が爆発し、大胆かつ抜け目なく計算するばくち打ちの諺、「賽《さい》は投げてしまおう」を口にして、急いで川を渡ったのだった。(5)

歴史家スエトニウスは、これに次のような場面を追加している。魅惑的で神秘的な葦笛吹きが現れ、カエサルの部下からラッパを取り上げて、川を越えて対岸から兵士たちを招き寄せたというのである。ルカヌスは女性を登場させているが、それは悲嘆にくれ髪を振り乱したローマ女神であり、こう警告する。「お前たちの行路が法に適うものなら、お前たちが市民なら、許されるのはここまでだ」。しかしルカヌスの作品の中のカエサルは、自分の行動の非道さを十分に知りながら飛び込んでいく。「ここに、この川岸に、平和とすでに踏み躙《にじ》られた法を、私は残して行く。汝のあとを、フォルトゥナよ、追おう。向後《きょうこう》、もはや盟約は無用。長くこれに信を置きすぎた。今や事を決するに干戈《かんか》をもってせねばならぬ」(6)。後代の芸術家たちは、奇妙な葦笛吹きか、嘆き悲しむローマ女神の姿をこの場面に加えるかどうかの選択をしなければならなくなる(7)。カエサル自身はどちらも入れてはいないのだが。

カエサルの三人称の叙述では、まるで魔法で呼び出されたように、将軍とその軍団が急にアリミヌムにただ現れるだけである。渡河への言及も、苦悩に満ちた議論の様子もなく、カエサルがこの渡河をローマにとって、あるいは自分自身の運命にとって重要だと見ていたことを示すものは何もない。前兆をもたらす存在など現れないし、それどころかカエサル本人以外いかなる登場人物もいない。この出来事について書いてあるのはこれだけである。「これで兵士らの意志を了解すると、カエサルはこの一個軍団を率いてアリミヌムへ進発、その地で彼のもとへ逃げ込んできた護民官らと合流した」(8)。元老院の目で見れば、また、後世の大方の評価によれば、カエサルは「内戦を宣言し、武装してルビコンを渡る将軍たちに向けられた呪いの言葉、地獄に落ちろ、を無視したのである」。こう考えたのは彼を大いに尊敬していたナポレオン・ボナパルトであり、セントヘレナ島に追放の身の一八一九年にカエサルの歴史書についてそう口述筆記させている(9)。

内戦に関して言えば、カエサルは否定派の元祖のような存在である。彼の偉大な敵対者であり、法律家、政治家、哲学者であったマルクス・トゥッリウス・キケロはそこまで抑制的ではなかった。キケロは、われわれの歴史に三つの点で役立つと言える。第一に、知られている限りでは最初に内戦という言葉を使用した著述家であった。ただし、長いこと彼もカエサル自身と同様稀にしかこの語を使っていない。前六六年から前四九年の間の膨大な著作と弁論の中で、二回だけである(10)。第二に、彼は内戦のローマ的概念と、その他の形態の軍事的脅威との境界線がいかに流動的であるかを示してくれる。そして第三に、彼はローマ人が、自分たちに固有の内部抗争を、大いに尊敬していたギリシア人のそれと明確に区別していた証拠を提供しているのである。

キケロが最初に「内戦」の語を使っているのは、前六六年の演説である。それは、フォルム(公共広場)の中でも、二三年後に彼が処刑された後、その首と両手が演壇に晒されたのと同じ場所で行なわれた演説だった。その演説において彼は、小アジアにおけるローマのもっとも危険な敵であるポントス王ミトリダテスに対する戦争の軍指揮権を、カエサルの最大の敵となる将軍グナエウス・ポンペイウス——すなわち大ポンペイウス、後世には単にポンペイウスとして知られることになる——に与えるという提案を擁護している。ローマの栄光と名誉、そして帝国の将来はまさにこの正戦に掛かっていると指摘した後、キケロは聴衆に向かって、ローマを勝利に導ける偉大な軍司令官はどんな種類の人物なのか想像して欲しいと要請している。それは、軍事に関する経験、能力、権威、そして運を持っている人物であろう。ポンペイウス以上に、一八歳で最初に大きな軍指揮権を得たこの早咲きの若き将軍以上にこれらの素質を備えていると言える者がいるだろうか？　ローマ人がこの二〇年の間直面してきた、あらゆる新たな敵と、考えられる限りのあらゆる戦場で彼は戦ってきた、

国家の運命が彼を必要としなかった、いかなる種類の戦争が存在しうるだろうか？　市民間の、アフリカ、アルプス以北、ヒスパニア(市民、異様なまでに好戦的な部族の両方が係わる戦争)、奴隷、海上での戦争、性格も場所も異なる戦争、この人物が遂行したばかりでなく彼が完結させた戦争——これら

の全てが、この人物の知らないような軍事的経験など存在しないことを示している。(11)

北アフリカ、ヒスパニア、ガリアで反乱を鎮圧し、その他に二度の凱旋式を挙行し、しかもその一つは二〇代で獲得しており、そのためにポンペイウスは、彼の憧れだったアレクサンドロス大王にならって、マグヌス（「大」）というあだ名を得ている。彼はまた、南イタリアでスパルタクスの奴隷反乱の残党を簡単に撃破し、三カ月という驚くべき速さで地中海から海賊を一掃し、さらに続けて、前八二年にはシチリアでグナエウス・パピリウス・カルボの軍勢、前七七年にはエトルリアでマルクス・アエミリウス・レピドゥスと戦って勝利した。(12) 奴隷と海賊に対するものを除けば、これらの武勲の全ては、その全体あるいは一部が同胞市民に対する戦いにおけるものであった。「シヴィル」（市民間の）戦争〔内戦〕は、その当時のローマの戦争の一部となっており、すでに他の外敵に対する戦争と区別するのが難しくなっていたのである。

キケロのポンペイウス擁護における「シヴィル」（市民間の）戦争への言及は、この用語がすでに一般に普及していたことを示している。したがって、記録に残っている最初のものではあるが、彼が最初にこの語を使ったわけではないことも明らかである。彼の、ポンペイウスが戦った戦争の列挙からは、敵と問題の困難さの序列を読み取ることもできる。すなわちもっとも不名誉と考えられているのが、海賊と奴隷だが、打ち負かすのがもっとも困難なのはローマ市民である。したがってキケロは、ポンペイウスの業績の中で真っ先に挙げるべきものが前八〇年代の「シヴィル」（市民間の）戦争における勝利であることを、聴衆に疑う余地なく示そうとしたのだろう。すぐにそれらの戦争には言及できなくなってしまうのだが。結局キケロは、ポンペイウスの党派の一員として語っているのである。そう考えると、聴衆は確かに、彼の特定の傾向を持った内戦への言及を、ローマの外敵と内部の脅威の打倒を同等とするものと受け取ったのであろう。そして、内戦は発明されるとまたすぐに再発明されたわけである。つまり最初は受け入れがたい恐怖として、しかしすぐに、それ自体は貴重でも名誉でもないが、何かに変わりうる流動的な概念として発明され、それがやがて、少なくとも勇敢さと武勲を示せる機会となったのである。

このあたりは微妙なのだが、内戦とは、「凱旋式をもたらすことのない戦争」と、ルカヌスが書き、ほとんどのローマの批評家がこれに同意していた。[13] ローマの凱旋式という儀式は、外敵に対する正戦における勝利への褒賞であった――それが確立された慣例だった。勝利した軍隊はその将軍を「インペラトル *imperator*」と歓呼する。するとその将軍は元老院に、感謝の様々な儀式の許可を求める。しばらくして、公式に凱旋式の名誉が与えられる。一世紀に歴史家ウァレリウス・マクシムスがこう書いている、「内戦において国家のために有益な大きな業績を上げたとしても、そのために「インペラトル」の称号を与えられることはなく、感謝祭の決議もなされず、馬に乗るものであれ二輪馬車に乗るものであれ凱旋式もない。そのような勝利は、外国人の血ではなく国内の血によって勝ち取られた、必要だが、悲しむべきものと理解されていたからである」。[14] しかしながらポンペイウスは、「実際には内戦であった」アフリカでの、市アでの勝利により凱旋式を与えられ、後にカエサルが、ガリア、エジプト、ポントス、アフリカとヒスパニア民と外国人の両方を含む自分の敵、そしてポンペイウスの息子たちに対する勝利を祝う一連の凱旋式を挙行している。明らかにこれは内戦での凱旋式というタブーを犯すものであった。[15] 最後に、オクタウィアヌスが前三一年にアクティウムの戦いでマルクス・アントニウスとクレオパトラを破って、皇帝アウグストゥスとして権力を手中にした時、彼も凱旋式を祝っている――ただし、外国人と市民の両方の敵に対する勝利であることを明示した後に初めて挙行している。戦争の様々なタイプのそれぞれの区別については、捉えがたく議論の余地を残すものであった。勝者の正義の論理が定義を定めることができたが、それも共和政末期の多くの戦争における、「シヴィル」(市民間の)の要素を抑えることで初めて可能だったのである。[16]

ローマ人は、ギリシア史や自分たちの都市の始まりと対比する時、自分たちの内戦の経験が異常なものだったと信じていた。それは、一種の逆転したプライドの特殊な形を取っていた。共和政の暴力的内部抗争を、ギリシア人のあまり構造化されておらず、戦争らしくも見えない騒動の上を行く刷新と見ており、キケロは、確かにこれを認識していた。この元老院議員は、前四四年にカエサルが暗殺される少し前に、当時ギリシアでさらに高度な教育を受けるためにローマを旅立つ一人息子マルクスへの助言の書を著している。この、『義務について』(前四三年)としてよく知られている著作には、その一部に隠された暴君殺害の議論があった。その中でキケロは、内部分裂についてのギリシア的概念とローマ的概念の違いを指摘している。彼は、共通善に従う必要について、プラトンの『国家』の中のソクラテスの言葉を引用し、ローマ共和国が民主派と貴族派の党派に分裂する危険についてマルクスに警告する。次いでキケロは、ギリシア人も確かに大きな不和を経験していたが、ローマ内部の分裂は、ともかくその規模、形態、名称においてそれとは異なっていると記している。ローマ人は、ギリシア人が「スタシス」と呼ぶような種類の騒乱ではなく、もっと悪く、まったく新奇な何かに苦しめられている。それが「有害な内戦」(ペスティフェラ・ベッラ・キウィリア *pestifera bella civilia*)なのである。[17] 真面目で勇敢な市民なら、誰でも内戦を回避しようとし、糾弾するであろう。それでもローマは、それを発明したと見なされてよいのである。

＊

ローマの弁論家、詩人、歴史家は、自分たちの共和国が本格的な武力抗争に陥ることの意味を理解しようと苦心した。彼らは、ローマの健全な道徳の衰退の兆候を探しながら、内戦の罪の問題を議論している。彼らは特に、表向き平穏な時期の後に内戦が繰り返されるという観念に立ちすくんでしまう。最終的に彼らが後世の読者に遺したものは、倫理的に挑戦的で、呆れるほどに繰り返される現象を中心に構築された歴史のヴィジョンだった。その現象は、何と言っても市民性の逆説的な徴《しるし》、（はるかに後の時代の言葉で言えば）文明そのものの逆説的徴である。このようにしてローマ人は、自国民にとって、そしてその先の時代にとって、内戦の記憶の保持者となったのであった。

ティトゥス・ラビエヌスが「オブリビオ *oblivio*」（忘却）を勧めた時にほのめかしていたように、内戦を思い出すことには常に思い出とともに感情に火をつけ、内戦を再燃させる危険が伴ったのである。われわれはそれを、内戦の歴史を書こうとするローマ人の最初の試みの中に、もっとも鮮烈に見ることができる。それはカエサルの仲間の一人、ガイウス・アシニウス・ポッリオによるものである。弁論家クィンティリアヌスの評価によれば、ポッリオは「あらゆることに習熟した人物」と言われた最初の人だった。著作家、政治家、詩人（その中にホラティウス、ウェルギリウスを含む）のパトロンであり、また、ローマの最初の公立図書館の創建者でもあった。彼の内戦についての著作に権威があるのは、彼が前四九年にカエサルとともに戦っているからである。実際に彼は、ルビコンの岸辺で苦悶するカエサルの側に将軍として立っており、その後、彼とともに川へ飛び込んだのであった。前四四年のカエサル暗殺の後、ポッリオは執政官職の栄誉を手にし、前三九年と前三八年に凱旋式を勝ち取っている。その直後に政界を引退したポッリオは、引退したローマの政治家の多くと同様、他の手段による政治の継続としての文学に向かった。われわれは彼の主著の主題を、彼の庇護民だったホラティウスの詩の献辞に見ることができる、

あのメテルスが執政官の年から後の内戦や、その戦の原因や、その失敗や、成り行きや、運命の女神の翻弄や、ひどい結果をもたらした指導者たちの友情(三頭政治)や、
未だに清められずにいる、鮮血に塗れた剣《つるぎ》などの、危険な賭でいっぱいな、テーマを貴方は扱っている。覆われた灰に隠された、火の上を歩くようなものだ。(18)

カエサル支持者として、彼の暗殺の陰で著作したポッリオは、疑いなく彼の将軍の死への復讐はいまだなされていないと考えていただろう(それゆえホラティウスは、「未だに清められずにいる、鮮血に塗られた剣」と書いたのだろう)。したがって、彼の歴史書はある意味でリハビリの試みであったのだろう。しかしながら、ルビコンを渡る時のカエサルが知っていたように、あらゆることがばくち打ちの一振りに懸かっていた。彼が口にしたと広く信じられている言葉は「賽は投げられた」(イャクタ・アレア・エスト *iacta alea est*)である。カエサルの格言を想起させながらホラティウスは、カエサルの決断とポッリオの危険な企て(「危険な賭でいっぱいな、テーマ」)とを巧妙に融合している。もっとも大きな危険は、記憶の焔《ほのお》を燃やし続けることにあった。たとえ単なる記念の薪束を意図していたとしても、それはより破壊的な何かに成長するか

もしれない。煙を吐く火山はいつ爆発するか分からないものなのである。新しい市民間の抗争の爆発の潜在的危険はいつでも存在していた。内戦の歴史を扱うことは、常に火の上を歩くようなものだったのである。

内戦は、前八〇年代から後六〇年代までローマ史上で一〇〇年以上にわたり繰り返し発生し、さらにその先にも続く。前八八―前八七年のスッラのマリウスに対する最初の内戦は、前八二―前八一年の二人の間の二回目の抗争へと至った。その二〇年後、スッラの戦争の退役兵で貧困化していた者たちが、前六三年にローマ市の支配権を奪取しようとした元老院議員カティリナの陰謀を支持した。キケロはこの一揆の殺害の標的の一人だったが、危険を察知し、この共和政の敵を政治的手段と弁論によって攻撃して敗北に追い込んだ。さらにそのおよそ二〇年後、カエサルが内戦を開始するが、それはまずローマ、次いでイタリア半島、最終的にはエジプトに至るまでの地中海世界を巻き込む間欠的な武力抗争の循環の始まりであった。この循環において、カエサルとポンペイウスのそれぞれの支持者と子孫たちは、一連の戦いを続け、前三一年のアクティウムの戦いにおけるアントニウスとクレオパトラに対するオクタウィアヌスの勝利で頂点に達した。前二七年にオクタウィアヌスがアウグストゥスとして帝位に登ることで、一連の内戦が終結した。次の内戦の種は、帝位継承の力学の中に蒔《ま》かれていた。

オクタウィアヌスの帝位が抗争の一時的な休止をもたらし、それは平和と安定の「アウグストゥス時代」と賛美されている。しかし彼の後一四年の死から数十年の間、内戦に関する著作の流行が見られ、やがて内戦そのものが再発する。帝政に反対する者たちは、頽廃が始まる前の、共通善（レス・プブリカ *res publica*）が保たれていた時代として、共和政期を懐かしんでいた。しかし他の者たちにとっては、ユリウス・カエサルと皇帝アウグストゥス以前の年月は日に日に遠ざかりつつあった。「年寄りさえも大部分が、市民戦争の最中に生まれたので、共和国を見ることのできた人は、はたしてどれだけ生き残っていたろうか」。歴史家タキトゥスは『年代記』の中で、アウグストゥス治世末期に生きる人々に触れて、こう嘆いている。彼の説明によれば、暴君の支配は他の手段による内戦の継続であった(19)。続く数十年のティベリウス帝の治世には、ローマ史上の他のいかなる時代よりも多くの内戦に関する記述が現れている。タキトゥスの著作は、その中で生き残っている数少ないものの一つである。その他の大部分はポッリオと同様の道を辿っているが、そこには大セネカと歴史家アウルス・クレムティウス・コルドゥスの作品が含まれる。後者は、先の時代の抗争について書くことで内戦を唆《そそのか》したとして、二五年に大逆罪により訴追されている(20)。

ネロの治世にもう一度記憶の再燃があった。ルカヌスが、カエサルとポンペイウスの抗争を扱う叙事詩『内戦』（六〇―六五年）を書いたのもその時代である。それは両義的な詩であり、皇帝の庇護の下で書かれていながら、明らかに帝政以前の世界、たとえ市民間の争いで打ちのめされてはいてもローマ共和政が活き活きとしていた時代を懐かしんでいる。ルカヌスは一世紀前の市民間の抗争を振り返り、宇宙が人間世界の政治的、軍事的不和に応じ、地上の惨事に共鳴して天が震えている様を思い描いている(21)。

その想像力、共和主義的傾向、そして身近な暴力の活き活きとした再現によって、ルカヌスは、四世紀から一九世紀初めまでの約一五〇〇年にわたり、全てのローマ詩人の中でもっとも広く読まれ、称賛されることになる(22)。一二世紀に『内戦』の中期アイルランド語訳が出ている(23)。一三世紀にその写本がアイスランドに伝わり、サルスティウスの『ユグルタ』『カティリナ』からの抜粋と合わさって散文の概要が作られ、そこから、暴動、陰謀、内戦を通して語られるアイスランド語のローマ史である『ローマ人のサガ』

が形成された。[24] 一四世紀初期のダンテは彼を「偉大な詩人ルカヌス」と呼ぶ。一四世紀後半のジョフリー・チョーサーにとっても「偉大な詩人ルカヌス殿」だった。[25] フーゴ・グロティウス（一五八三—一六四五年）はオランダの学者で、権利の理論家、そして『内戦』を学術的に編集しているが、その彼にとってルカヌスは「自由を愛する詩人」に他ならなかった。[26] 彼の人気は、ヨーロッパにおける内戦発生の頻度に応じて上下している。一六、一七世紀には、後に見るように、彼は歴史的にも同時代的にも抗争を理解する上で決定的に重要な資料を示したが、一九世紀に彼の名声が衰退し、二〇世紀後半に新しい読者を見出すことになる。

ネロ時代のルカヌスの著作家仲間には、政治家、詩人、美食家のティトゥス・ペトロニウス・アルビテル（二七年頃—六六年）がいて、『サテュリコン』を書いている。この有名な詩はある架空の晩餐会を描いているが、その席でやはり架空の詩人エウモルポスがカエサルとポンペイウスとの間の内戦を扱った詩を朗読する。エウモルポスは内戦を真に「偉大な主題」と呼び、恐らくは、ウェルギリウスが自著の中でも「今までよりもより大きい仕事」と呼ぶ『アエネイス』より重要だと言う。[27]

ルカヌス、ペトロニウスはネロの治下でともに自殺している。皇帝自身も死んだ六九年には内戦の火が再燃して、「四皇帝の年」となった（ガルバ、オト、ウィテッリウス、ウェスパシアヌス）。この帝位継承をめぐる戦争は、ローマの最後の内戦とはならず——見方によっては四世紀まで続く——特にこの種の不和に陥りやすい国家としてのローマの歴史叙述を頂点まで推し進める。このパターンは回顧においてはっきりしたものとなる。「私は〔ローマ〕帝国衰退の原因を、ネロの没落に続く内戦、あるいはアウグストゥスの統治を継いだ暴君支配に帰すべきではなかったのだろうか？」歴史家エドワード・ギボン（一七三七—九四年）

は、有名なローマ帝国衰亡史の叙述を完成させた後の一七八〇年代に、こう自問している。「ああ、そうすべきだった」(28)。

内戦を忘却に委ねるどころか、ローマ人とその後継者たちは繰り返しそれを思い出している。内戦が消えることは決してなかったゆえに、何世紀もの間彼らはそれを語るしかなくなったように思われる。それまでは語りえないものだったのが、語ることから逃れられなくなったのである。「再び忍ばねばならぬこれと同じ惨禍が待ち受ける。戦はこれと同じ順路を辿るはず。これと同じ末路を迎えるのだ、骨肉相食《こつにくあいは》む内戦は」。ルカヌス『内戦』のある登場人物がこう嘆いている(29)。ローマの内戦に関する著述に終わりはないであろう。ルカヌスの詩を継いだのは、四〇年後の『同時代史』(一〇九年頃)における四皇帝の年のタキトゥスによる叙述であった。ギリシア語話者の歴史家プルタルコスは、ギリシアとローマの人物たちの対比列伝を作ったが(一〇〇―二五年頃)、彼が選んだローマ人の代表例にはグラックス兄弟と、それに続く内戦の戦士たち――マリウス、スッラ、カエサル、ポンペイウス、アントニウス――が含まれている。同じ頃もう一人の歴史家、アッピアノスがギリシア語で『ローマ史』を書いているが、その残存している部分の題名は、『内戦史』となっている(一四五―六五年頃)。これは、スッラからオクタウィアヌスまでのローマの全ての内乱を包含する、包括的な歴史叙述の試みであった。

それらほど詳細ではないが、より幅広いのが、フロルスの人気のある作品『ローマ史概要』(一一七―三八年頃、あるいは一六一―六九年頃)である。これはロムルス以後の七世紀を、様々な種類の戦争の果てしない連続として描いている。対外戦争、奴隷戦争、同盟者戦争、そして内戦。対外戦争だけが正義の戦争と考えるフロルスだが、意図的に各種の戦争の区別をぼかしている。例えば同盟者戦争のことを実は内戦だったとするが、その理由は同盟諸都市がローマ人と一体になっていたことにあり、「イタリアの境界内で反乱を起こすことで、都市内で反乱を起こすのと同等の大罪を犯したのである」。その上、奴隷戦争を中でももっとも恥ずべきものとして叙述した後で、スッラとマリウスとの戦争をその卑劣さにおいてこれと同じであり、ローマの究極の不幸を示しているという。その時、市民と市民が公共広場において、あたかも闘技場で剣闘士(「最低の階層の者ども」)が闘うように戦ったからである。そしてこのような区別の混乱の最後を飾るように、フロルスはカエサルとポンペイウスの抗争がローマからイタリアへ、そして帝国へと拡大する軌跡を追っている(30)。

カエサルからアウグスティヌスに至るおよそ五世紀の間、ローマの歴史家たちは自分たちの文明の最大の呪いを理解しようと、大胆に闘い続けた(31)。彼らは、原因を追究しようと格闘している。それぞれのローマの内戦では、何が火花を散らしたのか？　内戦を引き起こしたローマ共和政には、そもそも何か根本的な欠陥があったのか？　彼らは、あまりにも多くの内戦の理由に悩まされた。何か深遠な論理が作用しているのか？　そして彼らは、彼らの試練から意味を引き出そうと努めた。内戦とは無縁な理想的な国の形態は存在するのか？　あるいは、ローマ文明それ自体の基底にある構造が、常に災難が繰り返されるように仕向けているのか？　これらの問いが、北アフリカの歴史家でヒッポの司教、アウグスティヌスの『神の国』(四一三―二六年頃)を決定的に形作っている。彼は今日もなお、ローマの内戦に関するもっとも偉大な歴史家と見なされている。しかし、まずは彼の前任者たちのことを振り返っておこう。

これらの大きな問いに対する同時代のローマ人の答えから、その後何世紀もの間繰り返され、学ばれることになる、活き活きとした、しかし人心を動揺させるような教訓が生まれている。内戦は単独ではなく、大群をなしてやってくる。それらは、癒されることのない傷、復讐を要求する相続人であり、まず首都ローマを、次いで地中海とそれを越えるローマ帝国全体を真二つにする分裂を残す。タキトゥスは、後一世紀の争いを辛辣に述べるその冒頭でこう言っている、「私が今から述べるのは、災禍に満ち、相剋で悲惨な、擾乱で反目し合う、平和ですら血腥《ちなまぐさ》い時代の物語である。四人の元首が剣で命を絶たれ、三度内戦が起こり、それより多い外敵との戦い、そのいくつかは内戦と外戦を織り交ぜていた」[32]。このように、首都の支配権をめぐって内戦が戦われている間は、ローマ世界の至る所にそれが広まり、後には帝国の外から役者を引き入れていたのだから、容易に外敵との戦争と区別できなかったのである。

ローマ市民権がより広く付与されるほど、内戦の範囲はより広くなった。フロルスはこう論じている、「カエサルとポンペイウスの怒りは、洪水か炎のように、首都を、イタリアを、諸部族を、諸国民を、そして最後は全帝国を飲み込み、そのためもはや内戦、あるいは同盟者戦争、対外戦争と呼ぶのも適切ではなく、それら全ての何かを含む、しかし戦争よりさらに悪い戦争であった」[33]。フロルスはここでルカヌス『内戦』の冒頭部分に反響している。この主題に関するローマ人の不安の、典型的な要約である。

戦《いくさ》を、私は歌おう、エマティアの野に繰り広げられた、内戦にもましておぞましい戦を、
正義の名を冠された犯罪を、覇者ながら、勝利の右手を我とわが内臓《はら》に向けた民を、
同胞《はらから》が同胞を相撃つ戦列を、専制の盟約が敗れた後、
世界を震撼させつつ総力をあげて争われ、彼我《ひが》もろともに悖逆《はいぎゃく》の罪に墜ちた闘争を、
敵旗《てきき》を迎え撃つ敵旗を、並び立つ双の鷲旗《わしき》と互いを脅かす手槍を。

ああ、同胞よ、何という狂気、[34]……

もしこのカエサルとポンペイウスとの間の戦争が「内戦にもましておぞましい」とするなら、それは、婚姻の絆で結ばれた二人の男の間で戦われたからであった。その意味でこれは単に市民の間のではなく、家族内の戦争だった（「同胞が同胞を」）[35]。その結果が後の時代の歴史に反響する句となる。「敵の無い戦争」と、イングランドの議会派の将軍サー・ウィリアム・ウォーラーが、一六四三年に自分の国の動乱（ピューリタン革命）を呼んでいる。親族や同郷人の間の抗争である、こうした戦争は苦しく、悩ましい。政治的権力、そしてそれとともに国の構成員を定義する権利をめぐる戦いだからである[36]。しかしそのように理解するなら、内戦は恐ろしいと同時に不可避的な、必要で自然な抗争だったことになる。

内戦は実際、軍旗と武器一式を完全に用意した戦争であった。内戦と最初に認められたスッラの戦争は太鼓とラッパで目立っており、やがてそれはローマ支配下の地中海全域を巻き込むことになった。「エマティアの野」はギリシア北部に位置しており、前四八年にパルサロスの決戦の舞台となった。ルカヌスの詩の別名『パルサリア』は、この決戦に由来している。物理的な境界が確定していないと言うなら、概念上の境界はさらに流動的である。キケロその他が区別しようと試みた様々な種類の戦争の間の境界は、あたかも区別しようと努力したせいであるかのように、ぼやけていった。そうした努力は、内戦を他の形態の抗争と区別するのをなお一層困難にしてしまった。何らかの無慈悲な自然現象のように、内戦はもはや国の境界を尊重せず、その範囲を全世界に広げる潜在的危険性を露《あらわ》にしながら、ますます破壊的になっていった。内戦を理解するのを不可欠なこととし、それを記述し定義するのを難しくしているのも、まさにこの性質なのである。

＊

ローマの内戦の歴史家たち皆が直面したもっとも基本的な問題は、その物語をどこから始めるかであった。カエサルでさえ、彼の歴史をルビコン渡河から始めてはいない。他の詩人や歴史家たちは、彼らの国の内部紛争の起源を求めてはるか昔に遡っている。ホラティウスのポッリオに捧げた詩は、再発の事実を説明することの難しさをよく示している。そこには、「あのメテルスが執政官の年」とあるのだが、前一四〇年から前六〇年の間に執政官になったメテルスという名の人物は一一名もいた。大方のローマ史家に従えば、ホラティウスは前六〇年にこの職にあった人物に言及しているようだ。カエサル、ポンペイウス、クラッススの同盟が最初に結成された年である。しかし、前一二三年にその職にあった別のメテルスのことを言っているのかもしれない。ガイウス・グラックスが護民官だった年、彼が怒れる群衆に殺害され首を刎ねられる二年前である。もしホラティウスが第一のメテルスに言及していたのなら、ポッリオの歴史はカエサルがルビコンを渡るわずか二〇年前から始まっていたことになる。しかし、もし彼が第二の人物のことを言っていたとすれば、ローマを二分し、市民同士を激しく争わせることになる紛争について、ポッリオはもっと長期的な見方をしていたことになる。(37) ローマの倫理的な歴史の全体像は、このような選択によって決まるのである。

短期的な説明によれば、内戦は偶然の出来事であり、再発は考えにくい。長期的な見方は、対立をローマ史全体の中に織り込み、根の深い原因、中でも破壊的暴力に至る道徳的罪にさえ注目するだろう。ある者にとって問題は、ローマ創建そのもの、ロムルスの弟殺しにある。「ローマ全体がそれに注意しなかったのであるから、ローマ全体がその罪を犯した」のであると、後にアウグスティヌスが論じることになる。[38] 前三九年に三頭政治によって実現された短期間の、しかし不安な、平和の時代である前三〇年代後半に書いていたと思われるホラティウスは、こう同胞ローマ人に問うている。なぜ鞘に収めたばかりの剣を抜くことを考えるのか、なぜ、カルタゴ人やブリトン人のような他の民族を征服することもなく、むしろ自分たちの手で倒されるのを選択して血を流すなどという狂気に陥るのか？　ただ一つの説明が可能である。兄弟殺しの原罪がこの都市を永遠に呪っているのである。

どこに向かって、愚かにも破滅への道を辿るのだ。一度収めたその矛に
なぜ、またその手をかけるのだ。

ローマ市民を駆り立てているのは厳しい宿命で
かの兄弟の殺しあいだ。
レムスの血が流されて、子孫を呪っているのだろう。[39]

ホラティウスがこの詩を書いた、内戦から二世代後の時代には、ロムルスの弟殺しが、「プレブス *plebs*」（平民）と貴族との政治的、社会的分裂（「両者の対立の永続的可能性」[40]）の定番の寓喩となっていた。これは、内部抗争――身分闘争、グラックス兄弟による分裂、そして内戦――の原因をローマの起源に遡って

みているのである。この血塗られた系譜学は、未来にも影を落としている。ホラティウス自身がそれからわずか一年後の、ポンペイウスの息子セクストゥスと三頭政治家との関係悪化を嘆く詩の中でそれを確証している。「若い世代は既にもう内戦に疲れ果てている。ローマ自身は自らの力によって滅びるのだ」。再び「絶望的な、神なき世代のわれわれがローマの町を滅ぼす」ことになるのである。(41)ローマの原初からの呪いから逃れるには、ローマそのものを避けるしかない、とホラティウスは続ける。忘却ではなく、逃走こそが、実際のところ、内戦の呪いに対する唯一の救済策だったのかもしれない。

しかしもしローマの不和の根源が、この都市の初期の歴史の奥深くに埋められていないとしたらどうなのだろう？　前六三―前六二年のカティリナの陰謀に関する記述の中で、サルスティウスもローマの運命の大きな転換を道徳的欠陥に帰しているが、しかしそれはローマ人の成功による意図せざる結果だった。前一四六年におけるローマの敵カルタゴの敗北は、勝利のせいで堕落へと導くことになった。その時より前にも「市民と市民があらそっていた」が、彼らは徳によって得られる名誉だけのために競っていた、とサルスティウスは考える。しかしポエニ戦争勝利後は、貪欲と野心を育んだために「富が残酷であらゆるものを圧倒し始めた」。アシア遠征の贅沢な戦利品で自分の軍隊の忠誠心を買収することで、スッラはローマを征服できた。この理解では、内戦と堕落は手に手を取って歩み、ローマの道徳的強さを掘り崩し、ついにはカティリナがスッラの例にならって、「内戦を待望する」落ちぶれた兵士たちの助けを借りて共和政転覆を目指すに至ったことになっている。(42)別の歴史書でもサルスティウスは、この物語を再確認している。初期ローマの不和は、弱点のある人間の性質と、自由、栄光、権力への欲望に由来するものであったが、そのような悪が、平民と貴族とを公然と抗争させるまでに蔓延《はびこ》るのはカルタゴ没落後である、というのである。「争い合う道が開かれ、そこから非常に多くの暴動、反乱、そして最後に内戦が生じた」[43]。

多くのローマの歴史家たちは、社会的闘争の源泉を別の所に見ている。前一世紀のグラックス兄弟（ティベリウスとガイウス）の改革案である。グラックス兄弟は、家庭教師のストア派哲学者、クマエのブロッシウスから、ローマの政治を「貴族派」と「民主派」の党派に分裂させる、明らかにギリシアの影響を受けた語彙を学んでおり、その結果として後世のローマ研究者たちは、この亀裂が運命的な内戦へと向かわせる土台となったと見るのである。キケロ、ウェッレイウス・パテルクルス、アッピアノス、フロルスは皆、前一三三年のティベリウス・グラックス殺害をローマの最初の致命的な分裂と取る。それに対してウァローは前一二一年の弟の死を核心と見る。「市民間の不和の起源である、市民団を二頭のものとしたのはガイウスだったからというのである[44]。これらの護民官の間の紛争は、「内戦の小手調べ」であったとタキトゥスが『同時代史』に書いている[45]。そしてキケロが記しているように、ローマ共和政の中に裏切りと不和の種を蒔いたのは、貴族を支持する者たち（オプティミ *optimi*）と民衆の側に立つ者たち（ポプラレス *populares*）への分裂であった[46]。無論、これらの説明は矛盾していない。繋ぎ合わせれば一つの説得力のある物語になり、アウグスティヌスのような後代の歴史家がローマの致命的欠陥について独自の説明をするのを大いに助けている。

事実、ローマ史の正典における内戦の様々な分析は、競合的というより蓄積されるものであった。ロムルスとレムスの神話は、ローマの対立に向かう傾向のもっとも基本的な原因を説明している。サルスティウスの、カルタゴ敗北後の贅沢と堕落に対する道徳的攻撃は、〔贅沢や堕落を内戦の〕前提条件として示している。キケロその他によるグラックス兄弟時代の分裂の回顧は、究極的にはローマ人に同胞市民に対して武器を取らせることになる、後の時代のむき出しの党派対立と国家のより深刻な分裂の予兆となっている。

これが、連続から循環への転換であった。説明は正当化へと転換した。そして諸々の事件は、ローマの起源にまで遡る過去から続く物語の中に位置を占め、未来にまで影を落とし、政治的緊張の時代に再び取り上げられる。こうした流儀でタキトゥスは、四皇帝の年におけるガルバ殺害後の庶民の不安を記述している。「いまや人々は最近のネロの治世の、平和ではあったが酷たらしい事件ばかりでなく、昔に遡って数々の内戦の記憶を呼び起こした。自分たちの軍隊で何度も都が占拠され、イタリアが荒らされ属州が掠奪されたこと、パルサロス、ピリッポイ、ペルシア、ムティナの名を挙げ、これらの戦場が国家の災禍によって有名になったことなどを話し合った(47)」。この内戦の循環は何度も語られることになる。間接的にそうしているのがスタティウスの詩『テーバイス』(九二年頃)である。これは、一世紀のローマの内戦を背景として、オイディプスの二人の息子、エテオクレスとポリュネイケスの間のテーバイにおける最初の兄弟殺し的な競合を物語っている(48)。直接的には、タキトゥスやフロルスが内戦の経験を中心にローマ史を構築している。時間を超えた後世の内戦叙述については何も言う必要はないだろう。それは一八世紀のアメリカ革命とフランス革命まで続くのである。

ローマの内戦に向かいやすい傾向を叙述したはるかに包括的な物語は、アウグスティヌスが『神の国』で厳然と詳述した、キリスト教的解釈である。彼がこの神学上、歴史学上の傑作を書いたのは、四一〇年の蛮族によるローマ劫略に続く年月であり、全二二巻が四一三年から四二六年にかけて書き続けられている。その執筆目的は複数あったが、ローマはなぜ陥落したのかを説明することもその一つだった。キリスト教の敵対者たちは、この新宗教こそが原因だと主張していた。もし異教の神々をしっかりなだめてさえいれば、都市ローマは攻撃者たちを撃退できたはずだ、と。キリスト教がローマの土台を掘り崩し、ゴート人の侵攻を許してしまったのだとの非難を論駁するために、アウグスティヌスは、帝国の道徳的衰弱と分裂しやすい傾向はイエスの誕生以前から存在していたと論ずる。彼はまさに、前任者であるローマの内戦の歴史家たちによって提示された一連の出来事を、例証として利用している。しかし、ここには明らかな逆説が含まれている。もしローマが、既知の世界に広く福音を伝える、救済の伝達手段ではなかったとしたら、いったいその帝国はどこにあるのだろう？　それならば、ローマの陥落の背後にも、その初期の成功と同様に、神の目的が存在しているはずではないか？　アウグスティヌスは前任者たちに従い、ローマの道徳的歴史をその創建まで遡って、動乱と自己破壊の果てしない出来事の数々をその崩壊に至るまで辿る。蛮族の猛威や外国人の征服も、市民が市民を殺す恐怖に比べればどれだけのものだろうか？

アウグスティヌスにはローマ文学の徹底的な教育を受け、若い頃には帝国の文化的首都ミラノで修辞学を教えていたという利点があった。彼はキケロ、サルスティウス、ウェルギリウスの作品に没頭しており、リウィウスの包括的なローマ史の、今日では失われている諸巻の多くを知っていた(49)。この博学のおかげで彼は、ロムルスとレムスから自分の時代に至るまでの、ローマ内部の騒乱の包括的歴史を編纂できた。「レムスとロムルスとのあいだにおこったことは、この世の国がどのようにそれ自身に反目して分裂せられるのであるかを明示したのであった」。もし彼が、その道徳的頽廃がイエス誕生よりもはるか以前に始まっていたことを示せるなら、キリスト教がその衰亡の原因とは言いがたくなるであろう。サルスティウスは、まさにアウグスティヌスが必要としていた証拠を提供してくれる。「かれ〔サルスティウス〕の歴史の書のうちに見られるのであるが、かれは繁栄の世〔カルタゴ滅亡後〕におこったどのような悪弊によって内戦がおこったかをあきらかにしている」。グラックス兄弟からスッラへ、ローマの騒乱は「内戦にまで進んだ」が、この都市の神々はそれを阻止するために何もしなかった。それどころか、神々自身が時には市民たちを争い合うよう仕向けているように、そして彼らに争う口実を与えているように見える。ローマ人は和親の女神コンコルディアの神殿を建立していたが、アウグスティヌスはこう皮肉っている。「コンコルディア(和親の女神)がかれらを見捨てて、ディスコルディア(不和の女神)が猛威をふるって、ついにかれらを内戦に導いたにしても事情にかわりはない(50)」。

アウグスティヌスの異教的ローマの記述は、「国内のものであっただけにますます不幸なものであった悪」のカタログであり、「市民間の、というよりはむしろ、反市民的な闘争」の連続であった。「同盟者戦争、奴隷戦争、内戦は」「どんなに多くのローマ人の血を流したことだろう。どんなにひどいイタリアの攻略と荒廃をきたしたことだろう」と、彼は嘆く。ここで彼はフロルスに従い、戦争の連続としてローマの歴史を語り、それぞれの戦争は前の時代の道徳的不安定性によるもので、再び国の土台を揺るがしたのだという。公然たる戦闘の合間の期間も、戦闘それ自体に劣らないほど血塗られたものであった。例えばスッラの最初の勝利の後、「平和は戦争とその残酷を争ってそれに勝った」。マリウスとスッラの第一次内戦から、国内での戦争が止めようもなく、アウグストゥスの登場まで続くことになる。(アウグスティヌスによれば)アウグストゥスも内戦の戦士だったが、その皇帝としての治世にイエスが誕生する。「それらの血なまぐさい内戦は……キリストの降臨よりもずっと以前におこった。そして兇悪の原因の連鎖によって……戦争から戦争へ〔とつながったのだ〕(51)」。

『神の国』執筆の最中のアウグスティヌスは、ヒスパニアの司祭で北アフリカに移住したばかりのパウルス・オロシウスに、蛮族によるローマ劫略への応答として「異教徒に反論する」歴史を書くよう勧めている。オロシウスの『異教徒に反論する歴史』七巻（四一七―一八年）は、世界の始まりから著者自身の時代まで五六一八年以上の広がりを持ち、真に世界史的と言える。この司祭は、ローマの内戦のカタログを、記録が残っている限りで人類が被災してきた、犯罪、戦争、自然災害のより長い物語の中に位置付けている。[52]彼の前任者である初期のローマの歴史家たち（そして諸史料）が行なったのと同様、彼もローマの内戦を連続したものとして辿るが、それより幅広いのである。彼は「親殺し」、すなわち家族内の殺害の犯罪を、内戦の繰り返される兆候と見ている。少なくともペルシア人の時代からそう言えるという。ペルシア人は、彼らの王ダレイオス二世の死後、二人の息子アルタクセルクセスとキュロスが後継争いを始め、「内戦、あるいは内戦以上の戦争を戦った」――ここは再びルカヌスからの引用だろう。オロシウスはローマの内戦に関する一般的な年代配列に従っており、スッラから始めているが、その循環を自分の時代まで継続すると見ている。彼はここでアウグスティヌスと袂《たもと》を分かつ。アウグスティヌスは、これらの最悪の戦争を異教徒の間でだけ戦われ、異教徒とキリスト教徒の間では戦われてはいないと考えていた。オロシウスは、同時代にそのような「市民間の」戦争、すなわち内戦は存在しないと主張する者に対して、こう応える。「実際それらを同盟者に対する戦争と呼ぶ方がより正確であろうが、もしそれらを内戦と呼ぶなら、われわれにとってより有利となるだろう」――つまりキリスト教徒にとって利益になるというのである。なぜだろうか？　それらは、キリスト教の勝利という称賛すべき大義のために戦われ、キリスト教の赦しによって改善された、「正しい」戦争だったからである、「今日のいわゆる内戦は、より温厚で慈悲深く戦われ、あるいは実際には戦いではなく鎮圧であることを、誰が疑うだろうか？」[53]

アウグスティヌスは、個人としては、これを疑っている。彼は一度もオロシウスの名に言及しておらず、自分の弟子の歴史に失望していたように思われる。ローマ帝国は過去においても将来も、キリスト教を広めるために選ばれた、神の摂理の運搬者であり続けるという楽観的な理念を中心に構築された歴史だったからである。[54] 自著『神の国』を完成する頃にもアウグスティヌスは、異教徒とキリスト教徒とを明確に分離し続けていた――つまり、地上の国（ローマが象徴する）に住む人々と、天上の国を信じる人々の分離である。アウグスティヌスが読者に思い出させているように、ローマ人はお互いに戦う理由を休むことなく見つけてきており、それはローマ世界全体にとってますます大きな破壊的効果をもたらしている。「帝国の広大さそれ自身がいっそう悪質な戦闘、すなわち同盟者間の戦いや内戦を惹き起こしてきたからであって、戦闘がいつか静められるためにおこなわれるばあいであっても、ふたたび起こらぬよう恐れられるばあいであっても、それによって人類はいっそう惨めに動揺させられるのである」。神の国、すなわちその市民たちがお互いに戦うことの決してない「キウィタス *civitas*」（都市＝国）と他の国との違いは、これ以上大きくはなりえないいほど大きいと言えるだろう。[55]

＊

カエサルからアウグスティヌスまでの、内戦に関するローマの正典は永続する、そして永続的に影響力のある、三種類の物語に分類できる。その第一は共和政の語りと呼べるかもしれない。ローマ共和政の無私無欲と言われている市民的価値観に共感し、内戦の終わりのない繰り返しを、ローマの起源そのものに由来するものとして描く。このローマ史の記述では、そもそも「シヴィライズド」（文明化）することでならない。一度だけ内戦に苛《さいな》まれるというのは不可能と思われる。なぜなら、ローマ文明が続く限り、次の内戦は不可避的に起こるからである。第二は帝国の物語。これは第一のものと同じような軌跡を辿るが、まったく異なる結論に達する。内戦は国家を侵すしつこい病であり、治療法は一つしかない。すなわち王政復古、あるいは皇帝の擁立である。これはカエサル・アウグストゥスによる帝政成立で頂点に達する語りであった。ギリシア語話者の歴史家アッピアノスは次のように記している、「このようにしてローマ人の国家は、あらゆる種類の市民間の騒乱に耐えて生き残り、統一と王政に到達した」。一六世紀後半の英語版への翻訳者はこれに賛同している、「人民の支配は道を譲り、君主の権力が優勢となったことを、明瞭に示している」(56)。最後にキリスト教的物語であるが、そこでの内戦は、神の栄光ではなくこの世の物事に専念する都市あるいは国に絶えず付きまとう罪である。この世俗性がその自己破壊の源泉であり、究極的にはそれが救済の媒体として相応しくないことを確実にしてしまう。この三種類の物語が、一八世紀に至るまでの後のヨーロッパ全土とその帝国において、打ち続く政治的、軍事的騒乱に適用されることになる。

内戦はどのように見えるのか、いかに戦われるのか、その結果はどうなのか、という問題について、後の世代は、ローマの弁論家、詩人、歴史家の概念を採用して考えている。これらの古典の読者たちは、彼ら自身の内部の権力闘争をローマ人から相続した用語で理解することになる。彼らは内戦の意味を、学校と大学で読んだラテン語の作品から学ぶのであり、早い段階から受け継いだ見方が彼らの思考を形成するのを確実にしていた。彼らはルカヌスに霊感を得て詩を書き、サルスティウス、タキトゥス、その他のローマの市民間闘争の年代記作者に魅せられて、彼ら自身の時代の不和の歴史を編纂することになる。そして、フーゴ・グロティウス、トマス・ホッブズ、ジョン・ロックを含む一七世紀の主要な政治思想家は、主権と反逆、反乱と革命の問題をローマ人の言語を使って議論する。彼らの努力は、伝統的な内戦の概念を初めて再検討することになったのだが、それはやはり古典古代の先祖たちの対話という形で実行された。ローマの詩人と歴史家が思い起こされている限り、忘却は、内戦に対する実行可能な防御ではありえなかったのである。

第二部　初期近代の岐路

第三章　野蛮《アンシヴィル》な内戦――一七世紀

ローマ人による内戦の説明は、ヨーロッパや南北アメリカの教育制度を通じて後世に伝えられた古典の伝統の中心となっていた。その説明は、後の世代に用語を伝え、大いに役に立ったとまでは言えないにせよ、彼らが自分たちの紛争に応用できるような物語も与えてくれたのである。一七世紀イングランドの最初の内戦が始まった直後の一六四二年に、トマス・ホッブズが述べたように「歴史というものは、公共的な行為も、またそれといっしょに行為者も、それがどのような人物であれ、何世紀も経る間には落ちぶれさせて人目につかなくしてしまうものですが、ギリシアやローマの人々の有名な行動や言葉がそういう歴史になお残ったのは、それらが道理に適っていたからではなく、スケールが大きかったからであり、また人々が互いに非難しあっている貪狼《たんろう》さ（欲が深くて心がよこしまなこと）そのもののおかげであったこともしばしばなのです[1]」。ホッブズは、一六二九年にトゥキュディデスの著作の翻訳で出版の仕事を始め、一六七九年に生涯を閉じる直前の一六七〇年に、ローマ・モデルに部分的に着想を得たイングランドの内戦の歴史を刊行した。ホッブズは古典学習の政治的効果を深く疑っていた――例えば、彼はギリシア、ローマの共和主義思想がイングランドの紛争の根底に潜む原因の一つと考えていた――にもかかわらず、彼の同時代人と同様、後に触れるように、ローマ内戦の正典に負うところが大きかった。

その正典は、忘れ去られようとはしなかったし、忘れ去られようもなかった。キケロ、カエサルから、ルカヌス、アウグスティヌスに至るまでのローマの著述家たちは、研究され出版される限り、読まれ模倣され続けた。ルネサンスと呼ばれる、一五―一六世紀の古典学習の復活後は、生徒――もっぱら男子――は、ラテン語のテキストから詩や修辞学を学んだ。勉強の総仕上げは、カエサル、サルスティウス、タキトゥス、キケロの作品群を読むことだった。同じテキストが必ずしも継続的に使用されたわけではないが、アウグスティヌスが北アフリカで紀元五世紀に勉強していた作品群の多くは、その一〇〇〇年以上も後にストラトフォード・アポン・エイヴォンのグラマースクールで学んだ若きウィリアム・シェイクスピア（一五六四―一六一六年）にもなじみ深いものだったであろう。(2) ヨーロッパでの国内紛争が広まると、内戦について書いたローマ人の著述家の名声も、それに伴って上昇した。一四五〇年から一七〇〇年の間に、こうした歴史家の本は、ギリシア人歴史家よりはるかに多く重版された。その結果、古典期の歴史家の本でもっとも売れた上位一〇冊の本のうち、五冊までが内戦の歴史書だった。すなわち、サルスティウスの二冊の歴史書は重版回数がもっとも多かったし、カエサル、タキトゥス、フロルスのもこれに引けをとらなかった。(3)

フロルスは今日では忘れられているが、当時の学校や大学のカリキュラムの主軸となっていて、幾世代にもわたって若い学者のローマ史観を形成し、その中にはローマの経験を批判的に考察しようとする者も出た。(4) ホッブズはフロルスの『ローマ史概要』を生徒として読んだであろうし、後年の一六〇八年に若き貴族ウィリアム・キャヴェンディッシュ二世、次いで一六三〇年代にウィリアム・キャヴェンディッシュ三世の家庭教師をしていた時にこれを教科書として使った。意義深いことに、彼は一七世紀半ばのイングランドの大変動の歴史を書いた自身の著作『ビヒモス』を〔フロルスにならって〕イングランド内戦の「概要」と呼んだ[5]。一六二二年にオックスフォードで最初の歴史学の教授職が創設されたとき、その担当者の主たる仕事は、学生向けにフロルスについて講義をすることだった（初代教授職に就いたデゴリー・ウェアーは恐らく過度に生真面目な人物だった。八年間で一五四回に及ぶ講義をしても、この歴史家の本の第一巻より先には進めなかったからである[6]）。オックスフォードの新たな学則によると、一六三六年には、全ての学部学生はフロルス論の講義に週二回出席しなければならなかった。これはジョン・ロックが一六五〇年代にオックスフォードの学生だった頃に従ったはずのカリキュラムである[7]。フロルスの評判が一八世紀末に落ちていくまで、その著作はほぼ毎年版を重ねた。これと同じように評判となったのは、フロルスと似たような著者で、ローマ史の概説を書いた四世紀の歴史家エウトロピウスであった。彼のローマ史を、例えば、アダム・スミスも一七三〇年代のスコットランドの学校で学んでいた[8]。

ローマの内戦史があったために、ヨーロッパのはるか彼方の紛争を認識することもできた。例えば、スペイン人の征服後の両アメリカでは、ローマさながらに戦われた一連の内戦を示す証拠が豊富にあった。一五三〇年代から四〇年代初めにかけて、フランシスコ・ピサロとディエゴ・デ・アルマグロ――すでに激しい敵意を抱くようになっていた親友同士――に率いられた、ペルーにおける征服者たちは、家族や追随者たちをも巻き込みつつ、征服の戦利品を求めて、一連の戦争を行なった。続く数十年間では、スペイン人歴史家のゴンザロ・フェルナンデス・デ・オビエド、アグスティン・デ・サラテ、ペドロ・シエサ・デ・レオンは、ピサロたちとアルマグロたちのスペイン人同士の戦闘、スペイン軍と現地人同盟軍の戦闘を、いずれもサルスティウス、プルタルコス、リウィウス、ルカヌスから引き出した言葉で描いている。オビエドは「この戦争は、内戦にもましておぞましく、地獄さながらである」と書いてルカヌスをほのめかす一方で、シエサ・デ・レオンは辛辣に「もっとも畏怖され、とてつもなく残虐な戦いが行なわれる戦争、それが内戦である」と記した[9]。その数十年後の一七世紀初頭に、現地人歴史家インカ・ガルシラーソ・デ・ラ・ベーガも同様に、彼のペルー史の年代記の第二巻で「ピサロたちとアルマグロたちの間に起きた内戦」を著した[10]。ヨーロッパ人は、おしなべて両アメリカの現地人の闘争を描くために内戦という言葉を使わなかったとしても、あきらかに内戦を彼らの文明を識別する目印として世界に広めた。とはいっても、文明化すれば、内戦を起こせるようになるばかりか、内戦から逃れられなくなることにもなった。

ローマの一連の内戦は、中世末期から初期近代のヨーロッパにおけるもっとも創造的ないくつかの思想や文学にとって着想の源となった。ニッコロ・マキャヴェッリはその『リウィウス論』（一五一七年頃）（邦訳『ディスコルシ「ローマ史」論』永井三明訳、ちくま学芸文庫、二〇一一年）で、自らの時代に当てはまる教訓を探そうとローマの紛争を詳しく調べた。ミシェル・ド・モンテーニュは、一六世紀末のフランスの内戦を神経を尖らせて見ていた。「内戦なるものは、各人が自分の家にいながらも、歩哨に立たなければいけないという点で、ほかの戦争よりもひどいものといえる」[11]。フランスの抗争は、クリストファ・マーロウの戯曲『パリの虐殺』（一五六二年頃）（邦訳、クリストファ・マーロウ『パリの虐殺　エドワード二世』千葉孝夫訳、北星堂書店、一九八〇年所収）にもテーマとしての説得力を加えた。内戦というテーマは、シェイクスピアの全作品の要となっている。このテーマは、『ジュリアス・シーザー』（一五九九年）から『アントニーとクレオパトラ』（一六〇六―一〇七年）までのローマ期を舞台とした戯曲の他に、『ジョン王』を含め、特に三部の『ヘンリー六世』の戯曲、『リチャード二世』といったイングランド史を素材にした作品に見られる[12]。しかし、一七世紀にもっとも人気を博したイングランドの悲劇は、シェイクスピア作品のいずれでもなく――

『ハムレット』でも『リア王』でも『マクベス』でもなく――、サルスティウスの「カティリナの陰謀」の物語をもとにしたベン・ジョンソンの『カティリナ』(一六一一年)であった[13]。

カエサルとポンペイウスとの間の内戦を歌ったルカヌスの詩は、後世において内戦史を書くにあたって、とりわけ柔軟なモデルを与えた。例えば、一五九〇年代にイングランドの詩人サミュエル・ダニエル(一五六二―一六一九年)は、バラ戦争として知られる、イングランドの王位をめぐる一五世紀の戦闘を、韻文で物語「ランカスターとヨークの両家の内戦をめぐる四編」(一五九五年)として描いた。シェイクスピアは、ダニエルの詩を頼りにして『リチャード二世』を書いたために、明らかにルカヌスの魅力のとりこになった(ダニエルの方も、シェイクスピアの『ヘンリー四世』をこっそり盗用して、一六〇九年に詩の改訂版を出した[14])。

ダニエルは、「われらが最後(最近を意味する)の」「イングランドの内戦」と彼が呼ぶものを語るために、ルカヌスから引用した細かな描写を多くちりばめた物語を紡いだ。その詩の出だしの行は、ルカヌスのローマ的なモデルから影響を受けていることを古典の教養のある読者にははっきりと示していた。

内戦を、私は歌おう、荒れ狂う騒乱を、
また修羅場の野の血で血を洗う紛争を。
外国からの略奪品を誇る、その高慢なる人びと、
勝利の右手を我とわが内臓《はら》に向ける。
血縁者が血縁者を、同胞《はらから》が同胞を相撃ち、
同じ旗同士で相争う。

弓に対抗する弓、王冠に対抗する王冠、
すべてが正義の名を冠され、すべての正義が捨てられる。[15]

ルカヌスが歌う互いを脅かす手槍〔ピラ〕はイングランドの弓になり、並び立つ双の鷲旗は今や競合する「王冠」となった。ランカスター家とヨーク家の軍隊は、ルカヌスによって不朽の名声を与えられた、カエサルとポンペイウスの肥大化しながらも自己破壊的な政体の病態を違う演出で再演している。

少なくとも、初期近代のイングランドにおいて、ルカヌスは「共和主義的な想像力の中心的な詩人」であり、コモンウェルスにとって最良の憲政体としての君主政に懐疑的な人々、後には、一七世紀半ばのイギリスの内戦中に王室に対抗する議会を支持する人々にもっとも霊感を与えた人物であった。[16]内戦が勃発する以前の五〇年間で、クリストファ・マーロウ〔一五六四―九三年〕、アーサー・ゴージズ〔一六二五年没〕、トマス・メイ〔一五九六年頃―一六五〇年〕といった詩人がいずれもルカヌスの『内戦』の少なくとも一部を翻訳した。[17]メイは、ルカヌスがユリウス・カエサルの余生を入れるために短縮して一〇編構成のままにしていた詩の続編〔七編構成〕の翻訳も進めた。それはちょうど、メイがイングランドの紛争の最初の歴史を書く直前であり、ルカヌスの言を繰り返すように「内戦にもまして……おぞましい戦《いくさ》」と呼んだ戦いの最中であった。[18]共和主義者ジョン・ミルトン〔一六〇八―七四年〕がもともと『失楽園』を――ウェルギリウスの『アエネイス』にならって一二編とするよりも――一〇編で書いた理由の少なくとも一つは、ルカヌスに捧げるためだった、と言ってもよいだろう。[19]これらの作品は全て「修辞的表現、イメージ、テーマを独特の形で繰り返す……内戦を歌った詩」の蓄積の一部と見なすことができる。[20]

とはいえ、ルカヌスは、ミルトンのように、君主政という政体に批判的か、それどころか敵対的だった人々に使われるばかりではなかった。一七世紀のイギリスで国王支配の擁護者の一人、サー・ロバート・フィルマー（一五八八―一六五三年）は『家父長制君主論（パトリアーカ）』（一六八〇年）の表紙に、野放しになった自由の危険に対する警告としてルカヌスの詩の数行を置いたし、その二年後、ホッブズの『ビヒモス』の最初の決定版もその表紙のためにこのラテン語の詩を改変して掲載した。[21] 一八世紀にルカヌスはジャン＝ジャック・ルソーが『人間不平等起源論』（一七五五年）、および『永久平和論』（『サン＝ピエール師の永久平和論抜粋』）（一七六一年）の表紙に彼を引用した時に、共和主義者として戻ってきた。[22] フランス革命の最中にも、さらに引用された。当時、国民衛兵の剣にルカヌスの詩が標語として刻まれていた。[23] ロマン派の詩人たち、サミュエル・テイラー・コールリッジとパーシー・ビッシュ・シェリーは、一九世紀における最後の崇拝者だった。この後、ルカヌスの詩への関心が圧倒的に回復してきたのは、ようやく第二次世界大戦の後になってからであった。にもかかわらず、ルカヌスへの関心の変遷は、ほぼ一八〇〇年間にわたるローマの内戦観の広がりに重なっていた。

歴史家たちは、書物が一七―一八世紀の革命を起こしたかどうか、について熱い論争をくり広げてきたが、内戦が書物を生んだことにはいささかの疑念もない。[24] ルカヌスとその近世における模倣者に見られる歴史観によれば、現在とは過去の闘争の産物であり、未来とはまるで「荒れ狂う騒乱」「血で血を洗う紛争」のような成り行きから姿を現すものと見られている。

内戦、万物の中でもっとも恐ろしきもの、

これがため、息子は父の喉を掻き切り、
これがため、友は袂を分かち、これがため兄弟は仲違いをする、
これがため、良きものは失われ、泥棒をはびこらせる、
ローマ人はこれに直に触れた、ゲルマン人もこれを経験した、
そして幾度となく、この高貴なる国土が衰えた。[25]

過去の内戦を振り返り、その結果を将来に向けて予測するこうした傾向は、イギリスで一七世紀が経過する中でもっとはっきりしたものになっていく。一六三〇年代までにヨーロッパ全般の歴史、特にイングランドの歴史は、加速し錯綜していった一連の内部抗争で知られていたので、ローマ人たちの最初の闘争をもとに書かれていった。ローマの歴史家や詩人は、スッラとマリウス、ポンペイウスとカエサルの戦争の記憶を生かし続けたが、特に北ヨーロッパ各地の最近の歴史もかつてのそうした時期の記憶を持ち続けた。一六四〇年代から五〇年代に、ローマばかりか、フランス、イングランド、スペインにおける過去の内戦についておびただしい数の著作や翻訳が出版されて、イギリス人が自分たちの紛争を理解するのに役立った。

初期近代のヨーロッパ人は、ローマ帝国の没落以後、自身の内戦をヨーロッパ中に展開し、それをローマの内戦のパターンを踏まえたような、類似の戦争のひどい繰り返しだと見ていた。[26] イングランドのみが一三世紀のバロン戦争、一五世紀のバラ戦争、次いで一七世紀半ばの内戦を経験していた。イタリアには一五世紀に内戦が起きており、これに続いて一六世紀末のフランスの宗教戦争、スペイン国王に対するオ

ランダでの一揆《レヴォルト》が起きた。後者の一揆は、一六五七年にフーゴ・グロティウスの死後に出版された著書の説明によると、彼が「同盟者戦争と呼んでも不適切ではないし、内戦と名付けてはいけない理由もない」と考えたものであった[27]。

　一六四〇―四一年の政体の危機がイングランド中への軍の配置に転じた後になると、この紛争は、オランダやフランスの内戦と比較して、一三世紀から一四世紀のイングランドの紛争の継続であるとしばしば見なされた。顕著な一例を挙げると、グロスターというイングランドの都市の歴史家ジョン・コーベットは、一六四五年の危険の度合いは以前の紛争をはるかに越えていると断言した。

> このところの戦闘は、高邁な理念に基づいて企てられ、高貴な目的に向けて行われ、より広範囲に影響を与えているものの、バロン戦争、およびヨーク家とランカスター家との間の退屈な争いをしのぐものである[28]。

　内戦の歴史書は、急増した。モンマス伯は、イタリアのジョヴァンニ・フランチェスコ・ビオンディがバラ戦争について書いた『イングランドの内戦史』(一六四一年)を翻訳した。エンリコ・ダビラのタキトゥス風の『フランスの内戦史』――一八世紀末にアメリカ合衆国副大統領ジョン・アダムズによる辛辣なコメントの対象となったもの――が一六四七年に初めて英語で出た[29]。王党派の詩人リチャード・ファンショーは、一六四八年に翻訳したグァリーニの『忠実な牧童』に「ローマの長い内戦の短い物語」を添えてチャールズ皇太子に捧げた。この中でファンショーは、数々の戦闘を「どう見ても内戦」だったと認めつつも、同盟者戦争、奴隷戦争（彼は「反乱」と呼んだ）、「カティリナの陰謀」のような陰謀といったローマ人による区分けを肯定した[30]。一六五〇年にサー・ロバート・ステフィルトンは、ファミアーノ・ストラーダの「ネーデルランド戦争史」の翻訳を出版し、一六五二年にはサンドヴァルの一六世紀のスペイン内戦史の英語版が世に出た。それには、イングランドのバロン戦争を読んで知る者なら誰しもフランス宗教戦争を不思議とは思わないし、一〇〇年前のスペインの戦争を学んだ者なら誰しもイングランドの紛争を奇妙とも思わないだろう、との推薦文が付いていた[31]。

　こうしたあらゆる著作によって、より大きな歴史的パターンにおけるイングランドの「国内の野蛮な戦争」という位置が確かめられた[32]。チャールズ一世はダビラの本を読んだ後に、彼の敵対者について「本当のところ、この本は［翻訳者の］ペンによってイングランドのインクで翻訳される前に、彼らの剣によってイングランドの血で翻訳されていたのだ」と記したとされている[33]。古典古代と近代、イングランドと大陸ヨーロッパ、そこにある出版物の多様さを見るだけでも、活用できる歴史のモデルの幅が共和政期ローマや中世イングランドのバロン戦争を越えてどれだけ広がっていたか、を示すのである[34]。

＊

　初期近代のヨーロッパにおける内戦をめぐる論議は、確かに詩や歴史から始まったかもしれない。一七世紀半ばの危機の経験者の多くが人文学の教育を受けていたために、人々はそこに答えを求めたからである。しかし、このテーマは一七世紀が経過するにつれ、しだいに法や市民科学――今日では政治哲学、法哲学と呼ばれる――の領域に移っていった。ここでもまた、ローマ的な考え方から論争の用語が設定された。例えば、一六〇四年にフーゴ・グロティウスは、ローマの法思想に依拠しつつ、戦争自体は正当でも不当でもないと論じた。戦争とは規範的な用語ではなく、「武装した敵に対する武力行使」しか意味しない叙述的な用語である。それが正当かどうかは理由の性質によって決まった。つまり単に〔相手を〕負傷させるために遂行されたのであれば、定義上、それは不当な戦争、ないし正義に反する戦争である。もしも、正義を行使するためならば、それは正当化される。次いで、グロティウスは、戦争を二つの種類に分けた。国家の意思で行なわれる公的な戦争と、公的な意思以外によって行なわれる私的な戦争である[35]。そこでの彼の公的な戦争の定義は、もともとのこうした明確な表現を維持していたが、ある時点でいくつかの修正が加えられた。「公的な戦争は「内戦」（同じ国家の一部に対して行なわれる場合）になるか「外戦」（他の国家に対抗して行なわれる場合は）になるか、いずれである。「同盟者戦争」として知られるものは対外戦争の一形態である[36]」。

グロティウスは別の追記で、私的な戦争にも同じように内戦と外戦がある、と付け加えたが、少なくとも一方が公的な支配権を欠いている内戦の意味について、言及しなかった。彼は戦利品を獲得できるかどうかという、もっと直接的な問題については考えがはっきりとしていた。すなわち、戦利品は他の正当な戦争と同様、内戦でも正当に獲得できるのである。ここで彼は敵対者たち、特に一六世紀スペインの法著作家フェルナンド・バスケス・デ・メンチャカ（一五一二―六九年）に応答していたのである。メンチャカは内戦では戦利品は獲得できないと論じていた。それはキリスト教徒間の全ての戦争での略奪を防ぐためである。なぜならこうした戦争は全て内戦だからである、とこのスペイン人は論じた。グロティウスはこれに懐疑的だった。「キリスト教世界の全体は単一の国家であるとも言わんばかりに、全ての戦争は内戦であるとする前提にいったい誰が従うのか」[37]。ある戦争が「内戦《シヴィル》」と呼ばれるのはどの範囲なのか、つまり——キリスト教世界であれ、ヨーロッパ世界であれ、地域を越えた世界であれ、グローバルな世界であれ——国家ないし共同体の範囲をどこまでにするか、をめぐる同様な議論は、以下で見るように、この後の一八—一九世紀で頻繁に見られるようになる。にもかかわらず、グロティウスにとって、戦争が内戦か外戦か、キリスト教徒同士の戦争か非キリスト教徒に対抗する戦争かは、戦利品獲得の正当性とは無関係だった。それはもっぱらその戦争が正当か不当かにかかっていたのである。

グロティウスが主著の『戦争と平和の法』(一六二五年)で、かなり広くかつ長期的な視野からこれらの質問への回答を書き始めていた時、内戦は主要なカテゴリーではなくなっていた。彼が重視した戦争の区分は以下の三種類だった。

もっとも一般的でもっとも必要な戦争の区別は、公戦、私戦、公私混合戦という区分である。公戦は社会的権力の支配権によって双方で行われるものであり、私戦は公的な支配権のない私人間で行われる。公私混合戦は一方においては公的な支配権で行われ、他方においては単なる私人間で行われるものである[38]。

グロティウスは私戦や、「国を危険な紛争や血なまぐさい戦争」に巻き込む苦痛には断固として反対であるため、簒奪者を迎えねばならないとしても、「内戦はやむをえず非合法な政府に屈従する場合よりも悪い……いかなる平和であろうとも内戦よりはましである」とのプルタルコスとキケロの格言を勧めるのである。[39] こうした保守的な意見を、後にジャン＝ジャック・ルソーは軽蔑し、グロティウスを専制と奴隷制の擁護者にすぎないと見ることになる。[40]

グロティウスは、正当な理由による自己防衛というローマ的な根拠に基づいて、戦争が正当となりうるという議論に全巻を費やした。私戦であれ公私混合戦であれ、内戦が同時に両方の陣営で正当となりうるかといったもっと込み入った問題には答えないままだった。すなわち、一方あるいは他方が意図せず戦闘を開始してしまった時、それぞれの陣営はいかにして自己防衛であることを主張できるのか、といった問題である。グロティウスの後に登場する人々にとって、この問いへの回答は、どちらの陣営に正当性から見て公的な支配権があると見なすことができるか、ひいてはいずれが私的な侵略に対して法的な支配権を維持すると考えられるか、の立証にかかっていた。

これらの問題を自然法の言語で考えていく中で、グロティウスのもっとも厳格な後継者（で批判者）であったのは、イングランドの人文学者、歴史家、市民科学の研究者トマス・ホッブズであった。ホッブズによると、単刀直入に言えば、市民哲学の目的そのものが「混乱と内戦」を避けることであり、「それらを避けるために、あらゆる市民政府が設立された」（『リヴァイアサン』一六五一年）。[41] 戦争と平和の法を単に抽象的に分類すること――ホッブズはこれがグロティウスがやっていることだと信じていた――だけでは十分ではなく、なぜ戦争が起こるのかを知ることが重要である。ホッブズはその理由が理解されていないと見る。ホッブズが『物体論』で注記するように、「人間の努力によって避けることのできる災禍は、すべて戦争から、それもとくに内戦から生じる。なぜなら、戦争からは殺戮や孤立やあらゆる物資の欠乏が生じてくるからである。……それゆえ内戦の原因は、戦争と平和の原因が知られていないこと……平和を守り固めるための自己の義務を、言いかえれば真の生活規則を学んだ人々がごく少数しかいないことにある」。「道徳哲学の欠落から、内戦が生じる」がゆえに、ホッブズは、最悪の災難から同胞市民を守る哲学を彼らに教えることを自分の役目として引き受けた(42)。

ホッブズにとって、適切に制定されたあらゆる国内の支配権のために決定的に重要な仕事は、市民の平和を確保することである。最初の主要な政治的著作『市民論』で、平和を戦争の欠如として消極的に定義し、戦争を「力ずくで争う意志が言葉もしくは行動によって十分に明示されている期間」であるとしている(43)。国家間の戦争の他に、ホッブズはさらに二つの戦争形態を特定している。内戦と自然の状態における個人間の競争である。内戦は定義上、国家（キウィタス）が創設された後になって初めて存在しうる。「市民社会の外にある人々の状況（この状況を自然状態と呼ぶことができる）」の中にかつて存在したものは「万人の万人に対する戦いにほかならず、この戦いのなかでは万物に対する権利が万人にある(44)」。同盟者（ソキイ）と条件付きの合意を結ぶ、組織されない諸個人間の闘争として、これは同盟者間の戦争になりこそすれ、決して内戦にはならなかった。そこには、太鼓もなければラッパもなく旗もない。というのも軍隊もなければ将軍もいないし、正規の武装した市民、すなわちキウェスももちろんおらず、市民社会の要素──定義的なものであれ装飾的なものであれ──がまったくないからである。ホッブズの有名な「万人に対する万人の戦い」とは内戦ではなかったのである。

ホッブズによると、内戦は公的な支配権自体が分裂した時に起きた。かつての教え子のウィリアム・キャベンディッシュ、三代目デヴォンシャー伯に一六四五年に説明したように、「経験が教えるように……最近、世界にあるいかなるものにも増して多くなっている、霊的な権力と市民の権力の間で「優位」をめぐる紛争が、キリスト教世界のあらゆる場所での内戦の原因となっている」[45]。これは当時は正しかったと言えようが(そしてそれは、後に彼の『リヴァイアサン』において単一の主権を創っていく動機の説明にとって要となっていく)、より根本的な現象がたまたま現れたにすぎなかった。『市民論』においてホッブズは「国家における最高命令権は……反乱や内戦のとき以外は常に存在していて執行されているからであり、また反乱や内戦の場合には、最高命令権は一つから二つになる」と書いている。すなわち、ホッブズの念頭にあったのは、二つの国が一つの国から創られる、というグラックス兄弟の下で起きたことについてのフロルスの叙述であった。いかなる種類のものであれ、党派は、特に「雄弁術と策略によっては獲得できなかったものを武力によって獲得しようと」する時、こうした分裂の起源となりやすい。「かくて内戦が勃発する」のである。事実、党派は「あたかも国家の中の国家のようなものである」。国家内の党派を許す元首は「城壁の内部に敵を迎え入れるのと同じことをしている」[46]。この不可避的な結果が戦争となり、その中では市民同士が敵になり、ひいてはこの用語のローマ固有の意味で、真の内戦となるのである。

ホッブズが『市民論』の広く流布した第二版を一六四七年に出版した時、イングランドは長い間彼が「祖国の現在の災禍」と呼んだ状況に陥っていた[47]。その危機に重大な契機が訪れたのは、国王チャールズ一世が一六四九年一月に訴追者に告発された時であった[48]。彼の主たる罪は反逆罪である。しかし、ある歴史家が近年記しているように、チャールズと議会の両方が主権的な権限を代表すると主張した時、「何が反逆罪を構成し、したがって罰に値するかは、党派的な判断の問題であった」[49]。聖別された君主を裁判にかけるためには主権の位置の再定義、ひいては反逆罪の対象を王室ではなく議会として再定義する必要があった[50]。このように見方を反転させると、国王をイングランド人民に対する戦争――国家の内側に向けられ、その市民に対抗するがために、定義上、内戦となる戦争――を遂行する者と見なせるようになったのである。

議会は一六四九年一月六日に「国王裁判のための高等法院を開催する布告」を通過させた。チャールズが告発された、二つの主要な「高度で反逆罪に値する違反」は、第一に、彼が「この国の古来からの基本的な法と自由を全面的に転覆させ……恣意的で専制的な政府を導入しようとする邪悪な企てをした」こと、第二に、「この企てを通そうとしたあらゆるよこしまな方法や手段に加え、彼はそれを炎と剣で遂行し、議会と王国に対して、国土において残酷な戦争を行い続行し、そのために、国は無惨にも荒れ果て、国庫は枯渇し、貿易は衰退し、数千もの人々が殺戮され、他にも計り知れない損害が出た」(51)ことであった。目的は専横的な統治であって、「残酷な戦争」はその手段だった。しかし、これはいかなる法に反しており、裁判はおろか処刑にも値する違反だったのか。

一六四九年一月以前に、王室が自身の臣民に対して戦争を宣言するのは不可能であった。反乱者に対して防衛的に行動はできても、自らの人民に対する戦争は法的に考えられなかった。したがって、庶民院は、自ら主権の中枢であると宣言する以前でも、反逆罪法を書き直さなければならなかった。ランプ議会(一六四八年一二月に長老派が追放され独立派だけになった議会)は一六四九年一月四日に「この国の最高権力」であると宣言したが、一月一日にすでに「この王国の基本法に基づき、イングランドの国王がイングランドの議会と王国に対して戦争を行なうのは反逆罪である」と主張していた(52)。この主張により、ランプ議会は、国王に対する「戦争を行なう」罪を違反リストの一つに含んでいた、一四世紀からのイングランド法のあり方を根本から変えた。こうした反逆罪の定義はローマに起源があり、一部に皇帝の命令なくして戦争を行なうことと記されていた、ローマ法の『判例集』に由来した。[53] このように、戦争を行なう正当な支配権は、どちらの組織が持つのであれ、定義上、それが主権となった。

トマス・ホッブズが『リヴァイアサン』で主権について、自らの全般にわたる理論を仕上げていたのは、こうした論争の後だった。彼は主権が単一の個人なのか集団なのかという問いについては不可知論者だったにもかかわらず、その主権がどのように制定されたものであれ、それに抵抗する可能性の余地を残さなかった。ホッブズにとって、その制定は内戦に代わるものではなく、市民社会の外側にある戦争の条件に代わるものであった。

以上のことから明らかであるが、だれをも畏怖させるような共通の権力を欠いたまま生活している限り、人間は、戦争と呼ばれる状態、すなわち万人が万人を敵とする闘争状態から抜け出せない。このような言い方は誇大ではない。なぜなら、戦闘ないし戦闘行動に携わっているときだけが戦争だというわけではないからだ。戦闘によって争う意志を十分に示しているなら、戦闘と戦闘の合間も戦争なのである。……戦争の本質は、実際の戦闘行動にあるのではない。平和に向かう保証のないまま長期間にわたって戦闘が繰り返し起こる傾向が知られているならば、そこに戦争の本質があるのだ。それ以外のすべての時期を平和という。[54]

主権は、平和を維持し戦争を防止するために設けられている。主権が分割されると、「共通の権力」についての混乱と競合がもたらされる。したがって、「他の国民または国家を相手に開戦し講和を結ぶ権利」

を含めて、主権者の権利の不可分性を維持することが重要である。彼が論じるには、「なぜそう断言できるかと言えば、主権的な権限の分割がなければ、軍隊が分裂するというような事態は決して起こらないからである。これらの権限は、国王・貴族院・庶民院のあいだで分割されているのだという見解がある。そもそものような見解がイ､ン､グ､ラ､ン､ドの大部分で受け入れられていなかったら、国民が分裂し内戦状態に陥るということはなかったであろう」。『リヴァイアサン』の第一八章では、人は専制者ないし人民政府の下で苦しむとの彼への薄弱な反対論に反駁している。「人々が見落としている事柄がある。それは、人の属するいずれの政体にも、必ず何らかの不都合がつきまとうということである。また、最悪の統治形態のもとで人民一般がこうむる最大の不都合といえども、内戦や無政府状態にくらべれば取るに足らぬということである。内戦には、数知れぬ不幸や身の毛がよだつような惨禍がつきまとう」[55]。このような状態が示すのは主権の崩壊であり、孤独で、貧しく、不安で、粗野で、はかない人生を送る前市民的な自然状態への回帰であった。こうした意味で、誰によって、あるいは何によって人民に対する共通の権力が制定されているのかについての合意がなかった時代を記述する上で、ホッブズが同時代の用語法に拘束されていたにしても、内戦とは彼にとって、はっきりと矛盾した語法だった。

ホッブズはスペイン無敵艦隊が侵攻した一五八八年に生まれ、並はずれて長い人生〔享年九一歳〕を送った。その生涯は一七世紀にイングランドで起きた全ての紛争期間とほぼ重なり、一六七九年の死の前に、カトリック教徒ヨーク公ジェームズをイングランドの玉座から追放しようとした王位排除法案論争に貢献できたほど長かった[56]。しかし、一六八八―八九年の名誉革命を目撃し、ジョン・ロックの『統治二論』を読めるまでには丸々一〇〇年生きなければならなかった。この本は、王位排除法案論争の余波の中で執筆されて、その後改訂され「わが偉大な王位復興者、わが現国王ウィリアムの王座を確立し、……イングランド人民を世界に対して正当化するために」一六八九年に出版された。[57] ロックは、チャールズ一世がホワイトホールの近くで処刑された時、ウェストミンスタースクールの生徒だった。[58] 彼は内戦の歴史——ローマの長い経験を持つ内戦から彼の父が一六四〇年代に議会側に参戦した内戦までの——に熱心に耳を傾ける生徒となった。ロックは、内戦関連の著作のうち、インカ・ガルシラーソのペルーの内戦史、ダビラやストラーダによるタキトゥス風の歴史、オランダの一揆《レヴォルト》の多くの物語、他にもフロルス、ルカヌス、カエサルの注釈本を生涯を通じて何冊も所有することになる。[59] とはいえ『統治二論』における専制とそれに対する正当な対応についての説明は、裁判で悪人と申したてられた君主に対する告発を繰り返している。

　ロックは自然状態が戦争状態であることを否定した。戦争状態を「一時の激情や性急さに駆られてではなく、冷静で確固とした意図を持って他人の生命をねらうこと」と定義し、したがってこれは、はっきりとかつ故意に、ホッブズの言うような他者の情熱がせめぎあう永続的な不安定な状態とはまったく異なるものとなっていた。[60] ロックがとりわけホッブズに宛てた回答をしていたと信じる理由はない。彼の唯一の「内戦」への言及は、彼の政治理論がいかにホッブズとグロティウスの両方の政治理論とかけ離れているかも示すものである。とはいえ、上述のグロティウスからの引用箇所へ答えるかのように、ロックは以下のように論じた。「しかし、私の教説は叛逆に根拠を与えるものだと言う人々の意味するところが、……内戦や内紛を引き起こしかねない、したがって、世界の平和にとってきわめて破壊的なそうした教説は許されるべきではないということにあるとしてみよう。けれども、このように言うことは、同じ根拠に立って、善良な人々は強盗や海賊に対抗すべきではない、なぜならば、それは無秩序や流血を招きかねないからだと言うに等しい」。人間は自然状態から免れるために市民社会に参加する。しかし、国家における彼らの安全にとって最大の脅威は、自らの激情、ましてや外敵ですらなく、支配者による非合法的な力の行使なのである。これには抵抗すべきである。こうした支配者に対して「人民が打ちたて、それ以外の誰もが打ちたてることのできない権威を破壊し、人民が権威を与えなかった権力を導き入れることで、支配者は実際に、権威なき暴力の状態である戦争状態を導くのである。……したがって、彼ら〔支配者〕は、彼らを自分たちの平和の保護者とし防衛者とした人々との戦争状態に身を投じることによって、文字通り、そして極限まで悪化したふたたび戦争をする者、すなわち叛逆者なのである」(61)。ここでの関心の直接の対象は、チャールズの息子ヨーク公ジェームズであった。王位排除法案危機の最中、ロックは多くの同時代人と同様、ステュアート朝絶対主義への回帰、およびそれとともに一六四一年に始まっていた内戦の循環への復帰を恐れたのである。同時に、一七世紀初頭にグロティウスとホッブズにおいて注目されていた内戦の意味と性質をめぐる長期にわたる議論にロックが参加していると見ることもできる。

　ロックは、内戦はグロティウスが一方の側が「公的な支配権」を持つ「公私混合戦」と呼んだものであるが、支配権は支配者ではなく人民の方にあると理解した。したがって、それは決して両方の側には立たない種類の戦争なのである。この意味で、ロックは内戦を、キウィタスの内部で、すなわち武装した同胞市民集団間に起きたとするローマ的な伝統を、ホッブズよりももっと根底から否定した。ロックにとって、内戦は、正当な支配権が復帰するまでは、国家の消滅、市民社会の崩壊――よき市民であること《シヴィリティ》自体がなくなること――を意味した。ロックは明快に、このような復帰は、彼が言うところの「オラニエ公の到着による教皇主義と隷従からの解放」によって、一六八八年に果たされたと見なした。すなわち、無血だったといわれるがゆえに名誉革命として知られる政治的戦術において、ジェームズ二世の甥オラニエ公ウィレムが妻のメアリとともに王位に就いたことである(62)。

ロックは名誉革命を一七世紀イギリスの最後の内戦と判断していただろうか、それどころかそもそも内戦と判断していただろうか。決してそうとは見えない。共和政期ローマや中世から初期近代のヨーロッパの内戦とは異なり、それは比較的短く、急速に終結し、そして再発しなかった。最近の歴史家は、名誉革命とは決してイングランド内戦、ないしイギリス内戦ではなかったと見ている。「実際のところ一六八八年には内戦はなかった。戦闘はなかった、ということは、流血が見られず、一六四二年から一六四六年までのイングランドで起きたような武器を使った暴力の蔓延といった状態には一切戻らなかったのである」。もしも、一六四一年から一六四九年の間で通常数えられてきた他の三つの内戦の後に、一六八八年のもろもろの事件をもって「四番目の」イングランド内戦とするならば、それは一六八八年も終わろうとする数カ月あたりで「始まる前に終わった(63)」。したがって、名誉革命は全ての内戦を終わらせたイングランドの内戦、ないしイギリスの内戦だったかもしれない。それは、両陣営とも軍隊を有していたが領土はいささかも要求せず、軍事紛争にも至らなかった(少なくともイングランドの国土では)派閥闘争だった。そうしたことはせずに、一方の派閥から他方の派閥への支配権の移譲を無血のまま準備した。これは恐らく「市民的な《シヴィル》」過程であって、決して戦争ではなかったのである。

内戦の不可避性についてのより厳しい見解を示したのは、ロックの同時代人でイングランド貴族の共和主義思想家アルジャーノン・シドニー(一六二三—八三年)であった。シドニーは、ホッブズやロックのように王位排除法案論争に積極的に関与していたが、政治的抵抗の理論からその実践に転換し、国王暗殺の陰謀を働いたかどで一六八三年に処刑された。彼は、こういった策略は避けがたいもの、それどころか王政によってごく自然に生み出される大規模な紛争に代わって選択すべき代替策とすら見ていたふしがある。死後に出版された『統治論』（一六九八年）で彼は「全ての君主政は内戦に悩まされがちである。しかしコモンウェルスはこうした騒乱には苦しまない」と書いた。実際、このテーマについて論じた章のタイトルが示すように「人民政府は君主政ほど内戦にさらされない。内戦をたくみに統制し、内戦から容易に立ち直るのである」。彼は、これはおおむね非君主政体制は君主政ほど相続や君主としての継承をめぐる破壊的な抗争に苦しまないからであると論じた(64)。

シドニーは、こうした区別を、王政下のイスラエルやペルシアの君主政、ローマ、フランス、スペイン、イギリスなど、歴史上のあらゆる暴力的な騒乱の詳細な分析によって行なっている。例えば、フランスで王位の継承は「多くの革命」を引き起こした。そこではローマと同様、「一つの内戦の終わりはもう一つの内戦の始まりであった」。シドニーは地中海から北ヨーロッパまで集めた証拠の数々でも読者を説得するには十分ではないと思ったかのように、ノルマンの征服以後イングランドを荒廃させた内戦の長々とした説明で締めくくった。「同様な出来事に際してのイングランドの悲惨さはあらゆる悲惨さを越えている」。ウィリアム征服王の死後の継承をめぐる争いからテューダー朝の紛争に至るまで、イングランド史は、五〇〇年間にわたり連綿として抗争を繰り広げた歴史だった(65)。

シドニーの歴史は、明らかにローマの歴史家とその模倣者に負っていた。王位の継承をめぐる戦争の残忍さについて以前の著作『王室原理』（一六六四―六五年）で記したとおり、「この真理については、イングランド、フランス、フランドルが否定しがたい証拠を与えてくれる。これら諸国の戦争で流された血は、マリウスとスッラ、カエサルとポンペイウス、その他、国王の追放から皇帝の創設までにローマで起こった全ての残酷な戦争で流された血よりも多いのである」。近代世界と同様、古代世界でも戦争を引き起こしたのは君主制で、平和をもたらしたのは共和主義であることを証明するには、これら全ての歴史以上に何が必要だろうか。コモンウェルス、すなわち「自由諸国」が「内戦にうんざりして、休憩する港として君主制を求めた」とのアウグスティヌス的な論拠は馬鹿げているし、危険でもある。「われわれは生よりも死のほうが良いという結論を出した方がよさそうだ。というのも生を守るためにあらん限りのことをする何人《なんぴと》も死んで果てるからである。分裂によって自由諸国がしばしば君主政に陥ることは、君主政が死から生への状態にあることを示すにすぎない(66)」。

シドニーは、ローマ的な内戦の意味をローマ人が直面していた他の種類の戦争と区別することで明らかにしている。彼は以下のように考えた。「内戦」という名称は「はなはだ馬鹿げたことに、奴隷・剣闘士との戦争に適用された。というのも剣闘士は奴隷でもあったからであり、内戦は市民社会の構成員(奴隷はその構成員ではない)である人々によってしかなされない。同盟者戦争をした人々は自由人であり、市民ではない。彼らがした戦争は内戦とは呼べない(67)」。シドニーは、先行者や同時代人に異議を唱えていた。彼らは共和政政府がそのまま無秩序状態や不安定に陥ると論じるためにローマ史を利用していた。シドニーはその代わりに「全ての君主政は内戦に悩まされがちである。……しかしコモンウェルスはこうした騒乱には苦しまない」と論じたのである(68)。

ローマ共和政期――国王も皇帝もローマ人を支配していなかった時期――はこうした相関関係をもっともよく示す。特に、シドニーは、断固とした君主政論者サー・ロバート・フィルマーの――一六二〇年代末の『家父長制君主論（パトリアーカ）』にあった「民衆的統治の不完全さ」に関する――議論に反対した。フィルマーは、ローマの「民主政」を安定せず短命のもの――ローマの最後の国王タルクィニウス・スペルブスの追放からユリウス・カエサルの登場までのたった四八〇年――と描いた。貴族と平民の間で紛争が起こると暴動になり、これが一連の破壊的な「内」戦となって展開した。「同盟者間の戦争は明らかに内戦である。奴隷戦争、剣闘士の戦争。マリウスとスッラ、カティリナ、カエサルとポンペイウス、三頭政治、アウグストゥス、レピドゥスとアントニウス等々間の内戦。これらすべてがイタリア国内とローマの街路を血の海にした」。ローマの最大の功績――帝国の拡大――を「民主政」の成果と見るフロルスのような人々に反論して、フィルマーは「領土の外でのローマの勝利が世界を驚かせた時代でさえ、国内での市民同士の悲劇的虐殺は、ローマに征服された敵からの同情に値するほどであった」と言った。こうした戦争は、ローマが拡大していく間にも、市民が他国民を征服するための武器を、自らの上に振り下ろし、「最後には、内戦によって統治形態がふたたび君主政になる」まで続いたのである[69]。

　君主政の必要性と共和制政府の不安定性を立証するために、フィルマーは、平和を維持するための君主政の利点を説くアウグスティヌス的な説明を利用して内戦の共和主義的な物語を逆転させた。シドニーのフィルマーに対する反論も同様に論争的だった。サルスティウスにならって、帝国からの略奪は政治的身体を疲弊させる感染症のようなものだと論じた。「非常に巨大な諸王国からの略奪品が、私人の家々を装飾するために持ち込まれているときに、市民の平等を守るのは、不可能ではないにせよ、難しかった[70]」。ローマの暴動、究極的には内戦を引き起こしていたのは共和的体制への固執ではなく、その体制から外れたことだった。戦争を起こしたのは君主政なき市民ではなく、それ以外の敵からなる敵対的な結束だった。

にもかかわらず、ローマの思想家がいたとしたら、フィルマーの用語ではなくシドニーの用語こそ、共和国の多くの戦争の中でローマが直面した敵の正確な記述を認めただろう。「内戦は市民社会の構成員である人々によってしかなされない」。これがこうした形態の紛争のローマ固有の理解だったのである。

＊

内戦を書いたローマの著作家が何かを教えてくれているとしたら、それは内戦の循環がいったん始まったならば、途切れることなく続いていく可能性があるということである。シドニーは以下のように警告した。「どこに内戦、騒乱、暴動の可能性のない政府を探しても無駄である」[71]。「このことは、この世では否定され、あの世の喜びを完璧にするためにとっておかれる恵みなのである」。ローマの後継者として、しだいに出現してきたヨーロッパの国々は、組織された暴力のローマ的な慣習、ないしそれを理解するためのローマ的な概念を断ち切ることができなかったようだ。内戦は文明を識別する目印の一つであった。キウィタテス、すなわち都市ないし国家なくして文明はありえないし、内戦によって切り裂かれるのが彼らの運命なのである。フランスの法学者で政治思想家のモンテスキュー男爵（一六八九—一七五五年）が、ローマ帝国の栄光と衰退についての一七三四年の考察でローマのジレンマを記している。「ローマが世界を征服している間に、隠された戦争がその城壁の内側で進行していた。その炎は、可燃性物質をくべたとたんに爆発する火山の炎の如くであった」[72]。これは、一八世紀末、いやそれ以後にも、ローマの内戦史からの忘れがたい教訓の一つとなっていく。

この時期の始めに、一連の政治的混乱からなり、また同じように過去と未来をつなぎ、しかも今やいくぶんユートピア的な可能性に満ちた新たな物語が、しだいにヨーロッパに姿を現した。この歴史像では、一連の内戦というよりも一連の革命が、アメリカ革命やフランス革命とともに始まり、歴史に刻み込まれ、避けがたい紛争ではなく近代的な解放が中心となる物語となるであろう。この物語の創造は、必然的に忘却の行為を伴うことになろう。革命の発生期のカテゴリーは、以前の内戦の記憶を抑え、記憶をもっと肯定的で、希望に満ち、前向きな何かに置き換えるようにデザインされていた。一九世紀初頭のフランスの哲学者テオドール・ジュフロワ（一七九六―一八四二年）は、フランス革命、ナポレオン戦争の後の世界について「ヨーロッパの内戦は終わった」と論じた(73)。この革命期の希望を持ち続けるには、一つは内戦と革命の間の類似性、もう一つは両者を理解するのに使われた概念のかなり重大な重複、この二つを無視するしかなかった。しかし、内戦のローマ的な概念は静かには過ぎ去ろうとはしないであろう。革命の時代は、内戦の時代でもあったのだから。

第四章　革命の時代の内戦――一八世紀

内戦と革命は常に区別されておかねばならないということは、近代政治の基本的な前提である。通常の見解――内戦は、卑しい動機と意味のない暴力によって突き動かされるが、革命は、高度の理想と変革の欲求に駆りたてられる――は、少なくとも、革命の概念が最初に出現した一八世紀末、アメリカ革命とフランス革命の時代まで遡ることができる。そして、この見解は、一九八九年の共産主義の崩壊、アラブの春を経ても存続し、現在のわれわれの内戦の時代まで続いている。二〇一三年一一月に『ガーディアン』紙は、祖国で進行中の危機によりトルコへの亡命を余儀なくされた、シリア人のビジネスマンのインタビューを掲載した。シリアの大統領バッシャール・アル＝アサドに対する蜂起が掲げた高い理想――自由、ある種の平等、イスラーム教の保護――は、セクト的な暴力、および民兵、聖戦士、外国人の間の戦闘に取って代わられてしまった、と彼は嘆いている。「これはもはや体制に対する革命ではなく、内戦そのものだ」(1)。

一見したところ、革命と内戦が概念上は区別され続けたことには、説得力のある理由がありそうだ。内戦は一般に、惨めさと災難しかもたらさない不毛なものとされてきた。一方、革命は革新と改善のための豊穣な基盤となるとしばしば見られてきた。内戦は、大昔の不平不満や根底にある分裂を思い出させるが、革命は、開放的で包摂的な未来への道を示す。同様に、内戦はある特定の――通常は国内の――共同体の内部で、ある特定の時期に起きるように、地域も時期も限定されている。[2]これとは対照的に、革命は感染症さながらに、世界中に、少なくとも近代世界の各地に広がって起きていく。ある意味でこの世界は、革命によって人間の解放が次々と展開されていく場所と定義されるのである。しかし、遅くとも共産主義の崩壊以後、革命に伴う暴力や人間の荒廃をしっかり認識しないままに革命を考えるのはいっそう難しくなっている。その結果、一九八九年以後、高貴な創造物たる革命の比較研究は、粗暴な野獣のような内戦の研究がブームとなるとともに急速に衰退した。こうして押し込められていた真理が再発見された。すなわち、もっとも偉大な近代革命の核心は、内戦だったのである。

それは、受け入れがたい認識であった。通常の理解では、内戦は人間精神の破壊と崩壊を示し、一方、革命は人間精神を肯定し実現する。そうであれば、革命のようなはっきりと近代的、革新的、前向きな思考を持つような力が、内戦のようなあれほど古めかしく、因習的で、後ろ向きの思考を持つ力に大幅に負っていると言われても、これを認めるのは何と不安なことだろうか。革命には新しさしかなかった。現に一九六三年に政治理論家のハンナ・アーレント（一九〇六―七五年）が書いたように、「革命は、正確にいうと近代以前には存在しなかった。つまり、革命は多くの政治的記録のうちで最新のものに属する」。彼女は、こうした近代革命と「記録されている過去のうちでもっとも古い現象に属する」戦争の永続するカテゴリー――内戦も含む――を対照させたのである。[3]

革命と内戦の対立には深い歴史的なルーツがある。偉大なドイツの政治概念史家ラインハルト・コゼレック（一九二三―二〇〇六年）によると、革命は、一八世紀を通じて「内戦とは対照的な概念として」出てきた。これに対して一八世紀初頭では、この二つの語句は「交換可能なものではなかった。しかし、その一方で相互に排除的なものでもなかった」。一六―一七世紀のヨーロッパ各地における破壊的な宗教紛争を連想させる内戦は、まさに啓蒙思想の提唱者が将来において阻止しようとした種類の惨禍そのものであった。対照的に革命は、人間の活動のあらゆる領域――教育、道徳性、法、政治、科学、特に宗教――における有効な変革の最先端にあるものと同義だった。内戦という不合理で、隔世遺伝的で破壊的な雑草は枯れて、その恵まれた土壌を二度と見つけられなくなること。これが啓蒙思想自体の目的の一つだった。啓蒙的な知識の偉大な集大成である、ディドロとダランベールの『百科全書』(一七五一―七二年)に「内戦(*guerre civile*)」の項目がないこと自体、啓蒙思想家が自分たちの時代においてこの問題を上手く解決できた、と考えていたことを微小ながらも如実に示していた[4]。それに加えて、内戦を撲滅しようという実践上の欲求は、革命を推進するための理念的計画に取って代わられた。その結果、一八世紀末までに、われわれになじみの比較的はっきりした二元論が現れた。そこで、コゼレックは以下のように結論づけた。「革命が新たな展望を開こうとするのに対して、「内戦」は今や多くの点で、意味もなく循環して現れるものを意味するようになった[5]」。

しかし、こうなるまでにはもう少し時間がかかる。それまでには、自意識過剰な近代の革命家たちが政治変動の台本を書き直していたページは、実はパリンプセスト――新たに上書きしたものの、その下にまだ読み取れる文字が残っている羊皮紙――であり、ローマ内戦史家によって伝えられたページだったということがそろそろ明らかになるだろう。この新たな台本は、古い台本に劣らず、意志を示す行為であった。主権をめぐる論争に焦点が当てられれば、想起という亡霊に付きまとわれる恐れもあった。しかし、一七―一八世紀ヨーロッパにおいて新たなジャンルの歴史叙述、すなわち特定の民族や人民の歴史を「革命」

の物語——彼らの侵入の経験、君主政における王位継承をめぐる争いや内戦——として描く歴史叙述は、ローマの紛争の総観的な説明から着想を得ていたのである(6)。

ローマ人とその末裔たちは、特殊な内紛を数珠つなぎにして大きな物語に仕立てた。その物語はたいてい、内戦は一連の破壊的な出来事であるということを前提としていた。帝国に肩入れする君主政論者や著述家であれば、独裁的な支配によってしか治癒されない病気のように蓄積した恐怖を描くことになろう。だが、支配権や主権の根本的な変動につながっていく一連の暴力的な大混乱という物語は、決して放棄されることはなかった。その後、ヨーロッパの歴史家はこの物語を書き換えているだけだった。それは数世紀にわたって革命の歴史として維持されつつ、内戦という暗い影を少しずつ消し去っていった。そして最終的に、近代的な系譜を持つ革命が再創造された。その系譜の中で内戦は、抑圧されるべきだが決して過ぎ去ろうとはしない不都合な祖先となったのである。

一七世紀末の歴史家たちは、ローマが何百年もかけて初期の王政から共和政を経て帝政まで至った、一連の破壊的な「革命」を再構成した(7)。例えば、イングランドの聖職者ローレンス・エチャード(一六七二—一七三〇年)は、この路線に沿って『都市の形成からアウグストゥス・カエサルによる帝国の完全な確立までのローマ史』(一六九五年、および以後の版)を著し、加えて、フランスの学者ピエール・ジョゼフ・ドルレアンの著書を『一六〇三年から一六九〇年までのステュアート王家の下でのイングランドの革命の歴史』(一七二二年)として翻訳した。一方、ルネ＝オベール・ド・ヴェルトも、著書『共和政ローマ政府に出現した革命の歴史』(一七一九年、および以後の版)の成功に乗じて、ポルトガルやスウェーデンの最近の「革命」を取り上げた(8)。彼らの模倣者も、全ヨーロッパ史を通じて存在した革命、ヨーロッパとアジアの広範な世界における革命を解剖していくことになる。こうしたジャンルが存続している間は、内戦は革命のリストに含まれており、革命も概念上は内戦とは区別されていなかった。「革命」は、アジアの暴力的な大混乱――一六四四年の中国の明朝の没落も含まれていた――を表すためによく用いられるヨーロッパでの表現にもなった。一八世紀末になってようやくヨーロッパ人は、アジアの抗争を「革命」と呼ぶことをやめた。その用語を自分たちの政治変革に使うために周到にとっておくことにしたからである[9]。

この頃までに、同時代のヨーロッパの思想家たちは、内戦を少なくとも三つの形態に区別することができた。それぞれ「継承権争奪型」「統治権奪取型」「離脱型」の内戦と呼ばれるものである。継承権争奪型の内戦は、君主政に付きまとう欠点であった。それは、特にアルジャーノン・シドニーが情け容赦なく指摘したように、中世以後の王政を苦しめた、ヨーロッパの王位継承をめぐる紛争から起こった。一六八〇年代――ブリテン島とアイルランド島の三王国の王位はステュアート家の二つの分家の間で係争中であった――に、シドニーはこうした継承権争奪はローマ人の内戦に似ていると書いていた。それは君主政システム自体の性質そのものに由来するために、繰り返し起こりいつ終わるとも知れないものだった。「王位を手中に収めた人々の暴力と王位を志向するような野心」があれば、それは「ある内戦の終わりがもう一つの内戦の始まりになること」を常に意味した[10]。これはローマ的な繰り返しモデルであり、その舞台は、君主政と共和政の両方から構成されるポストローマ世界に移っていったのである。

統治権奪取型の内戦は、敵対する集団同士が単一の領土に対する支配権を求めて戦う内戦だった。こうした内戦では、ローマの比喩で言うように、国家は二つの頭を持たなかったが、それぞれが相手を上回ろうと、事実上二つの身体になっていた。二つに引き裂かれたことだけが、この形態を識別する特徴ではなかった。ローマ人とその後継者はこのことをよく知っていた。これを斬新なものとして示したのは、内戦における両陣営――例えば、君主であれ共和政議会であれ現在の主権とそれへの反乱者――の地位が上昇し、「一時的ではあれ、二つに引き裂かれた身体、二つの異なる社会を構成する」ということだった。(11)こうした理解は法の問題であり、事実ではなかった。実際、内戦の法的構築は、一八世紀半ばに起源を持ち、アメリカ革命とフランス革命が進行していた間に、決定的な影響を持つ議論を形成していく。それは一九世紀に入りしばらくしてからも国際法を背景として効力を持ち続けることにもなる。しかし、これは本書の議論を先取りしすぎている。

離脱型の内戦は、対照的に、一八世紀末の比較的新しい事例であった。離脱はローマ的なカテゴリーだが、後の時代に用いられるのと違いきわめて特殊な意味を持っていた。紀元前四九四年、前四四九年、前二八四年の三度にわたり、ローマの低層階級――平民――は、ストライキを行い、都市の外部空間に退却した。「平民の離脱」として知られる行動である。これらは内戦には至らなかったし、ローマ人が市民間の戦争として認識することになる紛争のはるか以前に起きたものだった。近代的な用法の「離脱」は、もっと一般的に、政治的共同体の一部が現在の政治的支配権から離脱し、自分たちの独立を主張する試みを指した。すなわち、一七七六年のアメリカ独立宣言の言葉では、「一団の人々が今まで彼らを他の人々に結び付けていた政治的絆を断ち切り、地上各国の間にあって、自然の法や自然の神の法によって本来当然に与えられるべき独立対等の地位を主張しなければならなくなる場合がある」となる。(12)このような行動は、一五八〇年代のオランダでのスペイン君主政に対する一揆《レヴォルト》といったとりわけ顕著な事例をのぞけば、一八世紀末以前にはあまり前例がなかった。このモデルが流布し始めて法的な承認を得たのは、一七七六年にイギリスの北アメリカ植民地が帝国から成功裏に離脱した後になってからだった。このように、アメリカ人は、次の二〇〇年間で世界中で模倣されていく、真に革命的な内戦の概念を提供したのである。

＊

内戦の近代的概念を革新した偉大な人物は、スイスの著述家エメル・ド・ヴァッテル（一七一四―六七年）であった。彼は、今日では研究者以外に知られることはないが、ほぼ一〇〇年にわたり恐らく世界でもっとも影響力のある同時代の法思想家であった。スイスのヌーシャテル州に生まれた彼は、外交官を志していた。彼は、同時代人が自然法、諸国民の法として知るもの――すなわち究極的にはローマ法や哲学に起源を持つ伝統で、個人や国家の行動を統制する規範を人間自身の合理的な性質に備わるものとして扱う――の徹底した教育を受けていた。ヴァッテルの主著は、自然法を諸国家ないし諸国民の行為に適用して、自然法を総括した『諸国民の法』（一七五八年）と題する簡にして要を得た著作であった。本書によって彼は、ドレスデンのザクセン選挙侯から官職を得ることができた。またこれによって彼は偉大な法的権威として名を馳せることになった。特にトマス・ジェファソンらが一七七六年の独立宣言の執筆時に、彼の著書を使用したからであった。

ヴァッテルは単に国家の行為に留まらず、広く自然法に関心を向けていたが、その『諸国民の法』のテーマは、今日ならば国際法と呼ばれているものだった。この書は、アメリカ革命期に、建国の父祖たちが国際的行為を行なう際に、バイブルのような役目を果たすことになる。この本はフランス語の原文から他言語にも翻訳され、数十年後にラテンアメリカやヨーロッパ南部の新たな世代の革命家たちに着想を与えることになる。遅くとも一八三〇年代までに、世界各地の図書館や法律家、政治家、行政官の机上に置かれることにもなる。ヴァッテルがこれほど多くの読者を魅了したのは、現実主義と道徳規範を融合させたからであった。彼は自然法のがっちりした倫理的な枠組みで書いたが、その著作において国際政治への現実主義的な理解も示したのである。さらには本書は、きわめて広範囲にわたり包括的だったために、服従であれ抵抗であれ、植民地主義であれ反植民地主義であれ、いかなる立場にある者にも論拠を提供できた。彼は、どこで国際的な行為のルールが不明瞭になり、ないしは欠落しているのかを明らかにし発見しようとしながら、現行の議論と伝統を巧みに組み合わせた。ヴァッテルは、内戦を初めて国際法の領域の中に持ち込もうとした。その時、内戦は彼の革新が深く影響力を及ぼす一テーマとなったのである。

ヴァッテルは、本書ですでに登場した一七世紀の思想家——特にフーゴ・グロティウス、トマス・ホッブズ、ジョン・ロック——の多くを含む伝統に沿って書いた。ロックからは、不当な支配者に抵抗する慎重な理論を取り入れ、「われわれはネロのような怪物は見たこともない」と書いた。ホッブズからは、国際的な領域内の自由で独立した国家の主権の理論を受け継いだ。グロティウスには、戦争の定義、および、開戦の正当化（ないし専門的には「ユス・アド・ベッルム」、すなわち開戦法規として知られるもの）であれ、その行為を統制するルール（「ユス・イン・ベッロ」、すなわち交戦法規として知られるもの）であれ、戦争を規制するために立案された法への関心を掻き立てられた。ヴァッテル自身による戦争の定義は、「力によってわれわれの権利を遂行する状態」であった。にもかかわらず、——ジャン゠ジャック・ルソーが『人間不平等起源論』で四年後に同様の議論を書くことになるのだが——グロティウスが戦争の行使を国家のみに限定しつつ、私戦のような戦争もありうるとした点には同意しなかった。ヴァッテルの定義では、戦争は「国民間あるいは主権間で起こり、公的な権力の名の下で実行される公戦」であった。[13] 一見したところ、この戦争の定義は、主権ないし「公的な権力」に対する反乱者が正当な交戦国として承認される機会を全て排除するようにも思われる。しかし、彼の重要な革新は、戦争法を内戦に適用する道、および、外部の権力が他の主権国家の内政に干渉できるとする、きわめて抜本的な教義への道の両方を開くことにより、反乱者は交戦国として承認され得る、と論じたことであった。

ヴァッテルの議論は、主権者は反乱する臣民を戦争法によって扱うべきかどうかについて「相当議論を重ねた問題」から始まっていた。一つの検討事項は、経験に基づくもので、国家を苦しめる騒乱の様々な形態であった。とりわけ、混乱状態の「騒動」、より暴力的な「暴動」、都市や地域を丸ごと巻き込む「反乱」などが主権的な権威を脅かした。これらのうちどれ一つとして正当なものとは見なされない、と彼は考えた。「全ての市民は」正義を否定されない限り、「支持しがたいものではない悪には、辛抱強く……耐えなければならない」。そういった場合でも「その悪が容認しえず、抑圧が大きくはっきりしているならば」抵抗は正当化される。[14] これはロックの『統治二論』の「第二論」での議論であり、アメリカ独立宣言の中心的な主張ともなる。この文書で、トマス・ジェファソンは、一六四九年にチャールズ一世を「残酷で自然に反する戦争」を開始した廉《かど》で告発したその言葉まで遡っていた。独立宣言の最終稿からは削除した一節で、ジェファソンは、ジョージ三世の祖先〔チャールズ一世〕が犯したとされる同じ罪で告発する根拠として、アフリカ人から自由を奪い、大洋を越えて移送することにより、彼が「人間の本性そのものに対する残酷な戦争を行い」、大西洋横断の奴隷貿易を個人的に推進したことを挙げ、非難した。「彼を攻撃したこともない遠隔地の人々」――この場合はアフリカの人々――に対して彼が「残酷な戦争」を行なったということは、植民者が国王の主権からの脱却を正当化するものとなった(15)。

　では、人民を武装蜂起させるほど、主権者の要求が受け入れがたいものだったらどうだろうか。その場合、われわれには内戦を起こす根拠があるのだと、ヴァッテルは画期的な定義を下したのだった。「主権者にもはや従わず、彼に対抗する十分な力を持つ、ある集団が国家の中で形成されるとき、あるいは共和国内で、国民が敵対する二派に分裂し、両陣営とも戦闘を開始する時、これこそが内戦と呼ばれる」。これは、この騒乱では反乱者側が正当性を持つという事実により、単なる反乱とは区別される。反対者の大義が正当であれば、主権者(ないし共和国内の分割された権威)は反対者に対して戦争を行なわなければならない。「慣習によって「内戦」という用語が一つの同じ政治社会の構成員間のあらゆる戦争に使われる(16)」。

　次いで、ヴァッテルは内戦についてのもっとも本質をついている逆説の一つ——分裂を恐れるとかえって一体性の認識が強まること——に立ち戻った。内戦にある両陣営は、分離して敵対的な分派に分かれたとき、「同じ政治社会」の一員であることを相互に認識できる。それは「国民の中に二つの独立した団体が形成され、両者は相互に敵と見なし、共通の審判を認めず」、「二つの分離した身体、二つの異なる社会」になる集団だからである(二つ以上の団体が同じ共同体で内戦を戦う可能性については、彼はどこにも触れていない)。ヴァッテルの革新的な戦略は、この明確な分裂という事実から引き出した推論であった。「競争に加担し合意に達成できない二つの国民が武力に訴えるとき、彼らはまさに同じ苦境の中に立つのである」。その結果、二つの独立した団体が、今や事実上、二つの国民《ネーション》となったならば、諸国民の法がその競合を規制すべきである。「内」戦は国際間《インターナショナル》の戦争となったのであるから。反乱者の臣民が正当な大義を持って戦いを始めていたならば、主権者は戦争法に基づいて彼らに対応しなければならない。というのも、この点で、単一の国民ないし国家はすでに存在していないからである。この紛争は「二つの国民間の公的な戦争」となった。したがってそれは、もはや国内法の適用は受けないのである。[17]

しかし、内戦の条件が満たされていたのかどうかを判断するのは誰になったのか。このようにヴァッテルが権限に対する見方を変えたことは、国外権力にとって驚くべき意味を持った。通常の状況の下では、主権国家の統合性はきわめて神聖で干渉を許さなかった。いかなる外部の権威もその国政には干渉できなかったのである。しかし、二つの「国民」に分裂した国家の場合では、それ以外の権力が、例えば、仲裁によって、平和を取り戻そうとすることができた。ヴァッテルは以下のように続けた。それが失敗したならば、外部の権力は「一方の集団が彼らの援助を要請するかその申し出を受け入れる場合に、正義があると彼らが判断する側の集団を援助」してもよい。現に彼らは二つの国家間の戦争の場合にはそうするのである。[18] これが、他国の国政に関して外部の集団が、人道主義的な理由であれ他の理由であれ、それを根拠にして干渉していく可能性に道を開いた。[19] こうした内戦の重要な事例として、近年のヨーロッパ史からヴァッテルが挙げるのは、名誉革命だった。一六八八年に「イングランド人はまさにジェームズ二世に不満を抱き」、次いでオランダ人に助けを求めた。そしてオラニエ公ウィレムが国王ウィリアムとして王位に就く前に正式にそれに応じたものだった、と彼は論じた。ジェームズ二世とイングランドの人々は「異なる権力」となっていたから、ウィレムの干渉はイングランドの人々の抵抗が正当化されたのと同様に正当なものとなった。「内戦を引き起こすほど事態が進んだ時はいつでも、外国勢力は、彼らにとって正義があるように見える集団を援助することができるのである」。[20] 一七五八年にあっても、これは内戦の革命的な教義であった。その最大の可能性は、一七六七年のヴァッテルの死後の諸々の革命の中でようやく開花することになる。

＊

一七七五年四月のレキシントンとコンコード、同年六月のバンカー・ヒルなどの戦いのすぐ後に、オランダ生まれの測量士にして地図製作者のバーナード・ローマンズ（一七二〇年頃―八四年）は「アメリカに起きている内戦の場所の地図」という挑発的なキャプションを付けたマサチューセッツの地図を出版した。(21) その数週間前に、彼は「北アメリカに現在起きている不幸な内戦の場所の提示」という出版予定の告知文を出して、事前予約者に購入を促していた。上記の地図にはボストンが詳細に描かれ、「政府軍によって」町中に張りめぐらされた戦線も詳しく書き込まれていた。(22) ローマンズは、植民地側の大義に共感しており、占領下のボストンの地図を出す数年前には、軍事技術者や工兵指揮官として戦闘に参加していた。自分の政治的忠誠心を心底から示すかのように、彼は一七七五年に作成した地図をジョン・ハンコックに捧げた。ハンコックはその時、大陸会議の議長であり、イギリス軍の占領下にあった彼の自宅がこのボストンの地図に描かれていた。ローマンズは『フロリダ東部西部の簡潔な博物誌』（一七七五年）でよく知られるようになるが、この戦いの末期、一七七八―八二年には別な種類の歴史書として、「今日のアメリカ人に相応しい時代に合った鏡」と題した一六世紀のオランダの一揆《レヴォルト》についての物語を出版した。(23)

「アメリカに起きている内戦の場所の地図」というタイトルの背後にある意味は、今では判然とはしないかもしれない。確かにこれは革命であって内戦ではなかったのでないか。内戦でなかったとしたら、いかなる戦争概念を使えば、一七七五年に至る出来事を叙述できるのか。伝統的なアメリカ「革命」史はこれを内戦と呼ぶことに抵抗した[24]。アメリカ史家や合衆国の広範な大衆には、確かにこれに抵抗する多くの理由があった。そのうちもっともはっきりした理由は、〔通常、アメリカ南北戦争と呼ばれる〕はるかに大きな分裂を引き起こしたアメリカの内戦、つまり一八六一年から一八六五年までの間に起きた抗争との混同や融合になるのを避けたいとの希望である。一九世紀半ばの時点での「内戦」という呼び方は、特に、巨大な会戦をしかける近代的軍隊による工業規模の殺戮を意味した。それは、社会全体が戦時体制――事実上の全面戦争――にあった状況下で行なわれた。これとは対照的に、アメリカ革命の軍事衝突は比較的小規模で、もちろん犠牲者も出たが、社会全体には広がらず、例えばフランス革命において民間人に降りかかったような暴力とはまったくの別物であった。アメリカ革命はまた民衆の神話の中では分裂していたというより、人々は独立という大義を支持してあまねく一つになり、結束していたと見なされた。これに照らすと、アメリカ革命は、自己意識に目覚めたアメリカ人による解放の行動だった。彼らは、イギリスによそよそしさを感じて、正当な抗議への補償としての自決を必要としたのである。トマス・ペインは一七七六年一月に次のように論じた。「正義や道理〔自然〕にかなったものすべてが、分離を主張している。殺された者の血が、自然の泣き声が「今こそ分離すべき時だ」と叫んでいる[25]」。

アメリカのナショナリストによる革命史が、これを解体の危機として描いたとすれば、近年の歴史家たちは、大西洋の両岸にいたイギリス臣民間の相違ではなく、むしろ類似性が拍車をかけた統合の危機と見ている。対仏戦争の圧力があり、より一体化したコミュニケーション手段によって結びつきが深まり、さらには大西洋を越えて繁栄する消費者経済の一角を占めてもいたために、アメリカの入植者たちは、一八世紀を通して本国のイギリス人との距離を縮めていった。七年戦争――北アメリカと南アジアにおける帝国支配を目指した、あのイギリスとフランスの間の大規模な闘争——の後に、防衛費や戦時の赤字を植民地臣民に負担させようとしたイギリス議会が一連の歳入増加措置を講じると、北アメリカで反発を引き起こした。その結果起きた論争によって、植民地と本国の臣民との間ばかりでなく、植民地側からの抵抗に参加した人々——多くは北アメリカ東部海岸沿いのイギリス領一三植民地から参加した——と参加しなかった人々——例えば、ノヴァスコシア、ケベック、イギリス領カリブ海にいた人々——との間でも、帝国は分裂した。分割された帝国は、同胞市民間の戦争——内戦——のための戦場となった(26)。

この革命に関して、アメリカの運命という敬虔な物語にそれほど魅力を感じていない最近の歴史家たちは、これを内戦として再検討している。北アメリカに相当な数のイギリス軍が上陸した後は、将軍がいて、ラッパが鳴り、軍旗がはためく(とローマ人ならば述べたような)全面戦争の性格を帯びてきた。それは、はっきりとした外国の敵というより内部の一族との戦いとなったために、特にニューヨークやサウスカロライナのような極度に分断された植民地における局地的な抗争においては、ひどく痛ましいものとなった。しかし、この抗争によって、家族やより広範囲の住民もまた、いわゆる愛国派(イギリスへの抵抗を支持する者)と、王党派とに分断された。後者は、少なくとも王室への忠誠を保持するものの、これ以外の点では政治的にも民族的にも多様であった。王党派に含まれたのは、イギリスからの入植者、チェロキー族やモホーク族といったアメリカ先住民集団、それに、この戦争の最中にイギリス側の戦列に参加して主人から自由の身になった推定二万人の奴隷だった。数を計るもっとも妥当な推計によれば、白人の王党派の総数は、一七八三年の戦争終結時に、総人口の二〇％であり、すなわちおよそ五〇万人の入植者が王室になお忠誠であったことを示唆している。そのうち約六万人が一万五〇〇〇人の奴隷とともに、連合諸邦を後にしてグローバルなディアスポラの一部となり、カナダ、東西フロリダ、バハマ諸島、シエラレオネ、イギリス領インド、オーストラリアに到着した。イギリス領北アメリカの武装した住民の比率は、アメリカ南北戦争の期間中の戦闘員のそれに匹敵した[27]。アメリカ革命について、大西洋世界を研究する指導的な歴史家は「したがって、これは革命であるとともに内戦であった」と結論づけている[28]。

内戦は、一七六〇年代と七〇年代のイギリス帝国の危機の間に使われた、最初のローマのモデルではなかった。当初は別のモデルが手元にあった。それは同盟者戦争であり、本国との関係に影響を与え、完全な市民としての認知を望む同盟者の権利にも影響を与えた。例えば、一七七六年にロンドン駐在のマサチユーセッツ湾植民地の代理人であるウィリアム・ボラン（一七七六年没）は、イギリスの大臣たちときたら「血が大好きで、熱心に同盟者間の戦争に持ち込みたがっている。そうなると、われわれは敵の剣からかろうじて免れた後に自らの剣で自らを刺し殺す羽目になる」と非難した。ボランの批判はローマ史からの次のような警告を含んでいた。「ローマは、繁栄の絶頂期にありながらも、ローマ的な権利の拡大を拒否して、同盟者戦争を行なったことで破滅の瀬戸際に追いやられた」。イギリスも同じように帝国内の「同盟者」にその権利を全面的に拡大しなければ、同じ運命にあったのではないだろうか[29]。一〇年後に、イングランドの非国教徒の牧師でパンフレット作家のリチャード・プライス（一七二三―九一年）も同じように、イギリス領大西洋における政治論争でもっとも版を重ねた論争の書の一つの中で、ローマの同盟者がローマの戦争の勝利に貢献し、同盟者が平等の権利を要求したが、それをローマが拒否した後に悲惨な戦争が起きたことを思い出させた。「この後に起きた戦争は、人類の記録の中でももっとも恐ろしいもので、ローマ共和政の破局で終わったのである」。彼は、万一イギリスが帝国内の「同盟者」に権利を与えなかったならば、災難を被りはしまいかと心配だったのである[30]。

大西洋をまたぐ抗争を同盟者戦争と見なしたもっとも著名な分析は、革命期の論争の中でも最長の論説であるアダム・スミスの『国富論』（一七七六年）に出てくる。スミスはボランやプライスのような警世家ではなく、ローマの遅きに失した同盟者戦争への対応を、進行中の抗争への見込みある解決策として示したのである。

ローマ共和国が衰退しはじめたころ、その国家を防衛し、その帝国を拡張するための主たる負担を担っていたローマの同盟者は、ローマ市民のもっているいっさいの特権を自分らに与えよ、と要求した。それが拒絶されたとき、かの同盟者とのあいだの戦争が起った。この戦争の経過中、ローマは、これらの同盟者の大半にたいして、かれらがこの同盟から離反しようとしていく程度に応じて、こうした特権を次々に授与したのである。……もし、イギリスが、この連盟関係から脱退しかねない各植民地にたいして、母国と同様の租税を課する代りに母国の国民と同様の貿易の自由を認めてやり、この大帝国の歳入に寄与する程度にふさわしいだけの数の代表者をイギリスの議会に出させ、その後の植民地の寄与の増加に比例してこの代表者の数を増加するようにしてやるなら、各植民地における指導的人物が重要な地位を手に入れるための新しい方法、つまり、かれらがその野心をみたすためのいっそう魅惑的な目的が提供されることになるだろう[31]。

しかしながら、『国富論』が一七七六年の秋に出る以前に、アメリカの独立はすでに七月に宣言されていた。アメリカの各植民地の代表者からなる帝国議会が創設されるべきとのスミスの提案は、遅きに失した。連盟という解決策はそのいかなるものも双方から採用されそうもなかったし、このアメリカ戦争を同盟国間戦争と見る考え方も、大西洋の両岸のイギリス人へ平等の権利と代表権を付与するという考え方とともに消滅した。

大西洋をまたいだ抗争を「同盟者戦争」とする考えがほのめかしたのは、大西洋の西側に住むイギリス人は本国イギリスの人々とは地位と権利が違うということだった。彼らは「同盟者」、すなわちローマ人が言ったようなソキイではあったが、平等の市民、すなわち同胞のキウェスではなかった(32)。内戦という言葉は、全員が同胞の構成員からなる、共通の政体の存在とともにあらゆる党派間のより緊密な親族関係を暗示した。その政体とはイギリス領大西洋帝国であり、絶頂期にはローマの地中海帝国をはるかに凌いで膨張した政体であった。この膨張する帝国という前提がないとなると、アメリカの植民者たちが一七七六年七月四日以前の数カ月間――数年間ではないにしても――にわたって分離独立を企てていたのではないかというイギリスの主戦論者の疑いを強めたであろう。ローマの場合と同様、共同体の境界――そして友愛の絆をめぐる紛糾――がくっきりと姿を現しそうだったのは、この内部の分裂と崩壊の時だったのである。

一七七五年四月に、イギリス軍がレキシントンとコンコードの植民地民兵に砲撃を開始した時、同時代の論評家は内戦という言葉を自由に使い始めた。ロードアイランドの新聞『ニューポート・マーキュリー』は、一七七五年四月二四日に軍事力の行使とともにこの抗争の中で起こっていた変化について以下のように記した。「よこしまな大臣の血に飢えた方策と喜び勇んで命令に従う常備軍によって、後世の歴史に重要なページを刻むアメリカの内戦が始まった[33]」。一七七五年から七六年までの他の執筆者たちも、これを「内戦」「アメリカとの内戦」「アメリカの内戦」と呼んだ[34]。一七八〇年にはアメリカの「近年の状況」に着想を得た『エマ・コーベット――内戦の悲惨[35]』と題する歴史小説が世に出た。これは家族の分断とジェンダーの混乱や偽装のイメージを通してアメリカの内戦のトラウマを描いたものだった。さらにその五〇年後――それはこの抗争をアメリカ人の自決権運動として描くナショナリスト的な物語がすでにできあがった後の時期だったが――に、アメリカの小説家ジェームズ・フェニモア・クーパーは、後知恵の利点を生かして、この革命を内戦と呼ぶことの意味について考察した。

イングランドとアメリカ合衆国の間の抗争は、厳密には一族の争いではなかったが、内戦の特徴が多くあった。後者の人々は、厳密な意味でも組織上からも前者の人々に決して臣従していなかったにもかかわらず、両国の住民は共通の国王に忠誠を尽くしていた。アメリカ人が一つの国民としてこの忠誠心を捨てた時、同時に、イングランド人が国王を支持し彼が権力を挽回することを選んだ時、内部闘争になるとの感情がことごとくこの抗争に入り込んできた[36]。

少なくとも、これを「内戦」――アメリカの内戦であれ他のところの内戦であれ――と呼ぶことによって、この帝国の危機は一連のイギリスの内戦の一つ、すなわちペインがしたように、（少なくともこの名がついている限りで）名誉革命から一六四二―四五年、一六四八年、一六五〇年の三つのイングランド内戦を経て中世まで遡って内戦の一つとして位置付けられた。後世の歴史家たちも大西洋をまたいだ内戦を、一七世紀から一八世紀まで一続きになった「イギリス革命」の一部と見ることになろう。[37]

一七七五年七月、バーナード・ローマンズの「アメリカに起きている内戦の場所の地図」が出版されたのと同じ月に、大陸会議は、最初の宣言を出した。それは、はるかに有名なあの独立宣言のちょうど一年前であった。「武器を取る理由と必要性を提示する……宣言」――これもトマス・ジェファソンの起草である――は、イギリス軍に対して武装抵抗する動議を正当化した。大陸会議のメンバーは「帝国の至る所にいるわれらが友人と同胞臣民の気持ちを……かくも長くかくも幸福にわれわれの間に存在し続け、再建されるのを真摯に望む連合を解体する意図はわれわれにはない」として、安心させようとした。この目的の表明は「合理的な条件での調停……それによって帝国を内戦の悲惨から救うこと」であった。[38] 一七七五年七月の宣言には、植民者との調停を要求するジョージ三世への和平提案の請願書が添えられていた。しかし、この両方の文書がイギリスに届いたのは、イギリスの大臣がこの抗争の性質に根本的な変化が起きていることを察知した――ノース卿が一七七五年七月二六日に国王ジョージ三世に「この戦争は絶頂に達しております。対外戦争と見なされなければならないほどなのです」と書いた――よりも後だった。[39] 一七七五年八月に国王は、大陸植民地はあからさまな反乱状態にあり、もはや国王の保護下にないことを正式に宣言し、一七七五年一二月に議会はこの布告を立法化して承認した。イギリス領アメリカの反乱者は、帝国内の闘争を帝国外の抗争に変えていくというジレンマに直面した最初の者たちだった。

トマス・ペイン（一七三七―一八〇九年）は、一七七六年一月フィラデルフィアで執筆した扇動的な小冊子『コモン・センス』の終わりの方のページで同時代の「国際慣習」に従って、独立弁護論を提起した。彼は、仲裁者に連合諸邦とイギリスの間の平和を交渉してもらうには、独立しかありえないと論じた。外国との同盟も独立なくしては確保されない。反乱の罪は、独立が宣言されなかったにしても残るだろう。さらには、「宣言を発表して外国の宮廷にこれを送」ることが重要である。それまでは「すべての宮廷の慣習がわれわれを敵視するのだ。そして独立によって他国民と対等にならないかぎり、将来もまたこのとおりであるだろう」(40)。イギリス帝国内の反乱者というよりもイギリス帝国外の合法的な交戦国となるために、植民者は、国際社会における現行の規範内で承認される集団として、自分たちを一新しなければならなかった。その時になってようやく彼らは宣戦布告ができ、他の独立した主権国家との協定に入ることができるようになるのである。最初のアメリカの内戦は終わり、最初のイギリスとアメリカの戦争が始まることになる。

ペインは、イギリスからの独立論に有利となる幅広い議論を内戦の歴史的な説明で補強した。彼は一連の内戦を記したローマ期の物語にまで遡った。それはアルジャーノン・シドニーが平和のより良き防衛策になるとの理由から、非世襲的な政府を支持する議論を展開するために、ローマを再び持ち出したのと同じだった。彼は共和政に傾倒しており、それと、およそ一〇〇年ほど前のシドニーの議論にそのまま従った一節で「これまでに世襲制を弁護するためにつくられた最も体のよい口実」と呼んだものとの違いをはっきりさせた。ペインが振り返るには、君主政の伝統的な正当化は恐らく、

……このおかげで国民は内戦を免れるという言い分だ。これが本当なら、世襲制は存在意義を持っていると言えるだろう。だがそれは、これまで人類に対してついたうその中で最もずうずうしいものだ。イングランドの全歴史がこの事実を否定している。［ノルマンの］征服以来、あの混乱したイングラン

ドに三〇人の王と二人の幼君とが君臨した。その間に（〔名誉〕革命を含めて）八回もの内戦と一九回の反乱とが生じている。したがって世襲制は平和をもたらすどころか、それと反対であり、また平和の根底と思われるものさえも破壊しているのだ。……要するに王政および王位継承は、（そこかしこの王国だけでなく）世界をも血なまぐさい廃墟にしてきた(41)。

ペインの反君主政的な計算は、ここでしばし立ち止まってみる価値がある。「八回もの内戦」とあるが、バラ戦争、さらには一七世紀の複数の抗争がこの数に入っているのかははっきりしないし、「反乱」と「内戦」の区別も示していない。だが印象的なのは、名誉革命をイングランドの内戦のリストに含めていそうなことである。一六八八年から八九年には、二人の君主、ジェームズ二世とウィリアム（およびその配偶者であるメアリ）がいた一年であり、したがってタキトゥスの『歴史』が記録した四人の皇帝がいた一年に比べると深刻さは半分にすぎなかった。ペインにとって、名誉革命は王位継承がもめて、市民同士が君主の臣下であることの確認を求めて敵対し、国家が不安定になったもう一つの事例にすぎなかった。内戦の治療法は、アウグストゥスびいきの著作家やその後継者が主張するように君主政の押しつけではなく、国王なき共和政の樹立であった(42)。これは独立宣言が、イギリス領アメリカ植民地は今や「連合諸邦」であると宣言することによって、イギリス領アメリカの植民者とイギリス王室との間の絆を引き裂いたときに、その宣言に暗に示されていた解決策であった。

一七七六年七月に、独立宣言は「これら連合諸植民地は自由にして独立した国家であり、また当然にそうあるべきものである。……これら諸邦とイギリスという国家との間の政治的結び付きはすべて当然解消された」ということを証明するために、「公正な世界」に向かって広く事実を提示した。[43] 宣言の支持者の眼には、イギリスは今や国際抗争の一方の側にいて、アメリカ連合諸邦――もちろん諸邦は States と複数形で表記――は他方の側にいるように映った。連合諸邦は、もはや同じ共同体の一員とは認識されなくなったために、アルジャーノン・シドニーが同じ「市民社会」と呼んだものの住民は、同胞市民でも構成員でもなかった。このアメリカの戦争は、ペインが数え上げるような、一〇六六年以後で九回目のイギリスの内戦ではもはやなくなったのである。

独立宣言は、ヨーロッパの大国に連合諸邦（諸邦は複数で表記）は今や通商に開かれており同盟も結べることを告げていた。それは、ヴァッテルの『諸国民の法』から直接引用された、同時代の法的な規範の言葉で告げたのである。ヴァッテルは、独立を対外的な主権、すなわち国際的領域における独立国家としての地位と同一視した、ヨーロッパにおける自然法の伝統の最初の提唱者であった。[44] ベンジャミン・フランクリンが、一七七五年の大陸会議にヴァッテルの著作の最新版を送ったのは、「新興国の状況を見ると、諸国民の法を考慮に入れることが頻繁に必要になっている」という理由からだった。[45] ヴァッテルが国家を繰り返し「自由にして独立した」ものと叙述したことは、アメリカの対イギリス抗争のために「地上各国」からの承認を確保する手段としての宣言の目立った特徴となっていた。ある臨界点に到達していた――「絶え間のない違法行為と権利侵害」が反乱ばかりかイギリス帝国からの分離をも正当化することが今や判然とした――との（ロックに由来した）ヴァッテルの議論も同じように異彩を放った。[46] こうした行動により、典型的な初期近代の地域的な課税反乱として出発し、次いでイギリスの内戦に転換したものが「アメリカの戦争」になったのである。

帝国内の反乱的な争いを帝国外の合法的な抗争に転換することは、帝国内の革命が同時に内戦でもあった時代における両アメリカ大陸各地の反乱者が直面した問題であった[47]。内部の抗争から外部の抗争に移っていくと、関連する規範や制裁の法源が国内法から戦争法や国際法に転換していった。例えば、一八一二年のニュースペインにおける反乱をめぐる副王の命令に直面した、ホセ・マリア・コスは、ニュースペインのスペインとの法の上での平等を主張し、かつ両者の抗争を「国際法と戦争法」に従わせることによって、「同胞や市民間の戦争」を独立戦争に転換しようとした。この後の一八一六年に、アルゼンチンのホセ・デ・サン・マルティンも同様に「われわれ自ら臣下と宣言しているのに、われわれの敵は、もっともな理由をつけて、われわれを反乱者として扱っている。こういった状況では、誰一人としてわれわれを援助してくれないと思って間違いない」と抗議した。これはこの四〇年前のトマス・ペインの議論をほぼそのまま繰り返している[48]。

こうしたあらゆる抗争において、ヴァッテルが推進した外部権力による干渉からの自治という意味での独立は、帝国の危機に対する多くの解決策の中の一つにすぎなかった。多くの場合、それは主権を求める南北のアメリカ人が採った最初の選択肢ではなく、実際はしばしば最後の選択肢であった。この西半球で見られた帝国から国家への様々な移行（およびメキシコとブラジルの事例では、ある帝国から別な帝国への移行）は、決して平穏に進んだわけでも反論の余地がなかったわけでもなかった。これは一部には、主権の法的政治的な淵源が多岐にわたり複数あったからである。主権は、権限の確実性の淵源というより、すさまじい論争の場所であった。なぜなら、国家ではなく帝国こそが両アメリカの共同体であり、その内部で「革命」の時代とされる時に内戦が展開されたからである。ローマの場合と同様、共同体の境界――そして友愛の絆をめぐる紛糾――がくっきりと姿を現しそうだったのは、まさにこの内部の分裂と崩壊の時だったのである。

＊

革命と内戦が相互に関係しているかどうかを見る上で重要なテスト・ケースとなるのは、フランス革命である。歴史家たちは、近代的な革命のヴィジョンの起源をまさに一七八九年のフランスに位置付けてきた。これは「革命の」概念が「革命化された」瞬間だった、と言われる。この年に「フランス人は、人間の自覚的な意志によって達成された、過去との根源からの根絶、および無期限の未来に向けた変化と転換のドラマが開始された瞬間を想像した」[49]がために、それは斬新だったのである。一七八九年以前では、革命は自然の持つ避けがたい特徴、あらかじめ決められた巨大な循環、あるいは人間社会で永久に繰り返される事件としばしば見なされた[50]。イングランド内戦をめぐるホッブズの対話編『ビヒモス』の登場人物の一人は、イギリスにおける一六四九―六〇年の諸事件について、典型的にこの見解を表していた。「私はこの転回《レヴォリューション》で、主権が一人の簒奪者［オリヴァ・クロムウェルとリチャード・クロムウェル］を経て、先の王［チャールズ一世］から彼の子［チャールズ二世］へと循環運動したと見ます」。これは回帰するという意味の革命であり、転覆させるという意味での革命ではなかった[51]。

一七八九年以後は、複数の革命 revolutions は単数の革命 revolution になった。自然で、不可避的で、人間の統制を超えたものに代わって、自発的で、計画され、繰り返されるものとなった。出来事としての革命は行為としての革命に道を譲った。革命は、集団としての想像という不屈の偉業を遂げて、権力と主権の分配に関する根本的な変化を第一に（しかしそれ以外を排除はせず）もたらし、不可逆的に政治的なものとなった。一七八九年から数年後には、革命はしかるべき権威となり、その名の下で政治的暴力が合法化された。これらの特徴は一緒になって「一七八九年に創出された近代政治の台本」、すなわち、内戦をいくぶんか歴史の舞台の袖に追いやろうとした台本を書き上げ、それを埋め合わせるように新たな登場人物を配置したのである。(52)

こうした要因を背景にして、世界が再び作り直される過程としての革命という新たな考え方が作られていった。それは、内戦が否応なしに繰り返されていくというローマの物語とはきわめて異なる考え方であり、一八世紀末の歴史的時間についての新たな考え方を目指すより大きな運動、古代から引き継がれた繰り返しという前提からは離脱した運動を反映した。(53) フランスの歴史家フランソワ・フュレが記したように「フランス革命以来——だが、特にフランス革命ほど典型的なケースはない——あらゆる革命が、自分自身を絶対的始まりとして、歴史の原点として考える傾向にあるということである」。この論理では、逆説的なことに、それぞれの連続的な革命の独自性が普遍性を示すということとなった。(54)

革命の近代的な台本が一七八九年に書かれて以来、その台本は世界各地の舞台で頻繁に再演されてきた。後世の革命家たちは、これを自分たちの目的に応用し、上演されるたびに新たな小道具を加えた。革命のドラマは台詞や身振り、象徴や衣装を過去の演出から借用した。こうした借用をすると、役者たちはそれに縛られた。カール・マルクスは『ルイ・ボナパルトのブリュメール一八日』で典型的に次のように書いている。「かくして、ルターは使徒パウロに仮装し、一七八九—一八一四年の革命はローマ共和国に扮したかと思えばローマ帝国に扮し、一八四八年の革命にできたのは、せいぜい、こっちで一七八九年をもじり、あっちで一七九三—九五年の革命的伝統をもじることだった」(55)。しかし、彼らはその努力を一様に正当化した。というのは、伝統を転覆させようとする各々の試みは新たな伝統の創造に貢献したからであった。このように、一七八九年以後、革命のレパートリーが意識的に拡大されていくと、近代性という赤い糸が紡がれていったのである。

こうした後々まで影響を及ぼす評価を踏まえて、あらゆる革命の核心にある内戦を探していくと、まぎれもなく反革命に行き着く。革命への反対派は、革命の正当性をしばしば否定しようとしてきた。彼らは、既存の社会的経済的秩序を転覆させるどんな試みも暴力や破壊を伴い、その損失もいかなる転換によっても正当化されることはありえないということに注意を向けさせた。そして内戦が今やこのような後ろ向きの意味合いを帯び、革命にそうしたレッテルが貼られていくと、解放の可能性や新たな未来を切り開く可能性を侵食するものと見なされるようになる。とはいえ、伝統なき革新はありえない。マルクスが指摘したとおり、一七八九年の最初の革命家ですらローマ人を振り返り、その後継者もまた着想を求めて一七八九年まで遡ったのである。

フランス革命は、アメリカ革命のような離脱の道を進まなかった。かといって継承権を争うこともなかった。ブルボン家が主張する、誰がフランス王を継ぐ正統——単に国民というより君主という人格に主権をおくという正統——なのかについて争わなかったからである。それでは、ヴァッテルが定義していた意味での、統治権奪取の内戦だったのか。フランスは、バスティーユ牢獄襲撃後のある時点で、二つの立場、それどころか二つの国民に分裂し、互いに権威と優越性を求めて戦ったのか。そのように考えた同時代人の一人は、エドマンド・バーク(一七二九—九七年)だった。このアイルランド生まれの政治家にして思想家は、政治的著作とイギリス議会での演説の両方によって名をなした。トマス・ペインと同様に、しかしかなり違う理由で、彼はアメリカ独立の大義を支持したし、例えば、アイルランドやインドの虐げられた人々の大義も認めた。とはいえ、フランス革命の経過と結果についてのイギリス内の議論においては、懐疑的な予言をする批評家となり、徐々に攻撃的な敵対者となった。

バークは、アメリカ革命の本質的な正義についてのみペインに同意したのではなく、名誉革命が内戦であったとする点でも彼と意見が一致していた。『コモン・センス』でペインは、君主政の核心にある好戦的な傾向に注意を促すこと――特に名誉革命を一〇六六年以後から続く一連の内戦に加えること――によって、植民地の読者を彼らがのうのうと受け入れていたイギリス君主政から抜け出させようとした。対照的に、一六八八―八九年の諸事件を内戦と見るバークには、王室から正当性どころか、恐らく彼らの生命すら奪い取ろうとする革命初期の傾向に対抗して、君主政を擁護する意図があった。『フランス革命についての省察』(一七九〇年)で、彼は以下のように辛辣に書いた。

> これらの紳士が、あのようにしばしば気軽に語っている王を追放する儀式は、仮に行われたとしても、武力なしに行われることはまれである。その場合には、それは戦争の問題となるのであって、国家構造の問題ではない。法律は武器のあいだにあっては沈黙をまもることを命じられ、裁判所はもはやそれが維持しえなくなった平和とともに地におちる。一六八八年の革命は、内戦はもちろんのことなんらかの戦争が正当でありうるような唯一の場合において、正当な戦争によってえられたのである。戦争を避けられない者にとって、戦争は正当である。[56]

バークはなぜ名誉革命を「内」戦と呼んだのか。彼はここではイングランドの政治家というよりアイルランド人として書いたこと、彼の生まれ故郷でのジェームズ二世とウィリアム三世の間の交戦を思い出して、それが故郷に与えた永続的な結果に気付いたことは考えられよう（「ビリー〔ウィリアム〕王」が勝利をおさめた一六九〇年のボイン川の戦いは、今なお北アイルランドでプロテスタントによって毎年祝われている）。この経験に照らして、彼はこの二年後に名誉革命は「革命ではなく征服であった。と言っても、これが大いに認められていると言うのではない」と書くことになる[57]。すなわち、バークはこの革命のイングランド側を三王国の玉座を要求する者（相手側に対抗して、武力と彼のイングランドの支持者によって支えられていた）による侵略であると想起していたはずである。彼は確かに、ウィリアムは不当な扱いを受けて彼の助けを求めたイングランド人を援助するために、正当にもイングランドの内政に干渉した、とのヴァッテルの見解に同意していたようだ。イングランド、そして恐らく他のイギリスの王国は、内戦状態になっていたと言えるほどに国内が分断されていた。専制君主によって抑圧された人々の方にしか正義がなかった。したがって、ウィリアムが開始したのはまさにこの人々のための戦争だったのである。ともあれ、バークは、一六八八年に起きたことは例外的であり、繰り返されるものではないと論じた。君主を退位させることは、法律によって規定できないし、正義によっても決められない。それは武装の必要性、したがって戦争の問題であった。そして、戦争が同じ政治共同体の構成員同士の間で戦われたために、それは定義上、内戦であった。

バークが一六八八年を一七八九年に照らして論じたことの背景には、ヴァッテルから古代ローマまで遡る歴史があった。彼が上記の一節を締めくくった、ラテン語の引用句「戦争を避けられない者にとって、戦争は正当である」は、リウィウス『ローマ建国以来の歴史』での有名な論争を出所としていた。そこでは、ローマの敵国の一つは、ローマ人が講和の申し入れを拒否したことを根拠に攻撃的な戦争を正当化している。バークは確かに、リウィウスのこの一文を記憶していたかもしれないが、ヴァッテルが『諸国民の法』で同じ箇所を引用していたことも間違いなく知っていたのであろう。そこでヴァッテルは、ある国が開戦のための大義名分を持って侵略者と戦う状況を想像している。しかしながら、その侵略者が降伏の条件を飲まないとしたら、正義のバランスは侵略された方の国に有利に働き「そして今や不正義となりつつある彼の戦争行為は……対抗されて当然となるかもしれない」。ヴァッテルはリウィウスからこの出来事を引用して、この一節をもっと長く引用して段落を締めくくったのである[58]。国民間ないし国家間の戦争はヴァッテルにおいて特殊な文脈であったが、バークは、この著者がこうしたあらゆる正当化を、国家が内戦の結果として二つの「国民」に分裂した時にも同様に適用するつもりだったことをよく知っていた。

革命という概念そのものを認めないまま、バークは一七八九年以後のフランスが二つの交戦国に分裂したと見なした。一方は国王の名において、他方は人民を代表して、それぞれが主権を主張したのである。彼は「最新かつ最良〔の諸国民の法による説明〕と彼が選んだ証言」からこの分析を行なった[59]。これはヴァッテルが、かつての主権国家への外部からの干渉を正当化するために使った説明であった。先例にならって、早くも一七九一年初頭に、バークはイギリスとその同盟国が革命フランスに国王とその支持者の側に立って干渉できる——それどころか干渉すべき——と論じた。彼は、ヴァッテルを使って、「こういった状態（すなわち、王国が分裂している場合）において、イギリスは他のあらゆる大国と同様、諸国民の法によって、希望するいかなる役割も意のままに果たすことができる」ことをはっきりと証明した[60]。「革命」フランスは実際上、内戦状態にあって分裂した国家であった。それはまさに事実上二つの国民であったし、イギリスはいずれの側に正義があるかを自由に判断できた。ヴァッテルの執拗な警告にもかかわらず、いかなる外部の裁決機関もない限り、いずれの側の大義が正義なのかについての判断は、自由裁量に任されたままだった。

ヴァッテルが要約し、バークが参加した、内戦への外国からの干渉をめぐる論争は、国内抗争は国際抗争とは必ずしも区別できないことに注意を喚起する。ある分派が成功するか失敗するかは、外国からの援助や承認にかかっているかもしれないし、こうした干渉によって敵愾心は対外戦争に転換されてしまうのである。しかもこれには、抗争が最初に起こった共同体の国境をはるかに越えていく地政学的な結果が伴う。確かにヴァッテルは、彼の「一般原則」が濫用され、「それを口実にして諸国家の国内的な安定をゆるがす邪悪な策略を認める」のを望まなかった。だが、革命が内戦として周到に再定義されていたということであれば、こうした状況における現実主義的な議論によって、あらゆる干渉の行為が容易に支持されてしまうのである。(61)

イマニュエル・カントがその『永遠平和のために』で「人を慰めようとして煩わす人々」、すなわち当座だけの倫理をふりかざしながら、非道徳的な政治行動を促す自然法の支持者の一人にヴァッテルを含めるに至ったのは、このような国家理性（支配者にはなだめる働きをするものではあるが）であった。にもかかわらず、干渉の根拠と考えられるものについてのカントによる自制的な説明は、ヴァッテルの『諸国民の法』から直接取られたと言えよう。

ある国が国内の不統一で二つに分裂して、それぞれが独立の国家と自称して、全体の国家を支配しようとする場合……。この場合には他国が分裂した片方の国に援助をしたとしても、体制を変更するための介入とはみなされないだろう（というのは、その国は無政府状態にあるからだ）。しかし国内の紛争がまだ解決されない状態で他国が介入した場合には、これは国内の問題を解決しようと努力していて、まだ他国に依存していない独立した国民の権利を侵害するものである。これは他国を傷つける蛮行《スカンダル》となり、すべての国家の自律を危うくするものである(62)。

にもかかわらず、こうした教義は、フランス革命戦争を背景として、永遠の平和のためというより永遠の戦争のための許可証となりえた。カントが上記を執筆した一年後に、バークは「国王殺しの平和についての第二書簡」（一七九六年）で人民主権を支持するフランスの人々は、その「武装した教義」をヨーロッパの他の人々に向けたこと、これらのジャコバンたちにとってその結果として起こる抗争は「精神においても目的においても……内戦であったし、そのようなものとして彼らはそれを追求した。……〔これは〕ヨーロッパの古来からの道徳的な政治秩序の支持者と、すべてを変えようとする狂信的で野心的な無神論者の党派との間の戦争である(63)」。全ての国家が今や不安定な状態に陥ったのは間違いないと、バークは確信した。というのは革命として始まったものが、まずはフランス内に限定された内戦に形を変えて、次いでヨーロッパの全住民を巻き込む内戦に変わったからである。

*

バークはフランス革命の経過には同情を示さない観察者であった。彼には革命と内戦を融合させて、革命家の正当性を掘り崩そうという意図があったわけで、その区分けの混乱について歴史的に正そうとしたわけではなかった。奇妙な仕方で彼は、フランス革命を多くの次元──例えば恐怖政治の実行や一七九三─九五年のフランス西部のヴァンデにて一五万人以上の命を奪った反革命の軍事制圧──において内戦と見る近年の革命史家たちの、まさに先駆けであった(64)。なおさら残念なことに、この政治的社会的激変は、その後、将来の革命のための台本を大いに決めることになる。同時に、内戦が「革命の憤激に火を放つ集団的な暴力の通常の形態であり、万一、疑似宗教的な対外戦争と連動するものならばいっそうそうなる」との示唆を大いに裏付けたのも残念なことだった(65)。ある指導的なフランス革命史家〔ピア・セルナ〕には悪いが、全ての革命は「独立戦争」ではなく、その各々は内戦と見なされるかもしれないのである(66)。

革命家たちは、他の状況下では──ないし他のイデオローグによって──内乱、反乱、ないし内戦と呼ばれていたものを瓶詰にして封印した。実際、革命の成功の確かな兆候は、まさにこの過去に遡ってのイメージチェンジであった。それは比較的素早く起こるのであり、例えば、多くの同時代人がイギリスの「内戦」あるいは「アメリカの内戦」とすら見なした、一七七〇年代の大西洋をまたいだ抗争は、早くも一七七六年一〇月にサウスカロライナの首席裁判官によるある演説で初めて「アメリカ革命」と呼ばれた。しかし、この言葉は、大陸会議が一七七九年に『アメリカ革命の考察』を出版するまでは公の場には出なかった(67)。このイメージチェンジはもっとゆっくりなされることもありうる。フランスの歴史家フランソワ・ギゾーが「〔フランス革命が〕起こらなかったとしたら、〔イングランド革命も〕革命として理解されなかっただろう、という二つの革命の類推」を根拠にして、イギリスの一七世紀半ばの危機を「イングランド革命」と初めて呼んだのは一八二六年だった[68]。

これらの神話化から革命の近代的な台本を見つけ出すには、革命家が従ったものの、後に削除あるいは否定しようとした内戦の台本に注意を払う必要がある。『共産党宣言』において、マルクスとエンゲルスは以下のように書いた。「プロレタリア階級の発展のもっとも一般的な諸局面を描きながら、現存社会内の多かれ少なかれ隠された内戦をあとづけ、それが公然たる革命となって爆発し、ブルジョア階級を暴力的に転覆させることによって、プロレタリア階級がその支配を確立する地点にまで到達した[69]」。その二〇年以上も後になって、マルクスは『フランスの内乱〔内戦〕』(一八七一年)において、保守的なフランス政府が、一八七一年のパリコミューンを壊滅させるために、フランスを敗北させたばかりのプロイセンにいかに協力したかを描いた。「旧世界がいまだになしうるもっとも高潔な英雄的努力は、国粋的な戦争である。しかし、いまやこの戦争は階級闘争を遅延させるための政府によるごまかしにすぎず、そしてその階級闘争が内戦となって爆発するやいなや投げ捨てられてしまうことが明らかになった[70]」。第一次世界大戦の半ば、一九一六年にレーニンは、クラウゼヴィッツの『戦争論』を丹念に読み込んでから間もなく、プロレタリア革命の勝利の後、少なくとも三つの種類の戦争が残されると論じた。すなわち、ナショナリスト的な自決の戦争、出現途上の社会主義諸国に対して戦われる、ブルジョアによる抑圧の戦争、そして内戦である[71]。

「グローバルな内戦の職業的革命家」としてレーニンは、抑圧されている者たちは暴力的な手段によって初めて自己解放を成し遂げることができると主張し続けていた[72]。ヨーロッパ以外の人々にとって、戦争は帝国主義に対する民族的解放の手段となる。そうではないと論じると、単にヨーロッパの熱狂的な排外主義にしかならなかった。社会主義は戦争を排除するものではなかろう。その勝利は即効性のものでも普遍的なものでもなかった。怪獣ヒドラのような資本主義を打ち負かすには多くの打撃が必要となろう。そして、社会主義革命自体が戦争から切り離せない限り、それは内戦と堅く結びついている。「第二に、内戦もまた戦争である。階級闘争をみとめるものは、内戦をもみとめないわけにはいかない。内戦は、あらゆる階級社会で、階級闘争の自然な、ある事情のもとでは不可避的な継続であり、発展であり、激化である。あらゆる大革命がこのことを確証している。内戦を否認すること、あるいはわすれることは、極端な日和見主義に落ちこみ、社会主義革命を断念することを意味するであろう」[73]。ロシア革命を振り返り、ヨシフ・スターリンはレーニンによるプロレタリア革命の分析に、次のように同意を示した。「一九一七年のプロレタリアートによる権力の掌握は一種の内戦であった」[74]。革命の登場人物にとって、内戦は近代「革命」の原因、推移、結果を評価するのに不可欠であった。これに照らすと、近代革命の系譜を辿っていく時、われわれは内戦は〔生物学の分類でいう〕属であり、革命はその属の下位にある種にすぎないという仮説を真摯に考えるべきなのである[75]。

第三部　今日への道

第五章　内戦の文明化――一九世紀

一八六三年一一月一九日、エイブラハム・リンカーン（一八〇九―六五年）が国立戦没者墓地での奉献式で行なった演説は、アメリカ史上もっとも知られた演説といってよいだろう。彼の言葉は時と場所をわきまえていた――独立宣言から八七年後に、「激戦地」ペンシルヴェニア州ゲティスバーグで演説したのである。その場所にちなみ、ゲティスバーグ演説と呼ぶのが習わしとなった。

いまを遡ること八七年前、われわれの先祖はこの大陸に、自由に抱かれ、万人は平等に創られているという原理に自らを捧げる、新しい国家を誕生させた。いまわれわれは大いなる内戦の最中にあり、果たしてこのような国家は久しく存続できるのかを賭けて争っている。(1)

アメリカの歴史文書の中で、独立宣言と合衆国憲法を別にすれば、心に響く力強さと徹底した簡潔さをあわせもつこの日のリンカーンの演説ほど、数多く論評されてきたものはない。演説の二七二語のほとんど全てが細かく調べ上げられてきたのだが、例外なのは、もっとも冷淡に思われる箇所、つまり、ゲティスバーグで死者を出していた当時進行中の紛争を、リンカーンが「大いなる内戦」と呼んだ箇所である。(2)この演説はなじみ深いかもしれないし、恐らく、なじみ深すぎるといってよいかもしれない。けれども、いずれの文言もその意味はというと、最初の印象ほどには明瞭ではないのである。

リンカーン自身、自分が演説している時点が、北米の地でもっとも犠牲が払われた軍事紛争となる事件のほぼ中間点に当たっていたことなど、知るよしもなかっただろう。この紛争は、二年半前、つまり、サウスカロライナ州のサムター要塞を南部軍が砲撃した一八六一年四月に始まった。戦闘は長期化し、一八六五年四月、南部軍のロバート・E・リー将軍がアポマトックスの郡庁舎で降伏したことで、公式に終結した。といっても、これで敵対が終わったわけでは決してなかった(3)。この戦争は、死者の数、払った犠牲、からみあう様々な利害——南北両軍、両軍の板ばさみになったアフリカ系アメリカ人、さらには、もっと広い世界——から見て、確かに「大規模」だった。奴隷であれ自由人であれ、当事者であれ傍観者であれ、北部人であれ南部人であれ、連邦主義者であれ分離主義者であれ、これに異を唱えることはできなかったであろう。だが、この大規模な紛争が「内」戦であったことは、リンカーンがゲティスバーグで演説をした時点では、北部軍が勝利してから長い時間がたった今日から見るよりもはるかに明瞭ではなかった。

ゲティスバーグ演説のわずか半年前、北部軍は、プロイセン生まれのアメリカ人法学者フランシス・リーバー(一七九八—一八七二年)が起草した戦争行為に関する法典『一般命令一〇〇号』を数部受け取っていた。この文書は、国家間の通常戦争を念頭に作成されたものではなかったとはいえ、戦争や内戦に対する伝統的な考え方の特徴を示していた。それが特に見られるのが、内戦に関する定義である。リーバーの念頭にあったのは、一世紀以上も前にヴァッテルが苦心して試みていた法的説明であった。その試論は、その後、彼の上司で北部軍の将軍(国際法学者でもあった)ヘンリー・ワグナー・ハレック(一八一五—七二年)によってヴァッテルへの反論として取り上げられていた。内戦の問題に関してリーバー自身が残したものは、はっきりいって曖昧である。この法典は、アメリカの軍事関係者に受け継がれ、二〇世紀の国際人道法の基礎であり続けた。しかし同時に、彼の内戦に対する概念は、それ自体が矛盾しており、実際の紛争には適用できなかった。しかもそれは、分離《セセッション》と内戦の関係を示す範例となる戦い〔南北戦争〕のさなかに示された、「大いなる内戦」に対するリンカーン自身の暗黙の理解とも矛盾していた。

「内戦」という文言が政治的な意図やイデオロギー的な制約なしに使えたのかどうか。このことについて、今やわれわれは疑い深くなるべきである。革命の時代以降、内戦は紛争の非合法の形態、つまり、王による統治が揺らいだ時代や断続的に不安定になった共和政ローマ――啓蒙の近代が取り除いた古代の呪い――へと逆行するものだと考えられるようになった。だが、そのようには考えない人々もいた。例えば、一八世紀中葉のフランスの共和主義者マブリ師（一七〇九―八五年）は、対話集である『市民の権利と義務』（一七五八年）の中で、イングランドの「貴族」〔スタナップ卿〕に、国家を破壊しかねない壊疽《えそ》にかかった脚を取り除く手術のような効果があるので、「内戦は時には大変良いことなのです」と衝撃的に語らせていた[4]。スペイン自由主義草創期の政治家であるファアン・ロメロ・アルプエンテ（一七六二―一八三五年）も同様に、一八二一年の演説で、国民を再生する機会を与える「内戦は天からの贈り物」だと説いていた――これは二〇世紀のスペイン内戦に至るスペインの歴史で繰り返された言葉であった[5]。さらに一八三〇年には、フランスの政治家で回想録の作者であるシャトーブリアン卿（一七六八―一八四八年）は、「武力による争いにおいて、その性質を見分け、他ならぬ内戦の名に気を失う博愛家たち」をからかっていた。「互いに殺しあう同胞たちよ！　戦いあう兄弟よ、父親たちよ、息子たちよ！　彼らは皆、まったく哀れだ。けれども、人々は、集団内部の不和によって強くなり、再生されるのだ[6]」。内戦は、それを必要とする人々の眼には依然として正当なものだったのかもしれない。だが、相変わらず問題なのは、それが必要だと誰が決め、それを内戦と呼ぶのはいつなのかということなのである。

内戦が時代遅れでないとすれば、やはり恐らくは内戦が時代錯誤なほど制約を受けていなかったということになる。内戦に関する考えが、他の多くの現象を体系的に捉えようとする時代の流れとずれてきた。一八世紀半ばから一九世紀半ばにかけて、革命的な内戦が提起したモラルや政治の問題によって、それを制限し究極的には文明化する理論的な――そして、特に法律上の――枠組みの欠如が、より明らかになった。こうなったのには、内戦がこれまで長い間、哲学者や社会理論家よりも歴史家や詩人によって書かれてきたことによるところが大きい(7)。内戦は、戦争のもっとも基本的な定義のいくつかに疑問を投げかけた。というのは、近代の戦争の定義は、確立した主権を有する存在――国家――同士の紛争であって、その内部での紛争ではなかったからである。ジャン＝ジャック・ルソーは、『社会契約論』(一七六二年)の中でこの古典的な定義を示していた。「戦争は人と人との関係ではなく、国家と国家との関係であって、……各国家は、他の諸国家だけを敵としうるのであって、人間を敵とすることはできない」。つまり、個人は「人間としてではなく、市民としてでさえなく、ただ兵士としてまったく偶然に敵となる」ため、国家の敵にはなれないのである。互いに敵意を抱いていても、戦争はできないのである(8)。こうした観点からすれば、内戦はまったく「戦争」ではなかった。というのも、その当事者たちは国家に限定されてはいなかったし、戦闘員がこぞって兵士、つまり、戦うことを君主から託された合法的な戦闘員になれるわけではなかったからである。

カール・フォン・クラウゼヴィッツの『戦争論』(一八三二年)は、戦争に関する近代のもっとも優れた著作であるが、内戦には一切言及していない。(9) すでに述べたように、毛沢東やチェ・ゲバラのゲリラ戦に関する著作にさえ匹敵するような、『内戦論』という題名を付けた戦略に関する優れた著作はない。(10) 戦争理論に関して当時クラウゼヴィッツのライヴァルだったアントワーヌ・アンリ・ジョミニ（一七七九―一八六九年）は、フランス軍についたスイス士官であったが、彼の方は　内戦や宗教戦争を考慮していた。といっても、「こうした類いの戦争について一般原則を設けようとすることは馬鹿げている」と認めていた。彼は、それを「見解」をめぐる戦争――つまり、今日ではイデオロギーの戦争と呼んでもさしつかえないだろう――であり、不条理ゆえに、政策をめぐる戦争以上に破壊的で残虐なものとして捉えていたからである。(11) このような姿勢があったために、最初のジュネーヴ条約（一八六四年）では、内戦にまで範囲を広げることができなかった。一八七〇年、この条約の起草者の一人であるグスタフ・モワニエは、「それに国際法が適用されないのは、当然である」と主張していた。(12) したがって、リンカーンやリーバーが直面した難題とは、ジョミニやモワニエが当初不可能と思っていたことに挑むこと、つまり、国際法を適用して内戦の行為に対する「一般原則」を設け、内戦を文明《シヴィリティ》の領域の中に取り込むことであった。

＊

以上のことから察しがつくように、エイブラハム・リンカーンがアメリカ合衆国でのこの紛争（南北戦争）を「大いなる内戦」と明言する決断をしたことには、一八六三年の時点でも異論があった。というのは、その明言は、アメリカ南部連合の行動に対する北部側の解釈を前提にしていたからである。つまり、両軍の戦闘員が、これまでアメリカ合衆国という政治体のメンバーであり、いまだそうであるということを主張することだったのである。「大いなる内戦」というレッテルを貼るということは、紛争で問題になっていた点――一方的な離脱の非合法性はもとより、国民の統一と憲法の不可侵性――をも際立たせたのである。一八六五年以降のいかなる時でも、紛争を「内戦」と呼ぶことは、そうした解釈や北部側が死守しようとした方針が勝利したのを受け入れることであった。リンカーンは上の決断にようやく辿り着いたわけで、名称の問題は、二〇世紀になっても不和の原因であり続けた。とはいっても、アメリカ史における大激動を定義する、一般に認められたこの名称に異議を唱えるのは無駄なことになっていった。しかも、「内戦」の名称がもつ論理――分裂も統一も同じ程度意味しており、内戦の思想史でよく見られるように、争いの中で共通なものに属していると認識することを意味していた――を否定することは道義的に受け入れられなくなっていった。この矛盾は、特に北アメリカでは、深刻であり続けた。というのも、分離を目指す内戦の正当性を示す先例として、この紛争〔南北戦争〕がどこでも用いられるようになったからである。

南部連合を支持する側にしてみれば、南北戦争は、同胞の市民同士――アルジャーノン・シドニーなら、同じ「市民社会《シヴィル・ソサエティ》」のメンバーといったかもしれないが――の戦争ではなかった。それは分離のための内戦であり、何にもまして離脱する権利を勝ち取るために闘われ、アメリカ合衆国からの一連の脱退行為によって激しさを増したのである。南部連合の立場からすれば、国家内の紛争ではなく、国家間の紛争、つまり、国家同士の戦争であって、単一の共同体の中で起きたものではなかった。南部諸州は、アメリカ合衆国から離脱する憲法の権利を行使していると主張し、今や、独立した統一体として、軍事防衛などで独自の行動がとれる権限をそなえた新しい連合体であるアメリカ南部連合を樹立したのだと確信していた。これとは対照的に、北部やリンカーンのロジックはというと、南部連合側の離脱は「反乱《レベリオン》」行動であって、それを鎮圧するための紛争が「内戦」なのだった。しかもリンカーン自身、この紛争〔南北戦争〕中に「反乱」という言葉を、「内戦」のおよそ六倍も頻繁に使っていた[13]。その理由は、より広い歴史の文脈に照らせば、明らかになろう。

「内戦」という用語の意味は、一九世紀半ばの特殊な状況にさらされていた。グローバルなつながりが強まり、「内」戦が意味していた旧来の範囲が疑わしくなっていた時代である。ゲティスバーグ演説の一年半前、フランスの小説家ヴィクトール・ユゴー（一八〇二―一八八五年）は、傑作『レ・ミゼラブル』（一八六二年）の中で、コスモポリタンな世界にあっては内戦の意味が変わりつつあることを、主人公に熟考させていた（フランスの文豪ユゴーは、リンカーンを非常に崇拝していた。一八六五年にリンカーンが暗殺されると、偉大なる内戦の最大の犠牲者として彼をたたえ、メアリー・トッド・リンカーン夫人に贈る顕彰メダル基金の創設を支援した[14]）。『レ・ミゼラブル』の英訳版は、一八六二年にニューヨークで、翌年にはヴァージニア州リッチモンドで、飛ぶように売れたのだが、ロードアイランド州のとある新聞は、「奴隷主たちの反乱で戦う者たちの空腹を満たす新奇な読み物にすぎない」と軽蔑していた[15]。

リンカーンと同時代の人々は、ユゴーの傑作の何百頁にわたって、ワーテルローの戦いの高貴な復員軍人の息子であるマリウス・ポンメルシーの内戦が再現されるのを読み取ることができただろう（マリウスの名前が、古代ローマの第一次内戦〔前一世紀の第一次ミトリダテス戦争〕でのスッラの敵を想起させるのは、決して偶然ではない）。ブルボン家の復古王権と闘うために、パリのバリケードに向かいながら、マリウスは気付いた。「今度は自分は戦いをなし、戦場におり立たんとするのである。しかも今、その戦場は街路であり、なさんとする戦いは内戦なのである！」。彼は、そう考えたことに身震いし、英雄だった父親なら自分の行動をどう思っただろうかと想像した。だが、その際にも彼は、まさにこの分類の仕方に対して哲学的な疑問を発していた。

内戦？　それはいったい何の意味であるか。外戦《フォーリン・ウォー》というものが存在するか。すべて人間間のあらゆる戦争は、皆同胞間の戦いではないか。戦いはただその目的によってのみ区別さるべきである。世には外戦もなく内戦もない。ただ不正の戦いと正義の戦いとがあるのみである。……戦いが恥ずべきものとなり、剣が匕首《あいくち》となるのは、ただ、権利と進歩と道理と文明と真理とを刺す時においてのみである。その時こそ、内戦もしくは外戦は不正なものとなり、罪悪と呼ばるべきものとなる。(16)

小説では、一八三二年の設定になっている。だが、ポンメルシーによる熟考は、内戦と他の紛争との境界が曖昧になっていることへのユゴー自身の懸念の表明でもある。（リンカーンの的を射た表現を使えば）「全人類」という大きな舞台において、内戦と外戦の区別がなくなり始めていたのである。(17)

アメリカ南北戦争は、綿花と奴隷労働の上に築かれたグローバルな資本主義経済の中心で起きたが、その影響は、カリブ海地域、ヨーロッパ、エジプト、南アジアに及んだ。(18)それは、一九世紀半ばに暴力がグローバルに拡大する中で起きたものでもあった。この時期は、人口規模から見て一九世紀でもっとも残虐な二つの戦争——中国での太平天国の乱（一八五〇—六四年）と、ペルーとボリビアがチリに対して共闘した太平洋戦争（一八七九—八四年）——で始まった。その時期には、クリミア戦争（一八五三—五六年）、一八五七年のインド大反乱、メキシコのレフォルマ戦争（一八五八—六一年）、日本の戊辰戦争（一八六八—六九年）、普仏戦争（一八七〇―七一年）、それにスペインの王位継承をめぐる継承権争奪型《サクセショニスト》の第三次カルリスタ戦争（一八七二―七六年）もあった。[19] 南北アメリカでは、この時期は、一八世紀半ば以来吹き荒れた数々の大動乱の最後の段階にあった。一八世紀半ばを通して、帝国による再建の試みが、独立を求める運動、革命、内戦を引き起こし、その結果、当初の目的とは必ずしも合致しなかったものの、大規模な国家や帝国から小規模な国家が創られたのである。[20]

南北戦争という暴力は、こうした状況への反応として例外的なものではなかった。一五八〇年代のオランダでの一揆《レヴォルト》からアメリカ革命まで、一八六一年のアメリカ合衆国から一九九一年のユーゴスラヴィアまで、分離は決まって内戦に発展した。国家内部の集団が、自決の権利を抑圧されたとして激昂し、独立した国家的地位を要求する権利を主張する。これに対して、既存の国家の側は、領土保全や全ての住民への支配に対する権利を主張し、強圧的な力を使ってこの集団の要求を阻止するのである。それゆえ、分離――新しい国家を創る試み――は、内戦、つまり、既存の国家の内部での武力紛争に至るのである。もちろん、平和的な分離もあった――例えば、一九〇五年のノルウェーのスウェーデンからの分離、一九四四年のアイスランドのデンマークからの分離、一九六五年のシンガポールのマレーシア連邦からの分離、二〇〇六年のモンテネグロのセルビアからの分離、そして、二〇〇八年の、やはりセルビアからのコソヴォの分離――が、これらは例外であった。[21]

歴史の論理は冷酷であるが、それと同じくらい完全無欠でもあったといえる――分離の企てが内戦に至るというのが最近までもっとも起こりうるパターンであったように、分離は内戦の原因なのである。戦争に関する近年のもっとも包括的な計算によると、一八一六年から二〇〇一年にかけて世界全体で起きた戦争は四八四件にのぼる。このうち二九六件が「内」戦と分類されており、その一〇九件は既存の国家の支配を奪うよりも、新しい国家を創るために戦われたものだった。したがって、分離を目指す紛争は過去二世紀の全ての戦争の五分の一以上となり、この期間の内戦のかなりの部分を占めている。内戦がもっとも起こりうるのは、「現代世界の状況を形づくった二つの制度的変容」の時期——つまり、帝国的拡大と、特に脱植民地化後の国家建設の過程——であった。さらに、そうした内戦が勃発する徴候は、「国民国家が建設される直前に劇的に増大する」のだが、「内戦が勃発する確率は、独立から数年経ってからよりも、独立後二年以内の方が五倍以上も高かった(22)」。こうした長期持続の視点に立てば、アメリカ革命は典型的であり、アメリカ南北戦争は異例に見える。もっともそれは、時期が遅いというだけであって、暴力性という点からではない。

＊

南北戦争の時代に見られた世界規模での暴力は疑問を投げかけ、一九世紀から二〇世紀まで再三にわたって人々はそれに向き合うことになった。その影響は、今日にも及んでいる。果たして内戦を文明化することはできたのだろうか。もちろん、そのトラウマ——政治共同体の分裂、家族内部での反目、親族関係の解体、再発することへの不安、勝っても負けても受ける恥辱——を和らげることはできなかった。しかし、永遠平和の望みは減る一方だったとはいえ、戦争を、なくすことはできないまでも、和らげることはできるという兆しは多少なりともあった。一七世紀以来、南北アメリカにあったヨーロッパの諸帝国やその後継国は、紛争を法による統治の下に置くことで、その行為を規制しようと努力してきた。だが残念なことに、非ヨーロッパ人の扱いは、まったく別の問題にされてしまった。その結果、人道的に扱われる者とそうでない者――後者は人間とさえ見なされなかった――の隔たりが広がるという有毒な副産物がもたらされたのである。この隔たりは、文明《シヴィリティ》と非文明《インシヴィリティ》の間、つまり、文明《シヴィリゼーション》とその領域の外にある野蛮《バーバリズム》との間に引かれた境界と合致していた。

法律面から見る限り、内戦と国家間の戦争とはまったく別物であった。国家が境界内での警察活動に依存している場合は、反乱者を戦闘員よりも犯罪者として扱うかどうかは、国家の裁量にかかっていた。一八六三年の赤十字社の創設は、残酷な戦争に対するもっともよく知られた人道的対応策だが、これは一九世紀半ばのヨーロッパの戦場において戦争に対する恐怖がもたらしたものであった。だが、この赤十字社でさえも、当初は内戦を対象から外していた。負傷者援助組織の設立を討議した二回目の会合になって初めて、設立委員会は、将来的に活動を拡大する権利は保留されたものの、「内戦にあっては、いかなる方策も熟慮すべきでない」と提案していた(23)。同様に、一八六四年に結ばれた元々のジュネーヴ条約では、内戦での戦闘員を保護の対象としては明示していなかった。もっとも、一〇年と経たないうちに、赤十字社の創設やジュネーヴ条約の起草に携わった者たちは、この問題を再検討するようになった(24)。

再検討に踏みきるまでの間、どのようにして内戦を新しい法のグローバルな枠組みの中に取り込むことができるのかという問題は未解決のままだった。一つの可能性のある解決策は、アメリカ南北戦争直前にイングランドの自由主義哲学者ジョン・ステュアート・ミル(一八〇六―七三年)によって示されていた。ミルは、文明と野蛮との新しい位置関係を明らかにするために、内戦に介入した事例を用いていた。南北戦争の最中には、彼は野蛮の境界を引き直し、アメリカ南部連合をその範疇に入れた。彼は、『不干渉論』

（一八五九年）の中で、「キリスト教ヨーロッパのような、対等な諸国民共同体の構成メンバー」である自衛的な主権国家と、「社会改良の程度がかなり低い……集団」――つまり、帝国に従属しやすい人々――とに分割されている不安定な世界においてイギリスが果たす倫理的な責任について述べていた。一世紀前にヴァッテルが「国家は、内戦やそうでない戦争において、どちらの側にも正当に加われるのだろうか。とりわけ、国家は自由を求める他国の人々を正当に援助できるのだろうか……という難題」に取り組んで以来、ヨーロッパの諸帝国が世界中で台頭し、事態はますます切迫していた。ミルは、他国による介入が正当化される条件として、現地の政府ではなく、外国人の統治者を打倒する人々を支援する場合と、「対立する当事者が拮抗していて、早期の決着が見込めない長期化した内戦」で、紛争を終わらせるのに外部の力が必要な場合の二つを提示した(25)。

この条件は、ヴァッテルが想定していた干渉の可能性をかなり狭めるものだったが、ミルは、当時の慣行とも国際的なモラルとも矛盾しないと考えた。これを根拠に、彼は、アメリカ南北戦争でイギリスが中立的な立場をとるよう熱心に支持し、「アッティラやチンギス・ハンの考えを体制の根底に据える国家のような」アメリカ南部連合に対していかなる譲歩をすることにも猛然と反対した。したがって、解決策とは、和睦ではなく、むしろ「専制的な不正義から人々を守る戦争であり、正義や善に対する彼ら自身の考えに勝利をもたらす戦争であった。それは、彼らが自由に選んだ正当な目的――［これが］彼らの再生の手段となる場合が多いのだが――に基づいて遂行される、彼ら自身の戦争であった」。ミルの考えでは干渉することは正当化できなかったのだが、それでも彼は、南北戦争を、離脱に賛同しなかったが「人としての権利が与えられている人間」である奴隷状態におかれた四〇〇万の人々のための聖戦と見ていた(26)。

ミルは十分に気付いていたのだが、近代の国際秩序は、根本的かつ両立できない二つの原理の上に成り立っていた。一つ目は、主権の不可侵性ないしは独立性である。各々の国家は、境界内では、外部のいかなる国家も干渉できない支配的な権威と管轄権を有している。二つ目は、人権は尊重されなければならず、国際社会は、権利を行使しようとしたり、それが侵害されていると感じたりしている人々のために介入する権限を持つという考え方である。この二つの原理は、一九四五年の国際連合憲章で述べられているが、どちらももっと深い起源を持つ。実際、この二つについて最初に明瞭に述べたのがヴァッテルだったといえる。彼は、国家——フランス語の「ナシオン」を使っていたが——は「自由にして独立している」という金言を再三にわたって述べていた。[27]この文言は、知らないうちにアメリカ独立宣言に取り込まれていた。アメリカ独立宣言は、今や旧植民地は「自由にして独立した国家」であると言明するとともに、人間が生まれつき有する平等と抵抗の権利を主張していたのである。北アメリカでの紛争〔アメリカ独立戦争〕の初期には、この二つの基本原理は互いに切り離すことができたし、このどちらであっても内戦を引き起こすことができた。

一七七六年以降の世界史において認めうる数少ない規則性の一つは、独立を宣言したいかなる国家も、今度はその一部の住民や領域が独立を企てようとすると、それを阻止するようになることである。分離を主張する側が、元々のアメリカ独立宣言の根底にあった同じ原理を、同じ言葉で訴えたとしてもである。それゆえ、例えば、一八六〇年一二月にサウスカロライナ州の分離集会が宣言を承認したが、それには次の文言が含まれていた。

サウスカロライナ州は世界の他の国家とともに、別個の独立した国家として、戦争を遂行し、和平を締結し、同盟を結び、通商関係を確立し、独立国家が遂行できるすべての行為を実施する権限を取り戻す。[28]

（サウスカロライナ州の宣言は、南部連合の他の州と同じように、諸州の権利に焦点を当てていて、人間の平等と全ての人間の権利は意図的に外していた。）

この挑戦に対して、独立宣言によって誕生した国民が唯一取りえたのが、軍事行動、つまり戦争であった。一八六一年七月四日の議会での演説で、リンカーンは、三カ月前のサムター要塞への南部連合の攻撃は、「立憲共和国、もしくは民主政治――同一人民による人民の政治――が、自国内の敵に対抗して、領土の保全を維持しうるかどうかの問題」を、合衆国に対するばかりか、「全人類」に対して突きつけたのは明らかだと主張した。南部連合側は、先制攻撃をしかけることで、「即時の分離、さもなくば流血〔戦争〕」の策を選んだのだった。だが、リンカーンは、敵側が自分たちの行動を分離と表現しているのを拒否した。「いわゆる分離諸州」とあざけり、「分離は憲法に背いていないのだから、分離は合法的かつ平和的である」という遠回しの論法に基づく主張をはねつけたのだった。分離を合憲と認めれば、南部諸州は、彼ら独自の憲法において分離の権利を自滅覚悟でも保持するだろう、と彼は推論した。「そもそも〔分離の〕原理とは分解の原理であって、かかる原理に基づいてはいかなる政府も永続できない[29]」。

リンカーンが示唆していたのは、アメリカの場合、分離と内戦とは、結果においても原因においても結びついているということであった。結果においてというのは、南部連合側のサウスカロライナやその他の州の「いわゆる」分離によって、合衆国側は元の状態を守る必要に迫られたからである。アメリカ合衆国の領域内で軍事行動が起こされたために、それは国内の戦争、つまり内戦となったのである。次に、分離と内戦が原因において結びついていたというのは、分離する権利を主張しないでは、公式に敵対する必要はなかったからである。分離なくして内戦はなかったのである。リンカーンにとって、この結びつきは、決して偶然でも、もっぱらアメリカ的というわけでもなかった。この必然性は、「いかなる国民」、つまり、領土保全に基盤をおく国家の「全人類」の構成員が認識できるものだと、彼は考えていた。それから一五〇年の間に世界中に国家が増殖したが、それを知っているわれわれは、リンカーンを偉大なる解放者や人民統治の闘士としてだけでなく、分かちがたい主権国家の擁護者として、彼の発言を聴かざるをえないのである。

リンカーンは、「分離」という言葉そのものが、その行為と同じくらい、憲政秩序とはほとんど相容れないと考えていた。一八六一年、彼は、南部諸州の合衆国からの脱退は、事実上、分離ではなく反乱であると議会に訴えるようになる。これはリンカーン自身の考えだったが、この区別は、自分だけのものではないと説いていた。「最初ちょっと考えると、現在の南部の運動が「分離」と称されても、あるいは「反乱」と称されても、大した違いはないように思われるだろう。しかし、運動の指導者たちはこの相違をよく心得ていた。最初から彼らは、その叛逆を、法律違反を意味するような名前で呼んだのでは堂々としたものに高めることができないことを知っていた」。それゆえ、リンカーンは、南部連合は、分離が憲法に合致しているという議論によって反乱の「体裁をつくろい」、それによって「三〇年以上も南部の人民の意識をうまく麻痺させてきたのだ」とまで言ったのだった[30]。

リンカーンは、分離は、それが合意に基づくものである場合に限って、法的に正当となりうると理解していた。そうでない場合、「いかなる州もたんに同州だけの動議から連邦を脱退することは合法的でない……連邦脱退のための決議や法令は法律的に無効なること……一州ないし諸州の間における合衆国の権威に対する背反の行為は、その際の事情により、暴動もしくは革命行為となる」[31]。明らかに彼は、分離をめぐる当時の法的議論における、今やもっとも差し迫った問題――つまり、国際法は、分離行為に対して有利な基準を認めるべきかどうか――には、動揺もしなかった[32]。彼が暗黙の前提としていたのは、国際法はそれを認めていないということであり、むしろ、分離行為は現行のアメリカ立憲主義と矛盾しているという主張を行なった。ゲティスバーグ演説で説いたように、憲政秩序の根底にあるのは、「人民の、人民による、人民のための政府は、この世から消え去ることがあってはならない」という原理であった。この原理は、離脱の諸州を力ずくでアメリカ合衆国に引き戻すための大規模な内戦という犠牲を払ってでも、守らねばならなかった[33]。

＊

サムター要塞への砲撃から数週間以内に、全ての陣営――北部と南部、アメリカと外国――も、アメリカ合衆国の領域内で戦争が起きていることを認めていた[34]。だが、それがどういった類いの紛争で、したがって、その行為にどのような法律を適用すべきなのかについては、決着していなかった。アメリカ南部連合を支持する側から見れば、一八六一年四月に大統領リンカーンが、南部諸州が「合衆国政府に対する暴動《インサレクション》」を引き起こしたという理由でチェサピーク湾からリオ・グランデ川河口までの港の封鎖を命じたのは、この論争に対して早計に判断を下したものと映った。この命令で特に重要なのは、南部連合諸州に物資供給を行なおうとする中立国の船を、戦時における敵軍への違法な物資供給を根拠に、北部軍が拿《だ》捕《ほ》できる点にあった[35]。

一八六三年二月、最高裁判所は、ボストン、ニューヨーク、キーウェストの法廷からの上告を受けて、四件の訴訟――捕獲物訴訟と一括して知られている――を審理した。原告側は、封鎖と、それに続いて、拿捕した四隻の収益を分配するために捕獲物法が適用されたことは、宣戦布告がなされていない状況下での戦争法の適用に当たるため、戦争法は無効だと主張した。その結果、大統領による戦争法の発動を正当化できるような戦争状態があったかどうかが、法廷での主たる争点となった。一八六三年三月、ロバート・グリアー判事は、実際に戦争が進行していたとする政府側弁護人の主張を受け入れ、多数意見を支持した。南部連合の行動が「暴動」であったからこそ、そう呼んだのであり、宣戦布告のようなものがないからといって、政府が敵対者を交戦者として扱えないわけではなかった。「内戦は、常に、合法的な権威である政府に対する反乱で始まる。内戦では、厳粛に宣戦布告がなされることは決してない。様々な偶然――主導し遂行する人々の数や力、組織――によって内戦となる」。リンカーンは、「この紛争に対して議会が名前を付けるのを待つことなく」、この紛争「そのものに」立ち向かわねばならなかったのである。実際、グリアー自身は、それを「最大の内戦」と呼ぶことをいとわなかった[36]。

このように呼ぶことがいかなる重要性を持つのかについて、ヴァッテルの分析に従ったわけではないとしても、やはりグリアーの裁定の根底にあったのは、内戦に対するヴァッテルの画期的な定義であった。ヴァッテルは、内戦がどんな時に勃発するのか、二つの国民が同じ領域内から出てきて戦うのをどの陣営も認めあうのはどういう理由からなのか、について事実を記述していた。戦争状態にあるのは、誰の眼にも——それを遂行する者の「数、力、組織」によって——明らかになるものであり、それには宣戦布告は不要であった。だが、二つの国民同士の戦争だとひとたび明らかになると、もはや国内法は適用されなかった。というより、戦争法を含む諸国民の法の効力が発生したのである。[37]

戦闘の初期に、アメリカ合衆国陸軍将官ヘンリー・ハレックは、『国際法』（一八六一年）の中で、ヴァッテルの内戦論を逐一攻撃していた。彼の主張は、決して抽象的ではなかった。それが現状に適用されるだけではなく、そこから直接生ずる事態に対しても適用しうるものだった。ハレックは、内戦での両陣営は戦争法に則って処遇される資格があるとするヴァッテルの見方には賛成だったものの、諸外国が両陣営を独立国家と見なし、正当な大義ありと判断した側を支援できるとする主張には同意しなかった。「このような行為は、主権と独立の権利へのあからさまな侵害になる」。さらに彼は、もともと主権を持っていた側が承認する前であっても、「事実上独立が確保された時点で……反乱州の独立と主権」を諸外国が承認するかもしれないと述べたのだが、恐らくこれにはアメリカ革命が念頭にあったに違いない（これを根拠に、フランスやその他の諸国は、一七八三年のパリ条約でイギリスがアメリカ合衆国の独立を公式に承認するかなり以前に、合衆国と外交・軍事関係を結んだのだった）。しかも彼は、「外国は、近隣諸国の内戦に加わることができる」とするヴァッテルの見解を厳しく批判した。それは、国際的な混乱を認めるに等しかった。「そんなことをすれば、国内情勢に干渉する権利に制限がないことになってしまうから」である。[38]

この議論は、しばしば見られるように、内戦が意味するものは何かということにかかっていた。ハレックは、著作の後半で、事実に基づいた歴史的定義を行なっている。彼は、内戦を、「見解をめぐる戦争」

と（ジョミニにならって）自分自身が呼ぶもの――フランス革命諸戦争のような「政治的戦争」であれ、聖戦、つまり「イスラーム主義の戦争」のような宗教的紛争であれ――や、国民解放戦争、つまり圧政に対する反抗《レヴォルト》とも区別していた(39)。彼の当初の定義は、継承権争奪型《サクセショニスト》の争いに限定されていた――つまり、君主政であれ共和政であれ、「イングランドのバラ戦争、フランスの〔カトリック〕同盟戦争、イタリアのゲルフ〔教皇派〕とギベリン〔皇帝派〕の戦争、メキシコや南米での党派争いのような、同じ国家の中にある様々な集団が行なう敵対的活動に起因する」戦争に限定していたのである。さらに彼は、内戦には、支配や政権交代を求めて様々な党派が戦いに関与する「反抗的《インサレクション》諸戦争や革命」――すなわち、これまで私が統治《スーパー》権奪取型《セシヨニスト》の内戦と呼んできたもの――をも含みうるとした。しかし、「どの政府も権威に反抗する人々を、自身の国内法に従って対処するのであるから、単なる反乱《レベリオン》は……この基準の例外と見なされる」。いかなる反逆者《レベル》も国際法によって保証される完全な保護を受けられることになれば、それは「反乱や革命の企ての対象である国家政府にとって不公平かつ侮辱的になろう(40)」。つまり、ハレックによれば、反乱と内戦は、まったく異なる厄介ものだった。一八六一年における問題は、〔ゲティスバーグ演説が出された〕一八六三年以降もそうだったように、アメリカ合衆国の領域内で起きているのは、反乱なのか、内戦なのかということだったのである。

　この見解の対立は、政治家にとって問題であったばかりか、軍司令官にとって（特に北部側には）より深刻だった。どのような交戦規定に基づいて、北部軍は叛徒を扱おうとしているのか。戦争法が適用されたり、それに関心が向けられたりするのであれば、この紛争が、分裂した諸州の軍同士の戦いであることを意味しないのか。こうした異例な形の紛争を、何らかの交戦規定で縛ることはできるのか。一方が他方を叛徒あるいは暴徒と見なすのなら、彼らの行動を無法扱いするのに限度はないのか。しかも、これが国家間の戦争ではなく内戦だというのなら、どうして問題となりうるのか。一八六一年、リンカーンのもう一人の顧問で、メリーランド州の分離反対派の論説家アンナ・エラ・キャロル(一八一五―九四年)は、ヴァッテルに依拠して、こうした問いに対して明快に回答していた。「これは内戦である。したがって、政府は、戦場にいる反乱軍を服属させるために、あらゆる憲法権力を自由に行使できる。しかし、政府はあらゆる権限を行使できると同時に、すでに定着している戦時の慣例を遵守する義務がある。内戦には、他のあらゆる戦争と同様、思慮分別と人道という啓蒙的な原理が明らかに適用されるべきだからである[41]」。

　捕獲物訴訟をめぐる最高裁判所の判決――五対四と大きく割れたが――は、「戦時の慣例」を現在の事態に適用することはもとより、内戦と、反乱《レベリオン》や暴動《インサレクション》のような類似の概念との違いを法的に定義するきっかけとなった。実際、この後、何世紀にもわたる論争や混乱に対して、内戦を定義しようとする前例のない試みがなされるのである。法律家による定義を求める動きをけしかけたのが、国際法学者で陸軍の将軍でもあるハレックであったことは、決して偶然ではなかった。この難題に対処する人材として彼が雇ったのがフランシス・リーバーだった。当時、リーバーは、内戦が持つ法的重大さについて、誰よりも長期にわたって真剣に考究してきた法学者であった。だが、彼ですら、責任は重すぎると感じていたし、その結果はますます混乱をもたらすことになった。

　リーバーにはワーテルローの戦いに従軍した経験があり(死んだものとして戦場で置き去りにされたのだった)、アメリカ合衆国に移民した後に、同国初の政治学の教授となった。サウスカロライナ大学から教員生活をスタートさせたのだが、奴隷制がほかならぬ自分の大学で敷かれていたことに愕然とさせられた。

一八五七年にニューヨークに移り、コロンビア・カレッジ（現在のコロンビア大学）で法学と政治学を教えた(42)。リーバーの名声を高めることになったのは、一八六三年に北部軍の『一般命令一〇〇号』を著したことだった。『リーバー法典』の名称の方がよく知られるが、これは戦争法を体系化した初の試みであり、したがってジュネーヴ諸条約の原型で、現代の戦争法の基礎をなすものとして今なお有名である(43)。リーバーがそれを作成した功績は、学術面に留まらなかった。彼は、北部と南部という分裂したセクションのどちらにも住んだ経験を持っていたが、それ以上に個人的にこの分裂を実感していた。自身の息子三人が軍役に服し、うち二人が北部軍に、一人が南部軍について戦ったのである。一八六一年五月、「内戦の象徴たるわが身を見てくれ」と悲嘆にくれていた(44)。

リーバーは法典の草稿を書く以前から、反乱、革命――それに重要なことだが――内戦について、長年思索していた。だが、任務の重圧から、自身が下した諸定義を変えざるをえなかった。一八五〇年頃からの初期のメモでは、様々な種類や程度の異なる革命を表しうる種々の用語――「蜂起《ライジング》」「一揆《レヴォルト》」「騒動《ライオット》」「暴動《インサレクション》」「動乱《セディション》」「反乱《レベリオン》」など――を書き連ねており、その中には「分離」と「内戦」も入っていた(45)。ほぼ同じ頃には、特に当時居住し教鞭を執っていたサウスカロライナ州との関係から、分離の問題を詳細に考究していた。彼は、分離が成功する見込みは薄いと見ていた。「平和裏に分離することは不可能である。……理論や権利をうんぬんしなくとも、北部側はこう言うであろう。お前たちをつなぎ留めなくてはならぬのだ。南部を離脱させることはできないのだ。アメリカ合衆国は維持しなくてはならぬのだ、と」(46)。そして、まさに一〇年後にそれは起きたのである。彼にとって、様々な種類の反国家行動を色分けする際に主たる基準となるのは、それが成功する、あるいは成功の見込みがあることであった。「国家が対抗でき、反抗《レベル》でき、その反乱《レベリオン》が成就した場合には、革命《レヴォリューション》と呼ばれるのだ。だが、……諸事態を適切な名称で呼ぶようにしよう。分離の権利と反乱の権利とは別物なのだ」。ここで彼が、成功した「反乱」の事例として見ていたのは、「一七七六年七月四日、独立宣言によって、それまでイギリスの植民地だった地域に……国家としての実態が与えられた」アメリカ革命であった[47]。

南北戦争の初期に、リーバーは、内戦を定義することに再び取り組んでいた。戦争勃発からわずか数カ月後の一八六一年一〇月から一八六二年二月にかけて、彼は、コロンビア・カレッジの学生に対して「戦時の法・慣例」と題する連続講義を行なった。冒頭で彼が強調したのは、自分も聴衆も「われわれの人類史上、もっとも戦闘的な時代」に生きていること、より端的には、「全ヨーロッパが大規模な戦争に備えている一方で、この国は激しい内戦のただなかに」あり、「われわれは由々しき時代に生きている」ということであった。彼は、クリミア戦争や太平天国の乱といった他の紛争にも言及しており、一九世紀半ばの世界が異常なほど不安定な時代にあることを十分に認識していた。「中国や当地での反乱」によって、戦争法における内戦の意味付けがきわめて緊急性を帯びているようになったのだが、それが明白であったわけでは決してなかった。彼は、戦争を、個人同士ではなく、「政治社会」間の関係として定義したルソーといった思想家にならっていた。公式の戦闘員だけを敵と見なしうると。それゆえ彼は、「戦争」と内戦とを区別せざるをえなくなった。法典の仕事に取りかかる以前に、内戦を大胆に定義する寸前まできていたのである。「国際法においては、当然ながら、戦争が意味するのは、国民間の、ないしは独立した政府間の抗争であり、そのように諸国民は理解している。内戦が意味するのは、政治社会の一部が、もう一方の側に対して激しい敵対を続けている状態である[48]」。

リーバーは、戦争法が「真の戦争、すなわち、正当な争い《コンテンティオ・ユスタ》」（例外的にはっきりしたもの）に適用されるのと同様に、内戦に適用されるのは、合法的な政府に抵抗する人々に対して国内法が引き続き効力を持っていることが認められる場合に限られると主張した。

しかし、全ての内戦をカバーすることには次のような難点がある。一方では、叛徒や反抗者は、合法的政府によって罰せられるか、少なくとも罰するに値する戦争、交戦者、犯罪者の側にいる。他方で、大勢の反乱者（彼らがいなければ、内戦に突入することはなかった）が、合法的な処罰を邪魔し、叛徒の犯罪行為は実際にはもっと大きいかもしれないのに、恩赦の宣言を導くのである。

この点で、リーバーには、ハレックが『国際法』の中で反乱と内戦を区別しようとしていたほどの明瞭さがなかった。内戦は、「真の戦争、すなわち、正当な争い」と、暴動に対する国内の警察行動という両方の特徴を持ちうるのであり、反抗者の全てを共通の犯人であるかのように処罰できるわけではなかった。「便宜上の問題であって、法や道徳性の問題ではないのである」[49]。内戦が持つこの二重の性質——真の戦争、かつ単なる犯罪という両方の行為として——は、解決できないジレンマをリーバーに突きつけた。彼の講義ノートには、内戦に適用する説明の前置きとして、戦争法の根底にある様々な原則について熟考していた断片が入っているが、「今や、内戦等々では……」と、結論がでないままうやむやになっている。同様に、後の一八六二年にリーバーが『ゲリラ隊——戦時の法・慣例との関連からの考察』と題する先駆的な小論文を発表した際には、「われわれが関わっている内戦に適用することを考慮」してはいないと慎重に

なっていた。(50)

彼が「戦時の慣例と慣習に関する」自身の見解を初めて公にするのは、一八六二年八月にヘンリー・ハレックの依頼を受けた時であった。その依頼は、リーバーには痛ましい時期に重なった。リーバーは、将軍ハレックの要請状に対する返事の中で、ウィリアムズバーグの戦いで南部軍について戦った息子のオスカーがヴァージニア州リッチモンドで死亡した知らせを受け取ったばかりであることを打ち明けていた。すぐさま彼は、「かくも内戦は、わが家のドアをけたたましくノックしたのです」と悲痛に語っていた。(51)戦争法に関する簡単なテキストに着手したが、それはかねてから企画していたものだった――コロンビア・カレッジの講義は恐らくその準備であった――が、ハレックの要請と、家族にふりかかった悲劇によって拍車がかかったのだった。合衆国司法長官エドワード・ベイツに打ち明けているように、問題は、その先例となるものが法律学の文献にはなかったことだった。「内戦は、戦争法に関する著者たちによってほとんど扱われてこなかった。われわれの関心を引くような特異な内戦は起きていない」。むしろ「常識という先例」に依拠しなければならない、とベイツに吐露していたのである。(52)

ハレックとリーバーの往復書簡は、このような緊迫した時期にあって、常識から導かれる指針がいかに少なかったかを示している。リーバーの草稿は、内戦、反乱、暴動、侵略《インヴェイジョン》を慎重にも区別していなかったが、彼に対してハレックは、法典ではそれぞれを明確に説明するよう求めていた。南北戦争が二年目に突入する前の一八六三年二月、リーバーは、自分では完成と判断した法典の原稿を回覧した。ごくわずかの部数が印刷され、限られた者たちだけが、リーバーの原稿に注釈やコメントを付けることを許された。最後の一部がヘンリー・ハレックの手に渡ったが、そこに彼は戦争法の一覧に大きな欠落があると指摘した。「現時点でもっと有益なものにするには、国家、つまり、まぎれもない主権国家同士の戦争だけではなく、内戦も含めるべきではないか」と。[53] リーバーは、そんなことをすれば問題が生じてしまうことにすでに気付いており、それを避けるために意図的に内戦を外したのかもしれなかった。けれども、希代の明敏な法学者である彼は、ハレックのひと押しを受けて、首都ワシントンＤＣの政治首脳部に明確な定義を示そうとした。だが、言うは易し、行なうは難しであった。「内戦と「侵略」について四カ条にわたって執筆しております。本当に厄介な仕事です！」と、リーバーはハレックに宛てて一八六三年三月に書いていた。[54]

リーバーがかつてニューヨークで学生たちに示した内戦の説明──「政治社会の一部が、もう一方の側に対して激しい敵対を続けている状態」──は、特に今回のような体系化という公式の目的にはあまりにも不正確であった。最終的には、内戦とその類似のものについて記述した条文は、『リーバー法典』の中で秀逸な箇所となり、北部軍関係者にとって決定版の定義集となるのである。ではいったい、リーバーは内戦をどのように定義したのだろうか。それを彼は「暴動」、「反乱」の双方から区別していた。そうしたのには、執筆していた一八六三年春の特殊な政治状況があった。

一四九条　暴動《インサレクション》とは、武器を持った人民が、彼らの政府かその一部に対して、あるいは彼らの一つかそれ以上の法律に対して、あるいは政府の一人かそれ以上の士官に対して蜂起《ライジング》することである。それは単なる武力抵抗《アームド・レジスタンス》に限定しうるが、より大きな目的を持つこともありうる。

一五〇条　内　戦《シヴィル・ウォー》とは、国家全土の支配を求めて争う、かつ、合法的な政府であることを主張する、国家の二つ以上の部分間の戦争である。時にはこの語は、国家の反抗的な地域や部分が、首都を含む地域に近接している場合の反乱《レベリオン》にも適用される。

一五一条　反乱《レベリオン》の語は、大規模な暴　動《インサレクション》に適用される。それは、通常は、国の合法的政府と、国への忠誠を放棄し自らの政府の樹立を求める、同一国内の部分や州との間の戦争である。(55)

一八六一年以降の状況がリーバーの諸定義に影を落としていたのは明らかである。「暴動」と「反乱」の違いは、程度の差であった。後者は、忠誠の放棄と独自の政府の樹立――すなわち、アメリカ南部連合のように離脱運動と自称するもの――のような「より大きな目的」のために遂行される場合、国家間《インターステート》紛争、つまり戦争の条件に近くなったのである。(56)

リーバーは、内戦について、二つの異なる定義――伝統的なものと新奇なもの――を提示していた。一つ目――「国家全土の支配を求めて争う、国家の二つ以上の部分間の戦争」は、ローマの伝統に遡りうるものであって、私が「統治権奪取型」と呼んできたものに相当する。二つ目の見方――「時には、国家の反抗的な地域や部分が、首都を含む地域に近接している場合の反乱にも適用される」――は、法律的にも歴史的にも前例がなかった。リーバーは、当時の要請に合わせてでっち上げたのである。アメリカ南北戦争は、国の二つの部分同士の戦いであったかもしれないが、国土全体に対する支配を取り戻すことを目的とし、あるいは、全領域の合法的政府だと主張したのは北部側だけだった。南部連合諸州は、アメリカ革命を引き起こした反乱植民地との何らかの道義的連続性を公言してはいたが、北部側に残った諸州の領域に対する権利を主張することはまったくなかった。とはいっても、リーバーの解釈では、反乱と内戦の境界は崩れていた。しかるべき状況の場合――すなわち、ヴァージニア州内に位置するワシントンDCに合衆国首都が置かれていた一八六三年の北アメリカがもちろんそうだったように、「反乱諸州」が「首都」に接していた場合――には、前者（「反乱」）は、後者（「時には……（内戦にも）適用される」）と書き直すこともできたのである。

そういうわけで、リーバーの二番目の定義では、南北戦争は内戦ではまったくなく、実際には反乱だったのである。これは北部側の対応を正当化するものであった。というのも、一八六一年に（リーバーの助言と支援で）リンカーンが行なった、「反乱の場合における」人身保護令状の停止を含む「暴動を鎮圧する」ための措置を合衆国憲法は規定していたからである。これに合わせて、戦後、憲法修正第一四条（一八六八年）では、公職への不適格理由として「暴動ないしは反乱への関与」に言及するようになる。[57] さらに、これまで見てきたように、この戦争の正史では、「反乱戦争《ウォー・オヴ・レベリオン》」と名付けられた。これは、この戦争を合法的政府に対する蜂起《アプライジング》とする北部側の説明を納得させるものだった。[58] しかし、リーバーもリンカーンも、公的、私的の場を問わず、様々な言葉を使っていた。通例は「反乱《レベリオン》」と呼んだが、時たま「内戦《シヴィル・ウォー》」とも呼んでいた。これらを区別する定義を求めて苦闘する法学者（リーバー自身）を冷やかすように。

とはいっても、リーバーによる定義は、その後も永らえた。彼の法典に関する代表的歴史家が書いているように、リーバーがこれを数部ヨーロッパに送ると、一八六六年から一八九六年にかけてオランダからロシアに至るまでの大陸中で翻訳や模倣が行なわれ、「この文書は、たちまち影響を持ち始めた」。[59] イタリアが似たような法典を採用した二年後の一八九八年、アメリカ合衆国で『一般命令一〇〇号』は一字一句変えないで再版されたが、今度は内戦ではなく、フィリピンでの「暴動」という状況においてだった。[60] リーバーの法典は、二〇〇一年九月のテロリストによる攻撃の直後にアメリカ軍によって依然として研究されていたし、二〇〇七年には、一九〇一—〇二年のフィリピン群島における「対ゲリラ戦の傑作」についての研究の一部として復刻された。[61] この法典が最初に出版されて以来、アメリカ軍の実戦マニュアルは、リーバーによる内戦の定義を改定しようとはしなかった。唯一の変更といえるのは、「国際的性格を持たない武力紛争」をカバーする一九四九年のジュネーヴ諸条約の後に、標題を新しくしたことだった。[62]

その間、アメリカ史上最大の分裂をもたらした戦争〔南北戦争〕の名称をめぐって論争が続いた。この紛争の最中には、何と呼ぶかについて合意することはありえなかった。初期の段階では、南部人でさえ内戦と呼んでいたが、概して彼らは、別の名称——「戦争」、「独立のための戦争」、さらには、ずっと以前にあったジョージ・ワシントンやトマス・ジェファソンのような南部出身の白人の奴隷所有者が率いた自決のための戦争との連続性を示唆する「革命」さえも——を好むようになった。[63] 他方、北部人は、「反乱」、「分離戦争」、「内戦」と呼んでいた。他の名称——例えば、「先の戦争」や「先の不愉快な事件」など（ある熱心な収集家は、一二〇もの異なる名称を見つけ出している）——が急増するのは、公式な敵対行為が終わってからだった。「諸州 states 間の戦争」というのは、おもに戦後になっての呼び方であったが、一八九九年になって脚光を浴びた。この年、アメリカ南部連合の娘たち連盟〔南北戦争時の南部軍救護・支援活動団体を起源とし、南部軍兵士の顕彰を目的として一八九四年に設立された女性組織〕が、内戦、分離戦争や反乱戦争という呼び方全てを「諸州間の戦争」に代えるべきだとする決議を採択したのである。南部連合側の女性の一人が、「諸州間の戦争を内戦とは呼ばないでください。それを許してしまえば、多くの州が戦ったのではなく、一つの州 state の中で争った戦争だったと認めることになってしまうのです」と悲痛な訴えをしていた。[64]

アメリカ議会が公式の名称を「内戦」とすることにようやく合意するのは、メキシコ戦争と南北戦争の復員軍人への年金支給法案を議論した一九〇七年のことだった。民主党上院議員の一人が「分離戦争」だったと言い張っていた。「それは、分離の権利を確保するための戦争であったのです。……あの戦争は、反乱的な性格を持っていましたし、ある程度は内戦だったのですが、広い意味では、つまり全体としては、分離戦争だったのです」。同じく、ミシシッピ州選出の上院議員も「内戦でも、反乱戦争でもなかったのです。あれは主権国家同士の戦争だったのです」と主張した。[65] だが、これらの抗議は、「失われた大義」に共感を示す他の人々の抗議と同様に、徒労に終わった。「もはや「反乱戦争」とも、「諸州間の戦争」とも言われるのを耳にすることはなくなるだろう」と、討議の翌朝のワシントンDCの新聞は報じていた。「かつてバトラー将軍が「先の不愉快な一件」とあざけって呼んでいたものが、今後は「内戦」として知られるようになる。昨日、上院でこのように決められた[66]」。アメリカ南部連合の娘たち連盟の期待は挫かれたが、その後も彼女たちは、学校教科書の修正を求める運動や、議会に対して「諸州間の戦争」の承認を求める活動を続けた。「「内戦」は、最良の当局によって、「共通の国家」の市民、「同一国家の市民」同士の戦争と定義されている。けれども私たちは、四年間にわたって、アメリカ南部連合諸州として世界中に知られている統一体として、アメリカ合衆国政府とはまったく別個の政府を維持してきた」ことを根拠として。[67] これらの活動は、南北戦争の記憶をめぐる長い争いの中で、比較的小さな役割しかなかったし、アメリカ合衆国に住むアフリカ系アメリカ人にとってほとんど無関係なことは明らかだった。彼らにとって、南北戦争は、解放の原動力——フレデリック・ダグラスの言葉では「奴隷制度廃止の戦争」——であり、大いなる希望と、それと同じくらい大きな失望の源であり、しかも、恐らくは天からの恵みとしての、やはり大きな善であった(68)。

*

アメリカ内戦《シヴィル・ウォー》——今では、アメリカ合衆国のこの紛争〔南北戦争〕をこの名称で呼ぶことで一致しているが——の時期に、内戦という概念は、初めて権威ある法学者たちのお墨付きを得た。フランシス・リーバーを筆頭として、彼らは、この曖昧なものを定義し、適切な決定要素と経験に基づく基準を定めようとした最初の専門家であった。諸国民の法(ハレックの時代には、国際法として知られていたもの)の文脈で内戦を定義する試みに先鞭をつけたのは、ヴァッテルとハレックだった。だが、内戦をそれに類似する「暴動」や「反乱」と区別しようとしたのは、リーバーが初めてであった。もっとも、これまで見てきたように、そうすることがいかに難しいかを、彼自身ぼやいていたし、上手くいかなかったのだが。内戦の意味は拡大し続け、冷戦時代の末期には、それを抑制する動きがついにピークに達するのである。しかし、この動きは一世紀前から始まっており、その役目を果たしたのが、ワーテルローの戦いで死にかけた男だったのである。リーバーには、一八六一—六五年の戦争〔南北戦争〕での個人的かつ国民的な悲劇だけでなく、ヨーロッパでの様々な戦場の歴史が付きまとっていたのである。

短期的に見ても、長期的に見ても、アメリカ南北戦争の記憶に付きまとっていたのは、もう一つの歴史、つまり、古代ローマの歴史であった。北部、南部双方の支持者とも、当たり前のように繰り返す内戦というローマ時代の物語から解放されていたとはいえ、古代人の戦争と戦後のアナロジーにやはり遡っていたのである。小説家で詩人のハーマン・メルヴィル（一八一九―九一年）はその一人であった。彼は、一八六五年の棕櫚の聖日《パーム・サンデー》に当たる四月九日のアポマトックスでの降伏を称える詩の中で、ローマの過去の重要性を――それを否定する行為についてだったとはいえ――認めていた。

闘う鷲たちが翼をたたむ
　けだし、カエサルの支配下にあらず
われらが歌うは、ローマ軍によるローマの征服にあらず
　ファルサリア〔パルサロス〕の戦いの日のごとく
われらが歌うは、雲つく巨人に食らわせし反逆と
　大いなる自由のはたらきなり
　人類すべてが喜び見る象徴
　グラントとリーの戦いの終わりに(69)

カエサル、ポンペイウス、ルカヌスに間接的に触れたメルヴィルの短詩は、大量殺戮の時代における、古代ローマ時代の内戦観に対する墓碑銘にほとんど近いものである。
ほとんどであって、まったくというわけではない。一九一四年六月、ワシントンDC郊外のアーリントト

ン国立墓地で、アメリカ南部連合の娘たち連盟が南部軍の死者の追悼記念碑を除幕したが、それは古代ローマ時代の伝統にならっていた。台座には、アメリカ南部連合の紋章と、「アメリカ南部連合の娘たち連盟より、われらの失いし英雄へ　勝者の大義は神々の心に適《かな》い、敗者の大義はカトーの心に適った」という銘文が刻まれている。(70) これはルカヌスの『内戦』の最初の巻からとられたものだが、彼の詩句は両義的である。それが意味するのは、双方に正当な内戦はありえないが、敗者にとってさえも、幻想であっても、道義的な安らぎは依然としてありえたということである。フリードリヒ・エンゲルスは、一八六二年五月のカール・マルクス宛の書簡の中で同様のことを語っていた。彼は、南部連合は「大会戦の運命に身に任せて、勝者の大義は神のよろこび、うんぬん」と思っていたのである。(71) ペンシルヴェニアのとある墓地〔ゲティスバーグ〕で、リンカーンが「大いなる内戦」と呼んだものは、古代ローマの引喩によって、もう一つの墓地での「失われた大義」の紋章に変えられたのである。しばしばあるように、永遠平和が進展するには、様々な内戦の墓地を通らねばならなかったのだ。

第六章　内戦の世界――二〇世紀

「ヨーロッパの全ての戦争は、内戦である、とヴォルテールは述べた。二〇世紀において、この文言は世界全体に当てはまる。コミュニケーションが迅速になるにつれて、われわれの世界は急速に縮まっており、全ての戦争は内戦なのである。あらゆる戦闘は同じ市民同士、いやもっと言えば、同胞同士の戦闘である」(1)。これは、メキシコの学者で詩人にして、第二次世界大戦後には国連ユネスコの事務局長を務めた外交官でもあったハイメ・トーレス・ボデ(一九〇二―七四年)の言葉である。彼がこう語ったのは、国連やその他関連の機関が創設された直後の一九四九年のことで、それに先立つ一九四七―四八年には、インドの独立と分割、イスラエル国の創設、第一次中東戦争、世界人権宣言の発布といったきわめて重大な出来事――彼の同時代人だった亡命ドイツ人政治学者シグマンド・ノイマン(一九〇四―六二年)が枢要な時期と呼んでいた――に加えて、中国では内戦が起き、中東や東南アジアでは反植民地主義的ナショナリズム――どちらも「革命の時代」であるし、「国際的な内戦」でもある――が伸長していた(2)。

一九四九年一〇月二四日、パリでの国連デーの式典でトーレス・ボデが行なった演説のタイトルも内容も「なぜわれわれは戦うのか」であった。それは、四年前に終結した世界規模の軍事衝突〔第二次世界大戦〕ではなく、別の争い――平和のための戦い――という意味であった。この時のトーレス・ボデの内戦に関する考えは、自身の研究よりも健全であった。ヴォルテールが、ヨーロッパは「諸国からなる厖大な一国家の観を呈しており」、どの国も「ヨーロッパ以外にはなじみのない、同じ公法と政治の原理を有している」と述べたのは有名だが、ヨーロッパ社会に対するこの見方をヨーロッパの外にまで広げ、そこでの戦争を「内」戦と見なすことはなかった。[3] むしろ、そこまで一気に視野を広げたのは、ヴォルテールの先輩格で彼よりも荘厳なフランス・カトリック大司教で政治を論じていたフランソワ・サリニャック・ド・ラ・モット・フェヌロン（一六五一―一七一五年）であった。若き君主への助言として絶大な人気を博した著作『死者たちの対話』（一七一二年）の中で、フェヌロンは、ソクラテスを登場させ、共通の人間愛というコスモポリタンな原則に基づいた平和主義的な主張を雄弁に語らせている。

全ての戦争は、正確には内戦なのだ。それはどれも人間が血を流しあい、はらわたをえぐるものである。戦争が遠くに広がれば広がるほど、破滅的となる。それゆえ、ある人々が他の人々と争うことは、個人の家系が国家と戦うよりも悪いのだ。だからこそ、極度の窮地に追い込まれない限り、戦いを起こしてはならないし、その場合でも敵を追い払うだけにすべきなのだ。[4]

そのような戦争全てが、正当な内戦であるわけではない。ルカヌスだったら、それは、人間の数々の大きな集団を引き込むがゆえに、内戦にもましておぞましい戦いと言ったかもしれない。[5] 普遍的人間愛のコスモポリタンな理想へと世界が近づけば近づくほど、国際的でグローバルな戦争までもがより身近になるというのは、内戦に関する思想史上の数ある逆説の一つであった。コスモポリタンな共感や交流が増大し、世界が小さくなりつつあるその意図せざる結果として、もっと激しい苦痛と不安定な平和がもたらされたといえる。[6] ヨーロッパの文化的統一を信ずるフェヌロンのような開明的な思想家たちは、ヨーロッパ人同士の戦争のどれもが内戦になるのを懸念していた。それが、互いに仲間の市民として認めている者からなる共同体の領域の中で行なわれたからである。後にイマニュエル・カントが『永遠平和のために』の中で示したコスモポリタンな権利に対する概念によれば、相互に承認する範囲そのものが世界規模になったのである。というのは、「いまや地球のさまざまな民族のうちに共同体があまねく広がったために(広いものも狭いものもあるが)、地球の一つの場所で権利の侵害が起こると、それはすべての場所で感じられるようになった」からであった。[7]

やや皮肉なことなのだが、一世紀以上にもわたってヨーロッパをほぼ常時戦争状態にした「第二次百年戦争」(一六八八―一八一五年)というヨーロッパの内戦によって、大陸でも帝国の辺境でも、他の世界との文明的な差異に加えて、ある程度の文化的な統一の兆しが見られるようになった。ジャン゠ジャック・ルソーは、自身の『永久平和論』(一七六一年)の中で、ヨーロッパ列強間の戦争について、「おたがいの連関が緊密であるだけに、……そのたびたびの葛藤は内戦のもたらす残虐さに近い」と判断を下していた。[8] 四〇年後の一八〇二年、ナポレオンは、英仏間のアミアンの和約をめぐるイギリスの大臣チャールズ・ジェームズ・フォックスとの交渉の際に、「トルコを除いて、ヨーロッパは世界の一つの地域にしかすぎない。われわれは内戦を戦っているにすぎないのだ」と述べたとされる。[9] さらに一八六六年には、フランスの歴史家アンリ・マルタンが、ヨーロッパのこれらの内戦には終わりが見えないとしていた。彼は、ロシアも同じ文明に属していると見ているため、この中に最近のクリミア戦争(一八五三―五六年)も含めていた。[10] 二〇世紀の両次世界大戦間期になると、ヨーロッパの全ての戦争は内戦であるという言説は、再び人気を博すようになった。それはたいていはナポレオンに起因していた。一八〇二年に彼が発した右の名言を恐らく想起させたのである。(11)

二〇世紀後半には、内戦のグローバル化が実際に起こった。だがそれは、トーレス・ボデや、彼の先輩格の啓蒙思想家たちが想定していた形ではなかった。新しい内戦の世界は、三つの互いに重なり合う特徴を伴って姿を現した。第一に、内戦(今日では「国際的性質を有しない国家間紛争」という専門的な名称に変更されている)は、第二次世界大戦直後に、国際的諸機関の司法制度、特に国際人道法の管轄下にしだいに置かれるようになり、脱植民地化の時代、次いで一九九〇年代の国内紛争において、引き続き変容した。第二に――第一の特徴に密接に関連するが――、内戦が遍在傾向を示し始め、世界の大半の地域(特にアフリカとアジアだが、それとは違う形で平和を回復した一九九〇年代のヨーロッパにも)に広がり、さらには、国家間の戦争に代わる、世界でもっとも一般的で広範かつ大規模な組織的暴力となりつつある。そして第三に、内戦が起きていると想定される共同体――国家、市民《キウィタテス》、あるいは人間共通の領域――が、ますます拡大しより包括的になり、今世紀には、「ヨーロッパの内戦」という見方が「グローバルな内戦」という異なる概念に取って代わられている。

それと同時に、第一次世界大戦から冷戦へ、さらには二一世紀初頭の「グローバルな対テロ戦争」へという現代の大規模な国家横断的紛争は、政治や法律の分野での議論ではしばしば内戦と見なされてきた。だが、以下に見るように、一九六〇年代と一九七〇年代には社会科学者や哲学者たちは、内戦に的を絞って関心を持ち始め、分析、思索、定義付けの対象とした。これら全ての議論が辿った軌跡は、今日の内戦に関する考え方に根強く残っているし、将来においても消えることはないだろう。

＊

一九四九年一〇月にトーレス・ボデが演説を行なう少し前の同年八月、戦争の影響が拡大しつつある状況の改善を明確な目標として開かれた人道会議がジュネーヴでの協議を締めくくっていた。外交会議として知られるこの会議には、戦時の民間人の地位に特に注意を払うことで、一九〇七年の第四次ハーグ条約〔ハーグ陸戦条約〕と一九二九年のジュネーヴ条約を改定するため、世界中から代表が集められた。会議に集った代表の多くが緊急の課題と考えたのは、通常の国際的戦争での戦闘員として認められた者に保証された保護を、「国際的性質を有しない紛争の犠牲者」にまで拡大するにはどうすればよいかということだった。拡大すべき、あるいは、拡大するのが望ましいとしたのは、代表全員ではなかった。なかには――イギリスの代表を含む――国内の議論に国際法が踏み込むのは、国家主権への侵害に当たると考える者もいた（実際、まさにこれが理由で、一八六四年の最初のジュネーヴ条約では内戦まで広げなかったことを想起されたい）。しかし、「内戦は国際的戦争よりも残酷」であるから、「国家の諸権利を、あらゆる人道的な配慮よりも上位に位置づけるべきではない」と主張する者もいて、それが受け入れられた。この協議の成果が、ジュネーヴ諸条約（一九四九年）の共通第三条（第一条約（傷病者保護条約）、第二条約（海上傷病者保護条約）、第三条約（捕虜待遇条約）、第四条約（文民保護条約）に共通する第三条を指す。なお、第一条、第二条も、上記四条約間で共通している）で、ようやく「国際的性質を有しない武力紛争（後に「非国際的武力紛争」と簡潔になり、さらに「NIAC」と短縮された）とはっきりした名称が付けられたものに適用されるようになった。[12]

共通第三条に至る一九四九年の議論は、一九四八年にストックホルムで国際赤十字委員会が示した提案に基づいていた。この提案とは、現行のジュネーヴ諸条約を、「国際的性質を有しない武力紛争、特に、内戦、植民地紛争、あるいは宗教戦争の場合」における敵対者の双方に対しても適用を義務付けるべきとするものだった。議論を重ねた結果、一九四九年のジュネーヴで示された改正草案では、最後の資格条項が削除され、「国際的性質を有しない武力紛争」とだけ明記された。当初は反対があったにもかかわらず、以後これは、国際法学者や国際諸機関の間では定式として優先されるようになった。当初の反対というのは、それが一つの国家の領域内での暴力行為をあまりにも広範囲にカバーできてしまうというものであった。つまり、正当な「内」戦だけではなく、自由のために戦う合法的な戦闘員であれ、略奪者であれ、あるいは普通の犯罪者であれ、国家にとって敵である者には誰にでも——戦争と認識される行動よりも暴動やクーデターに関与する事実上誰にでも。こうした人々は、その行動が国内法の下では非合法であっても、ジュネーヴ諸条約の保護を受けるに値したのだろうか。[13] ほとんどの内戦は、「国際的性質を有しない」戦争であった。だが、「国際的性質を有しない」戦争の中で内戦が占める割合は、わずかであった。この二つの重なり合うカテゴリーの間でどのように線引きするかは、今日まで論争や混乱の原因であり続けている。[14]

最終的には採択されたジュネーヴ諸条約共通第三条の対象は最小限に抑えられていた。それは以下のことを規定していた。民間人や（例えば、負傷や病気によって）もはや戦闘員ではなくなった軍隊の構成員は、「全ての場合において、人道的に待遇しなければならない」こと、「負傷者や病人は、引き取って介護すべきである」こと、赤十字社は、紛争に関わったいかなる者も援助できること、そして、紛争の当事者双方は、ジュネーヴ諸条約の残りの規定をできるだけ多く適用するよう努めるべきこと。[15] この条項は、かなり許容範囲のある解釈を認めていた。それはまさしく、何が「国際的性質を有しない武力紛争」に入るのかを明確に定義しようとはせず、したがって「包摂の過不足が起こる危険」を避けていたからであった。その結果、例えば、国内の警察行動(あるいは、それを挑発する国家主権への脅威も)を広く取り込むほど包括的ではなかったし、多くの紛争が規定や改定の対象から締め出されるほど限定的でもなかった。その一方で、この条項は、反乱の範疇を超えて内戦に相当する紛争かどうか、したがって、反乱軍に対する自分たち国家の行動がジュネーヴ諸条約の共通第三条やその他の条項に従うべきなのかを決める自由裁量を、国家に対して多分に認めていた。こうした許容範囲があることは、自決を要求しかねない海外植民地を有する諸国家にとって貴重であった。ポルトガルにとってもそうだった。一九四九年、ポルトガルは、「同国の統治下にある世界中の全ての領域において、共通第三条の諸条項がポルトガルの法律の規定に反する限り、それらを適用できない権利を保持した」のであった[16]。

共通第三条は一九四九年に起草、承認されたのだが、これは、スペイン内戦(一九三六―三九年)といった近時の紛争の最中に、現行のジュネーヴ諸条約の不十分さが懸念されたことへの対応という側面が強かった。第二次世界大戦後の数十年間に「非国際的」な紛争が頻発したために、ジュネーヴ諸条約を厳密に適用することが求められた。冷戦の代理戦争や求心力を失った帝国の崩壊が進む中、国内紛争への介入が普通に行なわれるようになり、当時のヨーロッパで生まれつつあった長い平和の輝きを曇らせていた。こうした窮状から、一九七四年から一九七七年にかけて、ジュネーヴ諸条約の更新、改定の計画が生まれた。この状況下で、万国国際法学会――世界の国際法学者が集う主導的な専門家組織――が、一九七五年にドイツの都市ヴィースバーデンに集まり、『内戦に対する非介入の原則』と題する文書を起草した。このヴイースバーデン議定書（条約案）は、「内戦という現象とそれがもたらす被害の甚大さ」を指摘し、こうした紛争では、一方の側が外部の関与を求めると、もう一方の側も同様のことをするようになり、国際紛争へとエスカレートしやすい、と懸念を表明していた。外部の当事者には、「内戦の成り行きにいかなる重大な影響も及ぼす可能性のない」人道的、技術的、経済的な援助の提供を除いて、介入しないよう求めていた。万国国際法学会は、非介入の条件を設定する際、「内戦」を簡潔に定義しようとした。それは、「国家の領域内で勃発する国際的性質を有しない武力紛争」で、政権の奪取か脱退を求める騒擾《インサージェンシー》が、既存の体制に敵対する場合か、無政府状況下で二つないし三つの集団が国家の支配を求めて争う場合のいずれかであるとしていた。きわめて重要なのは、ヴィースバーデン議定書もまた、内戦ではないものを明記することで制限を設けていたことである。「地域的混乱や暴動」、「国際的境界線で分断された政治体間の武力紛争」、さらに「脱植民地化によって起きる紛争」は全て範囲外であると。[17]

　これらの議論の結果が、さらなる一連の議定書であり、その二つ目――第二追加議定書（一九七七年）――は、国際的性質を有しない紛争に適用された。ヴィースバーデンで設けられた制限は引き続き適用されていた。というのは、第二追加議定書では、暴動や脱植民地化戦争を対象から除外していたからである。その代わり、これらについては第一追加議定書がカバーしていた。同議定書は、反帝国の戦いに対して国際人道法が初めて直接的な関心を示したものであった。第二追加議定書は、内戦に関連する保護や禁止を拡大したもので、今日でも内戦に関する人道法の主要な構成要素になっている。[18] これらの保護が適用されるかは、「国際的性質を有しない」紛争が進行中かどうかの判断にかかっている。その紛争が「国際的」――つまり、独立した主権を有する二つの共同体間で行なわれている――と見なされれば、ジュネーヴ諸条約が完全に適用されるのである。それが「国際的ではない」のであれば、共通第三条と第二追加議定書が適用されることになる。[19] だが、このどちらでもない類いの紛争——恐らくそれが暴動か騒擾であるために——と見なされた場合は、国内法の範囲に留まり、したがって、警察の行動の対象となる。これらの事例では、紛争が「国際的性質を有しない」かどうか、分かりやすく言えば、それが「内」戦であるかどうかで大きく違ってくるのである。

内戦かそうでないかの法的境界は、緩やかであり、変動を続けてきた。[20] 万国国際法会議が次に出した非国際的紛争に関する主要決議（一九九九年）は、バルカン戦争の経験を反映していた。「非国家体が当事者である武力紛争が増加し、特に民族、宗教、人種が原因でますます引き起こされるようになり」、とりわけ民間人に破滅的結果をもたらしていることに「鑑みて」、万国国際法学会は、国際人道法を「政府の軍隊と一つないし複数の非国家体の軍隊の、あるいは複数の非国家体同士の国内武力紛争」に適用すべきだと勧告した。[21] 今回のこの転換は、一九九〇年代を通して、国際人道法を国内の紛争に適用しようとしていた旧ユーゴスラヴィア国際刑事裁判所（ＩＣＴＹ）の判決を反映していた。

一九九六年、ＩＣＴＹは、ボスニア紛争は、旧ユーゴスラヴィア連邦共和国がセルビア人に対する支援を撤回した一九九二年の時点で、国際的戦争から内戦に変容したとの裁定を下した。この変容はきわめて重要な意味を持っていた。というのは、法廷での被告であるボスニア紛争犯罪者のドゥシコ・タディチが、この法廷の設置を決めた法律は国際的武力紛争のみに適用されるのだから、法廷には自分の行為を裁く権利はないと主張したからである。一九九六年に法廷が下した裁定は、後に上告を受けて覆ったのだが、このことは、紛争を内戦と定義するかどうか——この場合、タディチがジュネーヴ諸条約の違反を免れうるのかどうか――で、いかに違ってくるかを示していた。[22]　ＩＣＴＹの控訴院は、タディチ訴訟の判決で問題の所在を非常に明確に説明した。

不必要な被害をもたらす武器を禁止することはもとより、民間人を好戦的な暴力から守り、レイプ、拷問、あるいは、病院、教会、博物館や私有財産に対する残酷な破壊を禁止するのは何のためなのか。二つの主権国家が戦争しており、その一方の主権国家の領域内で「のみ」武力による暴力が勃発し、双方が上記にあげた禁止・保護措置をとれないでいる場合に。[23]

こうした問いに対して、過去約一〇年間に創設された国際的諸機関は、赤十字社のような早い時期からの諸成果を土台にして説得力をもって答えようと、通常戦争でますます当たり前になっている抑制措置を内戦に適用しようとした。[24]　例えば、イギリス国防省の軍事関係者用の戦争法に関する手引書の二〇〇四年改訂版では、内戦を想定上の戦争として扱うようになった。[25]　アメリカ軍による画期的な二〇〇七年版の『騒擾に対する実戦マニュアル』は、イランやアフガニスタンでの事態をかなり念頭において書かれたものだが、ここでもジュネーヴ諸条約の関連規定を適用する必要性を考慮しており、「騒擾は二国間での法律上の戦争状態と同時に起こりうるが、それは、一般的には、単一国家内での紛争である」と認めていた。[26]

だが、内戦を文明《シヴィリティ》の範疇に入れようとする近年の試みは、絶望的なほどきわめて不完全なままである。ＩＣＴＹが指摘したように、戦争法を市民の戦争に「完全かつ機械的に移植すること」はなかったし、そうした紛争の全ての当事者が国際人道法に縛られることに同意しない限り、それはありえなかった。そうであるにもかかわらず、ICTYは、望ましい「移植」を実施するための重要な原則を示したのだった。「国際的戦争において非人道的、したがって禁止されなければならないものは、市民の紛争においても非人道的であって容認することはできない」[27]。この原則が法的に機能するようになれば、世界は内戦の「文明化《シヴィリゼーション》」にぐんと近づくかもしれなかった。

とはいっても、ことはそう簡単なものでは決してない。二〇一一―一二年のシリアの例をとってみよう。一般のシリア人は、二〇一一年から二〇一二年前半にかけてのバッシャール・アル＝アサド政権に対する闘争を内戦だと理解していた。だが、シリア以外の利害関係者たちは、事態をもっと複雑に見ていた。二〇一一年一二月、アメリカ国務省副報道官マーク・トナーは、シリアは内戦状態にあるとしたある国連職員の意見に賛成かどうかと尋ねられ、反対だと言明した。「シリアでは暴力が停止する必要があると、われわれは考えている。しかも、その対象には反対分子らも含まれる」と彼は語った。「だが、「内戦」という言葉を使ったときに連想するような方法で、両者を同等に扱うのは無理であると私には思われる」[28]。アサド政権から見れば、それは当然、反乱にすぎなかった。反対勢力側は、抵抗運動《レジスタンス》を行なっていると言っていた。その間、ロシアやアメリカのような大国は、内戦だと表明することでそれぞれの首脳に降りかかる危険性を認識しつつ、介入か非介入かをめぐって論争していた[29]。

二〇一二年七月――紛争勃発から一年以上が経過し、およそ一万七〇〇〇人の死者が出ていた――になって、国際赤十字委員会が、シリアで起きている事態は「国際的性質を有しない武力紛争」だと認めた[30]。この決定を唯一の根拠にして、ジュネーヴ諸条約の関連規定が当事者に適用できるようになったのである[31]。この紛争を内戦と呼ぶのを躊躇することが、二一世紀における国際的諸機関では当たり前になっている。

というのも、今や、この言葉を使う、使わないかが、非常に多くのこと――政治的にも、軍事的にも、法律的にも、倫理的にも――を左右するからである。したがって、内戦の行為を人道的にする――その行為に対して人道的な制約をかけ、悲惨な犠牲者を出すことを最小限に留める――ために作られた一連の法的議定書は、国際的な〔国内問題とは見なされない〕当事者の活動を抑えることにしか役立っていないと言える。この矛盾がどのようにして起きたかを知るには、社会科学での内戦に対する扱いについて、一九六〇年代からの簡単な系譜を振り返る必要がある。

＊

「社会科学が思想史になっている今日、ほとんど必然的に問われるべきは、ある一つの問いであろう。これまでかくも多くのテーマについて、かくも多くの研究を行なってきた社会科学が、暴力的な政治秩序――国内での紛争――についてかくもわずかな研究しかしてこなかったのはどうしてなのか」[32]。ここにあるのは、歴史家が、過去の誰かが史料から直に語りかけてくれるのを聴ける稀有な瞬間の一つである。当時の関係者が一九六三年に語っている姿や、自分の分野を思想史家が見出してくれるのをすでに待ちわびている姿を想像することは、少しそわそわさせるものだが、プリンストン大学教授ハリー・エクスタイン〔一九二四―九九年〕によるこの問いは、洞察力に富んでいたし、今なおそうである。

エクスタインが気付いていたように、長い間、学界では、内戦はまったく研究するに値しないという見方で一致していた。その結果、内戦は、あらゆる学問分野で明らかに意義を持たないシンデレラのような〔埋もれた〕テーマであった。だが、一九六〇年代以降、最初は冷戦、続いて脱植民地化戦争に触発されたアメリカの社会科学者たちが、ほとんどの場合、ランド研究所〔一九四八年に軍事戦略研究を目的として設立されたアメリカ合衆国のシンクタンク。現在は公共政策研究全般を扱う〕や同種の軍学複合体機関の支援を受けて、「国内紛争《インターナル・ウォーフェア》」と広く呼ばれるもの――ゲリラ戦や騒擾から内戦、クーデター、革命までの一切を含むカテゴリー――の考察にますます没頭するようになった(33)。エクスタインがプリンストン大学で進めた国内紛争に関する研究グループ――政治学者、社会学者、それに、少数だが歴史家も入っていた――が努力したにもかかわらず、彼の呼びかけは、自身が望むほどには、すぐに注目されることはなかったし、真剣に受けとめられることもなかった。進展はゆっくりだった。一九七〇年、体系的な分析を初めて行なった一人は、「国内紛争の概念をめぐる重要な問題は、いまだに前理論的な段階にある」と嘆いていた。「国内紛争に関する満足のいく諸理論は、まとめられてもいないし、評価されてもいない(34)」。

内戦の意味をめぐって混乱が続いていたことが公けの場で明らかとなったのは、一九六八年の春、ヴェトナム戦争中にアメリカ上院外交委員会が開いた「革命の本質」と題する注目すべき一連の聴聞会の時であった。議長を務めたのは、J・ウィリアム・フルブライト上院議員で、高名な学者が参考人として呼ばれた。その中には、ハーヴァード大学の著名な革命史家クレイン・ブリントン（一八九八―一九六八年）や、若年の同僚で政治学者にして自由主義の研究者であるルイス・ハーツ（一九一九―一九八六年）がいた。聴聞会の最終日に、プリンストン大学の若き政治学者ジョン・T・マカリスターが、アメリカ合衆国は「純粋に国内問題である内戦を戦っている」のではなく、むしろ、「ヴェトナム人民の全てが関わっている革命戦争」に巻き込まれたのだと指摘して、この紛争が扱いにくいことを説こうとした。すぐさまフルブライト上院議員は、革命戦争と内戦には違いがあるのか尋ねた。マカリスターは、あると主張した。「内戦は、われわれの場合も含めて、戦っている側に離脱の目標があります。これに対して、革命戦争では……、目標は、まずもって統一なのです。……〔しかも〕関係する政治体制の基盤全てを再建するという非常に明確な政治目標があるのです」と。この後、この南部出身者の二人――アーカンソー州のフルブライトとサウスカロライナ州のマカリスター――の間で奇妙なやりとりがなされた。

議長「では、その定義によりますと、わがアメリカの諸州間の戦争〔南北戦争〕は、内戦ですか、それとも、革命戦争ですか」
マカリスター博士「内戦だと申せましょう」
議長「彼らは離脱を求めていたのですね」
マカリスター博士「そうです。われわれは離脱を求めていたのです」
議長「われわれは離脱を求めていたのですね」
（笑い声）
「だけど、負けてしまったと」
マカリスター博士「その通りです」
議長「で、その後は、誰が統治するのかという革命戦争になったのですね」
マカリスター博士「その通りです」
議長「その通りなのですね」
マカリスター博士「その通りです」

議長「分かりました(35)」

公民権運動の時代にあって、こうした南部人のユーモアはぎこちなく映ったかもしれない。だが、それは内戦と革命の定義をめぐって、政治学者の間でも混乱が続いていたことを明らかにするものだった。ハーヴァード大学の卓越した政治思想家でさえも、当惑していた。やはりヴェトナム戦争中の一九六九年の春、ジョン・ロールズ（一九二一―二〇〇二年）は、「道義的問題――諸国民と戦争」と題する学部生向けの講義を行なった(36)。その二年後、『正義論』を公刊するのだが、この著作は、全般的には二〇世紀後半における英米の政治哲学の復活を評価していた。それは、よく知られるように、国際正義の問題に対してはほとんど言及していなかった。けれども、ハーヴァード大学の講義では、ロールズは、同大学を含むアメリカのキャンパス中で渦巻いていた、戦争倫理、徴兵、市民的不服従についての問題に真正面から向き合っていた。正戦《ジャスト・ウォー》――正当なる開戦《ユス・アド・ベッルム》と正当なる交戦《ユス・イン・ベッロ》の両方――をめぐる議論が重要な位置を占めている観があった。ロールズは、それぞれの場合にもっともうまく適応できる原則を定義するために、様々なタイプの戦争を区別した。彼の講義ノートには当初のタイプ分けが載っているが、そこでは九種類が示されていた。

一　実効性を持つ現行の国家間の戦争（第一次および第二次世界大戦）
二　実効性を持つ国家あるいは社会内部での（社会正義の）内戦（フランス革命）
三　地域内部での少数派の分離戦争――アメリカ南北戦争

四　（帝国からの）離脱の植民地戦争――アルジェリア戦争、アメリカ独立戦争？
五　介入戦争（人道的介入）
六　国民統一の戦争（バラ戦争、テューダー家）
七　征服戦争、帝国戦争（古代ローマの諸戦争）
八　改革運動――聖俗の
九　（現代的な意味での）国民解放戦争、ゲリラ戦争(37)

ロールズの分類は、適用の仕方と同じくらい意味深い。内戦は国家間の戦争と分離戦争の双方から区別され、さらに分離戦争は、国内での分離と帝国からの離脱に分けられたのである。暗に意味していたのは、内戦は、もしその目的がロールズが「社会正義」と呼んだもの――すなわち、一七八九年以降のフランスのような、実効性を持つ国家や社会の全ての住民の福祉に向けた包括的な内部改革――である場合にのみ、正戦と見なしうるということだった。分離戦争は、それが抑圧された住民の救済――例えば、既存の国家の中にいるマイノリティや、帝国内の植民地化された人々の救済――を目的としていることを根拠に、正当《ジャスト》だと判断されたのかもしれなかった。当時の国際法学者や政治学者と同じく、彼は、内戦を「国民解放戦争」やゲリラ戦争と区別していたのである。(38)

ロールズの区別は明瞭だったが、それに比べて彼が挙げた例は不明瞭だった。当初は、アメリカ独立戦争がどのような類いの分離戦争だったのかについて確固とした考えを持ってはいなかった。講義の核心部分では、「少数派による分離戦争」の中に、アメリカ南北戦争とアメリカ革命の両方を含めていた。このことは、ロールズ——彼は南北戦争は社会正義の戦争には入らないとはっきりした立場をとっていた——が、大規模な紛争である両者を同等に扱っていたことを示すものではなかった。恐らくそれは、彼がアメリカ〔革命時の〕愛国派をアルジェリアの植民農業者《コロン》と同一視したくなかったことを示すものであった。アメリカ革命では、帝国から逃れようとしたのはヨーロッパ系入植民であり、先住民や奴隷といった人々ではなかった。さらに、社会正義の内戦の例として彼が引き合いに出していたのは、フランス革命ではなく、スペイン内戦であった。

連続講義の後半では、開戦の正当性《ユス・アド・ベッルム》についてもっと詳しく扱っていたが、その際ロールズは、内戦への介入を正当と認められるかどうかという問いについて、ジョン・ステュアート・ミルの『不干渉論』やヴェトナム戦争を参照基準として手短に検討していた。ロールズは、ミルの主張にはきわめて否定的で、それを「厄介な」欠陥と呼び、「ヴェトナムに対するわれわれの介入を正当化することにはならない」と述べていた。その理由は、一九世紀にイギリスが介入したことに関してミルが並べたてた主張のどれもがアメリカのヴェトナム政策には適用できないからであった。「われわれは、長引く内戦に中立的な立場で介入してはこなかった。外国による独裁を追い払おうとする人々を助けるための介入もしてこなかった」。実際、このような事例への介入ができるのは、「国際的な支援の下で、その介入が不偏不党であり、……人道という明確な理由のために行なわれる」場合に限られると、ロールズは結んでいた[39]。

この講義でロールズは、内戦は、人道的介入の限界を明らかにしたり、国民解放や革命の様々な事例の違いをはっきりさせたりするのに、少なくとも一時的には役に立つという立場をとっていた。数年後、フランスの思想家で歴史家であるミシェル・フーコー（一九二六—八四年）は、内戦を、権力の「物理学」と自身が呼び始めたばかりだったものを定義する手立てとしてはるかに有用だと見ていた。フーコーは、パリにある高名なコレージュ・ド・フランスの教授在任中、自身が行なった研究について連続公開講義を毎年しなければならなかった。一九七三年の講義題目は「処罰社会」で、それは近代の権力体制に対する自身の概念の中心となるものであった。一九六〇年代から一九七〇年代の大西洋の両岸〔英米〕の多くの同時代人と同様、フーコーは、内戦を「哲学的にも政治的にも歴史的にも、適切に考えられてきたとはとてもいえない概念」と見ていた。その大きな理由は、分析者の大半が、フーコーが「偶然の出来事、異常事態、……理論的にも実践的にも奇形の存在」と呼んだものとして内戦を捉えていたからであった(40)。理論を器用に使いこなし、歴史を大胆に読み解くことで異彩を放っていたフーコーは、内戦は権力の理解にとって決して周辺的でも無関係でもないと説き、それを分析の端から中心へと移すべきだと提案した。内戦は、実際には、全ての権力闘争の源だと、フーコーなら説いたであろう(41)。

フーコーが一九七三年の講義で行なった内戦に関する見事な説明は、一般的な歴史的説明を一八〇度転換させたもので、きわめて啓発的であった。第一に、フーコーは、ホッブズが『リヴァイアサン』で述べた万人の万人に対する戦いを内戦と同一視することはできないことを示したのである。実際、フーコーは、内戦はホッブズ的な自然状態とは正反対だと主張した。第二に、内戦は権力の解体や崩壊を表しているがゆえに権力の対立物だとする仮定に対して異を唱え、内戦は、実質的には権力のまさに権化だと説いた。政治とは、他の手段を使った「市民／文明的な《シヴィル》」戦争であった。さらに第三として、彼は、近世の宗教や王位継承の諸戦争から、近代のもっと安定した世界へと移行したヨーロッパでも、内戦は実際には徐々になくなることはなかったと主張した。内戦の時代から革命の時代へという進展はなかった。むしろ、内戦は、「規律社会」とフーコーが呼んだことで知られるもの――そこでは、権力構造によって人間が絶えず形作られている――の根底にある特徴として存続してきたのである。

ホッブズやその信奉者たちが内戦を万人の万人に対する戦いと一緒にしていることを批判したフーコーは、それにもかかわらず、両者は、性質（前者は集団的、後者は個人的だが）、動機、あるいは、決定的に重要なのだが、主権との関係においてこれ以上別々にすることはできないと主張した。万人の万人に対する戦いとは、ホッブズの政治理論での主権を有する政体に先立つ、しかも実際にはそれをもたらす前提であった。これに対して内戦とは、主権の崩壊、主権自体の解体を特徴付けていた(42)。内戦は、権力の奪取や変革に向けられており、それゆえ「権力の舞台で繰り広げられた」。内戦は権力につきまとうのである。日々の権力の行使が内戦と思えるようになるほどに。この意味においてフーコーは、クラウゼヴィッツの有名な――戦術の指揮官は決して賛同しないだろう――金言をもじって、「政治は、内戦の延長である」と結論づけていた(43)。

ロールズやフーコーが内戦の理論について腐心していたのに対して、社会科学者たち、それも特にアメリカ合衆国の社会科学者たちは、実際的な定義を示そうと、数十年かけることになる試みにすでに着手していた。この新たな研究の中核となったのは、「戦争相関プロジェクト」で、当時はミシガン大学を拠点としていた。これは、経験主義的な社会科学者によるもっとも体系的な試みであり、一八一六年以降の戦争に関するデータを収集・分析することで、世界中の紛争の事例の評価を目指していた。当初は、大半の研究が国家間戦争に焦点を当てており、紛争に関する初期の研究計画として、アメリカ人社会科学者クインシー・ライトの『戦争の研究』（一九四二年）や、イギリス人の鬼才で気象学者のルイス・フライ・リチャードソンの『致命的不和の統計学』(一九六〇年)が出された。[44] だが、いつまでも国内の紛争を国際的戦争と切り離して考え続けることはできなかった。というのも、「戦争相関プロジェクト」の指導者たちは、「内戦、騒擾、外国の介入は、現在のニュース紙面を大きく飾るようになっており、今や国際社会において、従来の国内の紛争と同じくらい重要な役割を演じている」と認めるようになったからである。[45]

「戦争相関プロジェクト」が対象を広げ国内の紛争を含めるようになると、研究チームは、これまで収集してきた一八一五年のウィーン体制に遡る紛争の大量のデータを分類できる内戦の判断基準――他の形態の紛争と区別できる基準――を設けなければならなくなった。彼らは、質的な定義よりも量的な定義を見つけようとした。彼らの言葉によると、それは「主観的なバイアスを最小限にするため」であり、さらには、もっとはっきり述べているのだが、定義が対立したり矛盾したりするという、彼らが概念的難題と判断したものから抜け出す手段として、「データ群の作成を容易にするため」であった。したがって、「戦争相関プロジェクト」で考案された内戦の定義は、数値的な区別、境界となる条件、経験的ないくつかの判断基準と並んで、多くの難題も抱えることになった。

持続する軍事的戦闘で、主として国内で戦われ、年間少なくとも一〇〇〇人が戦闘で死亡するもの。中央の政府軍が反乱軍に対抗し、反乱軍には、自軍の犠牲者の少なくとも五%に当たる犠牲者を政府軍にも出させる……能力があるもの。[46]

この「ごまかしにも似た簡単な」定義は、時代を越えて起きた世界中の内戦の事例を分析するのに必要な大量のデータ群を政治学者らが作成するために考案された(47)。それは、分析を曖昧にしてしまうような多くの紛争を除外してもいた。というのは、それらはこの強引な定義には当てはまらなかったからである。

この定義の核心は、経験主義であり、実験主義〔具体的な実態に基づいて判断する立場〕ではなかった。戦闘員と犠牲者たちにして見れば、自分たちは内戦状態にあると思い込んでいたかもしれないが、社会科学者たちは、少なくとも比較分析を行なうためには、死者が一〇〇〇人に達するか、反政府軍が少なくとも五〇人を殺害するまでは、それは内戦には当たらないと彼らに言うことができたのである。ある内戦を暴動やクーデターのような他の形態の国内の暴力と区別するには、それが武装化されている必要があった。外部の諸国や軍隊が介入するような国際化した内戦も包含しなければならなかったので、内戦は「主として国内で戦われ」るものに限られた。戦死者が年間一〇〇〇人になると「完全な」内戦だと定義された。それには、二つの（できれば二つだけの）陣営――その一方の側が現行の政府である――がいなければならなかった。大量虐殺やジェノサイドなどと区別するために、両陣営とも武装化していなければならなかった。

この定義で区別するには多くの難点があった(48)。もちろん、最大の難点は、相当な数の紛争がそれに含まれないことにあった。「主として国内で戦われ」――つまり、国際社会によって認知された主権国家の内部で戦われる――という条件を考えてみよう。当時の法的議定書がそうだったように、きわめて慎重に、国民解放の脱植民地化戦争を除外するため、中核〔植民地本国〕の「内部」であると明記されていた。法的議定書と同様に、この規定は、アルジェリア戦争を、あるいは、もっと時代を遡れば、アメリカ革命のような紛争を、内戦から除外することを意味したのである(49)。二つ目の問題は、中核を強調することが、国家だけではなく、領域で主権を区切った「ウェストファリア」型の国民国家の存在も意味したことである。

これらの条件に従えば、およそ一九世紀初頭以前には——例えば、古代のギリシアとローマはいうまでもなく——内戦と呼ぶにふさわしいものは事実上ありえなくなった。というのも、国際関係学者たちが特定できるようなこの類いの国家はほとんどなかったからである。(50)統一した主権とそれに対する外国の認知がなければ、市民は存在しえないし、それゆえ「市民／文明的な」戦争もありえないように思われる。

最後に、この定義では、少なくとも何人かの当事者や外部の観察者が内戦だと思っていた多くの紛争が除外されてしまう。例えば、一八四七年のスイス分派同盟戦争がそうである。これは、もっとも短く、もっとも残虐ではなかった内戦の一つとして記録されている——わずか二五日間で、犠牲者は多く見積もっても九三名——にもかかわらず、当時は内戦だと思われてきたし、今もそうである。(51)同様に、この定義では、一九二二—二三年のアイルランド内戦〔推定で五四〇名の親英愛条約派軍〔自由国軍〕と共和派軍の推定八〇〇名が亡くなったほか、共和派側は犠牲者を出したが、その数は不詳である〕を除外してしまうことになる。(52)さらに、この定義だと、北アイルランドの紛争が含まれなくなってしまう。この紛争の死亡者は、一九六九年から二〇〇一年までが約三五〇〇人で、もっとも多かったのが一九七二年の四七九人であった。実際、死者一〇〇〇人という条件に達したのは、紛争から五年がたった一九七四年四月であった。(53)

「戦争相関プロジェクト」による定義では論争を避けられないことが明々白々となったのは、第二次湾岸戦争〔イラク戦争〕の時であった。二〇〇七年から二〇〇八年にかけて、この定義は、イラクの領内で内戦があった——あるいは、なかった——のどちらを証明するのにも用いられたのである。内戦というカテゴリーが実態に当てはまるのかどうかをめぐって異論が噴出した。ブッシュ政権の代表やその他の者——ほとんどが、ネオコンの軍事戦略家や政治専門家であった——が、この騒乱《タービュランス》は内戦という名に値しないと主張した。テロリズムなのか。騒擾なのか。たぶんそうだろう。では内戦なのか。とんでもない。今度は二〇〇六年七月、イェール大学の政治学者ニコラス・サンバニスが『ニューヨーク・タイムズ』紙上で、社会科学の標準的な判断基準に照らせば、イラクで行なわれているのは事実上の内戦であると言明した。(54)同年末には、イラク内外の多くの者にとって、イラクで何が起きているのかについて疑いがなくなった。その一人、国連事務総長コフィー・アナンは、BBCで「レバノンやその他の地域で紛争が起きたとき、われわれはそれを内戦と呼んだが、こっちの方がもっと激しい」と語ったのだった。(55)

同じ頃、NBCテレビネットワークや『ニューヨーク・タイムズ』や『ロサンゼルス・タイムズ』といった新聞を含むアメリカのメディアの様々な部門も、イラクでのこの紛争を内戦と呼んでいた。(56)若いシーア派の首長アデル・イブラヒムは、『ニューヨーク・タイムズ』に対して、「ここイラクでは内戦が行なわれていることを世界に知らしめてやってもらいたい。これは壊滅的な内戦だ。……誰がわれわれの敵で、誰がわれわれの友なのか、われわれには分からない」と、激しい口調で語っていた。(57)当時のトルコ首相レジェップ・タイイップ・エルドアンは、イラクでは内戦が行なわれていると思うかどうか尋ねられて、こう答えていた。「ムスリムがお互いに殺しあうのは、違う宗派に属しているという理由からだけなのだ。これは内戦だ。私には他の定義はできないからだ」。(58)二〇〇六年一二月のピュー研究所（一九九〇年にタイムズ・ミラー新聞社が設立した世界情勢を分析するシンクタンク）の調査によると、二〇〇六年末にはアメリカ人の半数がこれに賛成していた。同調査は、「イラクで現在起きている暴力は、合衆国とその同盟国に対する騒擾であるよりも、おおむね内戦だと見るアメリカ人の方が多い」ことを示していた。(59)数カ月後に、イギリスの国際問題のシンクタンクであるチャタム・ハウスの分析家が、イラクには一つの内戦というものは存在しない、実際に存在するのは「異なる共同体や組織同士のいくつもの内戦や騒擾」――シーア派対スンナ派、スンナ派対アメリカ合衆国、シーア派同士、スンナ派同士、クルド人対非クルド人、など――であると主張した[60]。

二〇〇六年九月のアメリカ合衆国議会での証言で、スタンフォード大学の政治学者ジェームズ・フィアロンは、「イラクでの死者の割合――三年間で三万人をゆうに超えている――からして、同地での殺戮は、ほとんどの人々が躊躇なく「内戦」と呼んでいる近年の多くの紛争（例えば、スリランカ、アルジェリア、グアテマラ、ペルー、コロンビア）と同列にある」のは明らかだとした。フィアロンは、内戦を「中央あるいは地域での権力の掌握や、政府方針の変革を意図した組織集団が行なう暴力的な紛争」と定義しており、イラクでの暴力はこの型に当てはまると主張した。それは、犠牲者の数という重要な条件もクリアしており、一九四五年以降の世界で起きた他の内戦――例えば、レバノン、トルコ、ボスニアのような――にまさに匹敵しうるものであった[61]。さらに、このような比較によって、イラクや同地に駐留する合同部隊が今後どうなるかを想定することができるようになった。その結末は、決して明るいものではなかった――内戦は、他の戦争よりも長期化し、平均で一〇年を要する。どちらか一方の側の決定的な軍事勝利で終結する場合が多い。介入後の撤退が早すぎると、事態は悪化しやすい。権力共有の合意がなされても、合意を保証する外部勢力が撤退すると、通例、暴力に転換する。

後にフィアロンは、犠牲者数を六万人に上方修正し、「イラクは、年間の犠牲者数としては、一九四五年以降の内戦として九番目に多い」とした上で、過去の内戦から得られる知見に照らせば、ブッシュ政権の対イラク行動指針は明らかに誤りであり、破滅的な失敗を招きかねないと指摘した[62]。これらは暗い予兆であった。内戦のカテゴリーを当てはめることで、もう一つ大きな犠牲を払わねばならなくなったのである。予想にたがわず、それは他ならぬイラクの事態に対して当てはまった。二〇〇六年一二月、イラク首相ヌーリー・マーリキーは、この紛争を内戦と見なすことを断固拒否し、まともな交戦者としてのサダム・フセインの「イメージを高めた」としてコフィー・アナンを非難した。フィアロンたちが示したはっきりした見通しを、反対派の評論家たちは強く否定したのである[63]。

イラクに内戦を見出したい人々を反駁するには、長期持続の歴史が有益である。二〇〇六年三月、イランの保守的ジャーナリストであるアミール・ターヘリーが、歴史的な反証が満載の短くはあるが広範に論じた評論を発表した。彼は、トゥキュディデスが内戦について書いたことを否定し、キケロがこの言葉を最初に普及させたと見ていた。彼は古代ローマ時代の定義を凝縮してみせた。その主な特徴とは「ローマ市民の一方の集団を他方の集団と対立させるものであり、諸外国の武力介入はないもの」だとした。これは、スッラとマリウス、カエサルとポンペイウスの戦争に当てはまったが、スパルタクスの戦いのような、古代ローマ史上の多くの暴動《レヴォルト》のどれにも当てはまらなかった。ターヘリーは、このローマの事例から推論して、内戦とは「政治的な理由で戦われるべきものであって、宗教的かつ／あるいは民族的な理由で戦われるべきものではない」のであり、「この紛争は、争点となる国家全域の支配をめぐって行なわれるものであって、それより小規模な単位に分割するのを意図したものであってはならない」とした。これらの厳格な判断基準に当てはめれば、これまで内戦と呼ばれてきたほとんど全ての紛争――ロシア、スペイン、レバノンを除くが、アメリカ南北戦争やアルジェリア内戦（一九九二―二〇〇二年）は含む――は、内戦とは呼べなくなった。では、彼の結論とはどういうものなのだろうか。以下のように述べている。「イラクは内戦状態にはない」。同国での多種多様の重なり合う紛争が合わさって、外国の援助も介入もないイラク国家の支配をめぐる二つの陣営同士の世俗的な争いにならない限り、内戦とはならない、と。(64)

これに続いて同年には、イギリスの卓越した軍事史家でジャーナリストのサー・ジョン・キーガンとアメリカの評論家バートル・ブルが、イラクの暴力を「内戦」という言葉で表現することをやめるよう提案した。これはターヘリーに似ているが、それよりもやや包括的だった。「内　戦《シヴィル・ウォー》」という呼称に値する紛争では、「そこでの暴力は「市民／国内的《シヴィル》」でなくてはならないし、「戦争《ウォー》」でなくてはならない。しかもその目的は、国民の権力の行使か、獲得かでなければならない」と、彼らは主張した。つまり、単一の国民の中から選り集められた戦闘集団が、領域内での政治的全権の掌握ないしは保持を目指して武力を行使する、国家内部での戦いでなければならないのである。ターヘリーと同様に、キーガンとブルによれば、内戦の事例として歴史から見出せるのは「非常にまれ」であり、わずか五例しかなかった——イングランド内戦〔ピューリタン革命〕（一六四二—四九年）、アメリカ南北戦争（一八六一—六五年）、ロシア内戦（一九一八—二一年）、スペイン内戦（一九三六—三九年）、レバノン内戦（一九七五—九〇年）。イラクでは、対立する陣営が分裂しており、一部では非イラク人の反逆者で構成されているところもあるし、さらに、全国的な支配を獲得するというよりも、はるかに矛盾しているか、まったく不透明な目的で戦われているために、キーガンとブルは、イラクの混乱は、現代世界における六番目の内戦には当たらないと結論づけ、むしろ「イラクでの混乱は……権力をめぐる政治・軍事闘争に近い」と述べたのだった。彼らは、スンナ派とシーア派の宗派的分裂についてのエルドアンの分析をまねて、「イスラーム世界は、恒久的な内戦状態にあるといってよいだろう」と指摘した。(65)

イラク政府とブッシュ政権代表は、イラクが内戦状態にあることを公式に否定した。イラク政府にしてみれば、内戦状態を認めることは、権威を失ったことを意味しかねなかった。アメリカの多国籍軍にしてみれば、紛争をどう捉えるかで、様々な戦略的関係が変わりえた。スンナ派かシーア派かのどちらを多国籍軍が支持すべきかを決めるなど、支配をめぐる国内の紛争に対して、多国籍軍が賭けをすることになりえた。さらには、侵略者がそれまではけ口のなかった宗派対立を爆発させ、手に負えないような事態に陥ることもありえた。こうした不安定が続けば、イラクの境界を越えて広がらないようにするため、より高度な軍隊が必要になるかもしれなかった。あるいは逆に、外国勢力がいることで現地のジレンマ的状況が悪化し、解決できないほどさらに深みに引き込まれるのを避けるためには、早期の、不名誉な撤退が必要になるかもしれなかった。

二〇〇七年夏、バグダード駐留のアメリカ軍歩兵第三部隊のアメリカ人軍曹で哲学の博士号も持つデイヴィッド・パッテンは、「早まった撤退をすれば、内戦があったかのような状況をでっち上げることになり、勝手な解釈を生み出しかねない」と警告した。二〇〇六年一月に民主党下院議員ジョン・マーサが「われわれはイラクで内戦を戦っているのだ」と公言し、同年三月にイラクの前首相代理イヤード・アッラーウィーが「これが内戦でないとしたら、何が内戦なのか、誰も分からない」と慨嘆したのに対して、パッテンは、内戦についてのとりとめのない話は、ポーズ取りや不正確さ以外の何物でもないと非難した。さらに彼は、「議論を政治的にすべきではないのだ。正確さこそが重要なのだ」と警告した。(66)

パッテンは、一九九〇年版のアメリカ軍の低強度紛争用〔戦争には至らない程度の政治的対立〕の戦闘手引書を引用した。

内戦　同一の国家の分派間の戦争。この状態が国際的に認知されるには、五つの判断基準がある。抗争当事者が、領域を支配し、機能する政府を有し、外国による何らかの承認を受け、明確な正規軍を有し、大規模な軍事行動を遂行しなければならない[67]。

この定義は、内戦が他の変則的な戦争よりも組織化がしっかりしており規模も大きいという理由で、他の紛争と区別するために考案された。だが、近年の内戦で、国際的に認知されたものはもちろんのこと、両陣営が領域を支配し、「機能する政府」を有しているものはほとんどない。この区別はまた、特異でやや稀有な内戦の事例、すなわち、工業時代における典型的な国家間戦争に軍隊が投入される事例に当てはまるものである。その主な事例とはアメリカ南北戦争であって、それは二〇世紀や二一世紀のほとんどの内戦のモデルにはまったくならない。したがって、この定義は、アメリカ軍以外の観察者にはかなり限定的にしか役立たないし、アメリカ軍にとっても、今日の非対称的な紛争の状況下では、それが何の役に立つのかはっきりしないのである。

パッテンは、この定義の五つの判断基準のうち、イラクでは、わずか一つ――抗争当事者が領域を支配していること――しか満たしていないと判断した。だが、メルヴィン・スモールとデイヴィッド・シンガーによる社会科学的な内戦の定義を当ててはめてみると、わずか「四五年間で、イラクは七つの内戦を経験」したことになった。これは一七世紀半ば以来の近代史全体で五つの内戦があったとしたキーガンやブルとも、古代ローマ共和政末から三つとしたターヘリーともまったく釣り合わない数字だと、パッテンは気付いたのだった[68]。

このように厳密さを求めるいかなる試みも、幻想であるのと同じくらい、失敗は避けられないのである。これは、内戦は本質的に論争的な概念であるという単純な理由による。実際、「市民／文明的《シヴィル》」と「戦争《ウォー》」というそれぞれの属性自体が、議論の対象となりうるし、ほとんどの社会科学的な分析では場所、強度、持続期間といった個々の要素によって変化しうるのである。様々な定義がある中で、内戦のどういった特徴を優先させるのか、あるいは、それを個々の紛争にどのように適用するのかといった点についても、まったく合意はない。はっきりした定義を用いているという点で、厳密であることが政治的になるのは避けられない。こうした定義の適用と同じくらい、定義の諸要素は、常に主義主張をめぐる論争の的になる。これは、内戦――論争の本質的要素をめぐって本質的な議論となる概念――には特に当てはまるであろう。

＊

二〇世紀には、超国家的な共同体に関する様々な考え方によって、地域規模、大陸規模、そして最終的には地球規模で起こりつつある内戦に対して陰鬱な恐怖と明晰な分析が生み出されてきた。内戦について想像する範囲が広がるにつれて、内戦自体がさらに国家横断的な形態をとり、その影響もグローバルになりつつあるという認識が生まれた。フェヌロンの憂いに満ちたコスモポリタニズムは、遅まきながら、第一次世界大戦の始まりか終わりの頃になって、イタリアの反ファシストの著述家ガエターノ・サルヴェミニ、ドイツ人画家フランツ・マルク、経済学者ジョン・メイナード・ケインズによって繰り返されることになった。一九一四年九月、サルヴェミニは、読者に向かって、現在目にしているのは、諸国民間の戦争ではない。誰もが中立であり続けることができない、人民、階級、政党による「グローバルな内戦」だと警告していた。二カ月後の一九一四年一一月、マルクは、この大戦を初めて「ヨーロッパの内戦」と呼んだ(69)。戦後の一九一九年には、ケインズが、フランス、ドイツ、イタリア、オーストリア、オランダ、ロシア、ルーマニア、ポーランドが「相共に繁栄していたが……、戦争で相共に揺れ動き」、「ヨーロッパの内戦」の間に「破滅をも招来してしまう」一体化した文明を慨嘆しながら振り返っていた(70)。「ヨーロッパの内戦」というこの用語は、二〇世紀を通して、少なくともヨーロッパでは、二つの「世界」大戦の連続性を描写する手段として、自由主義者やマルクス主義者の関心を一様に引いた(71)。

第二次世界大戦直前には、敵対の様々な予兆が、「赤〔共産主義者〕と黒〔ファシスト〕」の間での「国際的な内戦」の恐れを募らせ、それはヨーロッパ諸国に広まった(72)。大戦が勃発すると、この「世界的規模の巨大な内戦」は、一九四一―四二年に著したインドのマルクス主義者M・N・ロイによれば、国民解放の機会を提供した(73)。二〇世紀の後半には、右翼の修正主義者でドイツの歴史家であるエルンスト・ノルテも似たような考えを抱いていた。彼にとっては、一九一七年から一九四五年の全期間が、ボルシェヴィズムとファシズムの対立勢力に分裂した二つの共同体の中での戦いという意味で、「ヨーロッパの内戦」であった(74)。両世界大戦の全期間を単一の内部紛争として捉える見方は、思いもよらぬほど華々しい場で注目されることもあった。例えば、アメリカ元国務長官ディーン・アチソンは、一九一四年から一九四五年にかけての時期を、東アジアでの「アジアの内戦」と交差した「ヨーロッパの内戦」――事実上の文明戦争――と記していた(75)。

内戦の概念の拡大は、冷戦によってさらに促された。冷戦自体、ジョン・F・ケネディ大統領が一九六二年一月の二度目の一般教書演説で述べたように、「人類を分裂させ苦しめたグローバルな内戦」と呼ばれた紛争であった。(76) 二カ月後の一九六二年三月、カール・シュミットは、スペインでの講演で、レーニン社会主義によって激化した「革命的な階級敵対関係の世界内戦」について論じていた。(77) シュミットの場合、内戦の拡大概念は、冷戦期に限るものではなかった。それは、一九三九年以来、彼自身や彼の信奉者にとって、あらゆる革命的な普遍主義の主張を批判する術語のようなものであり、例えば、フランス革命にも、一八四八年の諸革命にも、あるいは、「現在のグローバルな内戦」(一九五〇年にそう呼んでいたのだが)にも当てはめられた。(78) それ以上にこうした見方に賛同し、それを受け継いだのが、「民主的社会を求めるアメリカ学生」(ヴェトナム反戦・公民権運動に参画した学生活動団体。一九六〇年にミシガン大学にて設立集会を開いた)であった。一九六二年六月に彼らが出した「ポート・ヒューロン宣言」は、「間近に起こりそうな戦争は、アメリカ合衆国とロシアの間でも、合衆国以外の二国間でもなく、敬意も払われず守られもしない、世界に広がる市民《キウィタス》全体を巻き込んだ国際的な内戦になるだろう」と予測していた。(79) ハンナ・アーレントも同感だった。翌年、『革命について』の中で、二〇世紀には戦争と革命の相関から生じた新しい現象が見られたと論じていた。「世界戦争が革命の結果であり、地球全体を巻き込む一種の内戦のように見える場合もある。第二次世界大戦でさえ、かなりの部分の人々がそのように考え、それをある程度正当化したのである」。(80)

より最近では、「グローバルな内戦」は、アルカイダ組織のような国家横断的なテロリストとアメリカ合衆国やイギリスのような既成の国家主体との紛争を意味するのに用いられている。「九・一一」(同時多発テロ)以後のこの用法に賛同する者の中には、内部紛争のグローバル化——特に、スンナ派とシーア派で分裂したイスラーム社会内部から世界規模に広がった紛争――を指す者までいる。テロリズムのより大きな比喩として、「グローバルな内戦」は、通常の形態の戦争に何らの抑制も行なわない、対立する当事者間で繰り広げられる紛争――規則がまったくない、万人の万人に対する戦いという自然状態への回帰である――を意味するのにも、「内部」と「外部」の紛争や国家内部と国家間の紛争の境界がまったくぼやけてしまう特異な形態の紛争を意味するのにも使われている。(81) これにならって、二〇〇四年には批判理論学者のマイケル・ハートとアントニオ・ネグリは、「現在の世界は全般化された永続的かつグローバルな内戦によって特徴づけられ、この絶え間ない暴力の脅威が民主主義の実現を効果的に阻んでいる」と記していた。(82) これは、シュミットが「例外状態」――全権を有する主権者が決める危機的状態であり、そこでは独断的な規則や軍法が法の支配に取って代わりうる――と呼んだ内戦であった。二〇〇五年にジョルジョ・アガンベンは、「例外状態は、「グローバルな内戦」と定義されてきたものの押しとどめることのできない進行を前にして、ますます現代政治において支配的な統治のパラダイムとして立ち現れつつある」と述べていた。(83)

内戦の比喩の範囲がこのように拡大したことに伴って、内戦に対する従来の考え方――例えば、境界で区切られた共同体内部での内戦であり、その中での支配を目指す紛争や、政治が通常辿る進路（すなわち「文明」）からの逸脱行為という見方――とは区別できる特徴が見られる。その上、「グローバルな」内戦という見方に伴って出てきたのは、普遍的人間愛という考え方である。敵対する市民《シティズンズ》同胞が住む世界都市あるいは国際都市という、包容力のある単一の共同体の中で起きる紛争が洞察力を引き出し普遍的人間愛が確かめられるというのである。これらの点で、グローバルな内戦という最近の言い回しは、ずっと昔からの、元来は古代ローマの内戦概念――その後、コスモポリタニズムによって共感も範囲も広がったことで拡大・強化された――が強められたものと言えよう。このような「グローバルな」内戦は、社会科学者が他の形態の紛争については信頼が持てたようには、分析的測定にかけられない。それは、法的な規制や人道的な改善の対象にもなりにくい――国際法学者たちは、国際的性質を有しないその他の戦争なら可能だと思っているのだが。しかも、この言い回しが内包している複雑さ、二〇世紀前半から引きずっているイデオロギー上の重荷、この言い回しを使う一部の者が匂わせる反イスラーム的な意味合いのために、「内戦」そのものと同じく、これには本質的に論争的な概念というレッテルが貼られるのである。この点で、「グローバルな内戦」に関する昨今の議論は、その起源となった内戦をめぐって競合する諸概念の強化ないしは条件付きの留保と見ることができる。

グローバルな内戦という見方は、国家横断的なテロリズムの台頭によってさらに広まっている。[84] この恐ろしい事態は、軍事的暴力を国内の領域に、それももっとも悲惨なことに、世界の諸都市――例えば、二〇〇一年のニューヨーク、二〇〇四年のマドリード、二〇〇五年のロンドン、二〇〇八年のムンバイ、二〇一四年のシドニー、二〇一五年のパリとサンバーナディーノ〔アメリカ合衆国カリフォルニア州南部の都市〕、そして二〇一六年にはブリュッセル――の街に持ち込まれている。襲撃犯たちは、自分たちが襲った社会の部外者として――当事国で生まれた市民であっても、帰化市民であっても――悪魔のような扱いを受けることが多い。そのため、彼らは、「内」戦や仲間の市民同士の戦争で戦いあう当事者としてしかるべき扱いを受ける人々と同じように扱われることはない。それと同時に、尋常ならざる形態の戦争が急増したことや、そうした戦争の意味付けをしたりそれに対抗したりするために考案された戦争概念がより弾力的になったことで、内戦の比喩の範囲が広がり、緩やかになった。結局のところ、国家内部での戦争の増加――あらゆるレヴェルの組織的暴力に少なくとも比例して――に伴って、国家間の戦争が長期的に減少したことで、将来、戦争はまったくなくなり、あるのは内戦だけだという考えが促されたのである。(85) 二一世紀において、全ての戦争は、事実上、内戦なのかもしれない。だが、それはかなり違う理由からなのであり、一九四九年にトーレス・ボデが思い描いたよりもかなり曖昧な――しかももっと恐ろしい――意味においてなのである。

結論　言葉の内戦

「内戦」というレッテルを貼るか、貼らないか。今日、これはきわめて高額の賭けになっていて、政治がそれを考慮しないでいることはできそうもない。どうしてなのだろうか。今やわれわれは、それを理解できる知識をずいぶん身につけたと言えるだろう。内戦の込みいった歴史をかなり知ったからには、われわれはその特徴がよりはっきり理解できるのだ。積み重ねられた数々の傷跡を見分けることができるし、内戦の爪跡がいかに微妙な形で残っているかを理解できるだろう。内戦に対するわれわれの考えは、二〇〇〇年の痛みを伝えるものなのである。しかもその痛みは、今日までわれわれの政治を揺るがしている。

「ジェノサイド」という言葉と同様に、「内戦」は、今や政治的な意味だけでなく、国際社会の行動を引き起こせるような法的な意味を持っている。実際、ジェノサイドと内戦――二つとも本質的に論争的な概念で、ともに法的影響力を持つ――の間に線引きすることは、さらに論争を招きかねない[1]。内戦は、恐怖や破壊のイメージや連想をあまりにもたくさん呼び起こすため、この言葉を使うことで何か善いことが起こるとは想像しがたい。この感覚は、この言葉――パラドックスであり、矛盾語法ですらある――の核心に迫るものである。戦争に関して「シヴィル」であることはありうるのだろうか。「シヴィル」は形容詞であり、内戦《シヴィル・ウォー》以外では、市民社会《シヴィル・ソサエティ》、市民的不服従《シヴィル・ディスオビディエンス》、さらには公務《シヴィル・サーヴィス》のように、良心的な形態の人間活動を修飾している。語源的や言語的にこれにもっとも近いのが、「礼儀正しさ《シヴィリティ》」と「文明《シヴィリゼーション》」である。これに対して、戦争《ウォー》は、人間を平和的にまとめることもないし、人間の活力を非暴力の方に仕向けることもない。流血や死とのかかわりが大きいだけに、それが思いやり《ポライトネス》や上品さ《ポリッシュ》を意味することはほとんどない。確かに、「戦争」の暗さは、「シヴィル」と呼びうるものが持つ明るさを覆い隠してしまっている。

これは「単なる」語義や修辞の話、つまり、言葉による争いにすぎないのであって、実際の生命にかかわる問題(すなわち「死の問題」)ではないという人もいるかもしれない。だが、もう一つの反応もあるわけで、それが本書で私がとったアプローチなのである――こうした議論を通して、どのようにわれわれが自分たちの共同体を定義し、敵を見分け、味方を励ますのかを、かなり解明できるという立場である。言葉は、われわれが自分たちの世界を構築する手段である。確かに、それが唯一の手段ではない。しかし、仲間に対して自分たちの見解を説いたり、自分たちの行動を正当化したり、第三者、あるいはその子孫までを支配したりするように、言葉は、われわれの仲間との会話を通して世界を築く手段なのである。実際、熱い血が流されたり、戦場を震えあがらせたりしようとも、戦争を語る際には、言葉そのものが武器として用いられるのである。「戦争についての言葉――戦争という名称であっても――は、実際には論争を招きうる」(2)。しかも、内戦ほど、名称だけで論争を引き起こす戦争の形態はないのである。

「内戦」という用語を適用できるかどうかは、その対象が支配者か反逆者か、勝者か敗者か、既存の政府か第三の当事者か、で決まりうる。現代の内戦に関する第一線の学者は、「ある紛争を内戦として描くと、それは象徴的で政治的な重みを持つ。この言葉は、合法性を与えもすれば、否定もするからだ。実際、この言葉を用いる(あるいは、用いない)こと自体が、紛争そのものの一部なのである」と記していた(3)。つまるところ、そのものずばり言い当てていたトマス・ド・クインシーの叫びのように、「内戦というこじつけ――何と多いことか！」と。(4) 紛争の名称をめぐる争いは、紛争が終わってからも長く続きえた。例えば、第二次世界大戦期のイタリア・レジスタンスとファシスト政権との争いを「内戦」という言葉で表記するかどうかは、いまだに決着がついていない。「内戦」と呼べば、両陣営が同等であることを意味すると見られるからである。(5)

紛争が進行している時には、すぐさま他の諸国は、丸損を避けるために両陣営を支援することもあれば、それが「市民の《シヴィル》」問題、つまり国内問題にすぎないとして戦争は自分たちの管轄外だと判断することもある。こうした判断の結果が、何世紀にもわたって世界中で起きた主要な紛争にとって重要であった。例えば、アメリカ革命は、北米の植民地人だけにとっての革命だったのか。それとも、イギリス帝国の中の内戦だったのか。アメリカ南北戦争は、対抗する対等な陣営同士の戦争だったのか。それとも、単一の主権国家の領域内での反乱だったのか。一九九〇年代のルワンダやボスニアでの紛争を「内」戦と呼ぶことは、封鎖された国境の向こうで起きていることに対する責任を、他の世界が負わないことにつながらなかったのか。二〇〇三年以降にダルフールで起きた事件を内戦ではなく「ジェノサイド」と名付けたことは、それを根深い民族紛争ではなく基本的には政治紛争とすることで、穏当な調停解決の望みはないとしてしまわなかったか。(6)

どのカテゴリーを当てはめるかには、政治的だけでなく、道義的な重要性もある。それは何万人もの人々――たいていは、自分たちの運命を決めることなぞ、少しもできない人々である――の生死にかかわる問題になりうるのだ。われわれが見ているものが本当に内戦なのかどうかを決めることは、戦争で分裂した国内外の人々に対して政治・軍事・法律・経済的な影響を及ぼしうるのである。われわれが耳にしてきたように、こうした紛争の存在を国際社会が認めようとするその真意は、関与を避けたいということにあるのかもしれない。内戦なんて知ったことじゃない、部外者は口出しすべきでない、といった姿勢をとることも時には見られる。逆にいえば、国家が崩壊し、続いて人道的危機が起きた後に、介入を認めるために、内戦のレッテルを貼ることができるのである。(7) 動機においても対応においても、このように両極端があることもまた、内戦の概念が持つ逆説的な性質の一端を表している。

内戦が進行中であると判断することは、戦争法や国際人道法のどの規定を適用できるかを決定することにもなる。それは、侵略者が裁かれ、戦争犯罪者を特定できそうな時点で、戦闘中でも戦闘後でも行なうことができる。財政的な影響も同様に重大である。国連やその関連機関からの何百万ドルもの人道的援助もまた、加盟国での紛争に内戦というレッテルを貼るかどうかにかかっている。こうしたどんな場合でも、すぐに内戦だと決めつけることは、不正確で、危険で、費用のかかることになりうる。だからこそ、定義をして、それを個々の事例にできるだけ厳密に適用することが重大で緊急の課題となる。内戦を定義するよう圧力をかけることが、逆に、定義をめぐる政治的な賭けと結びつくこともしばしばある。厳密さを要求すればするほど、それが政治的論議の原因となる確率が高まるのである。

「内戦」という名称そのものが、暴力の形態に合法性をもたらしうる――「内戦」以外の名称であれば、鎮圧されるか非難されたかもしれないのだが。少なくとも一九世紀以来、国家内部での暴力を、例えば一揆《レベル》とか暴動《インサレクション》ではなく、「戦争《ウォー》」と呼ぶことができる場合、それを遂行している側には、（戦争法を侵害した者への処罰に加えて）戦闘員を保護する責任がある。紛争が「戦争」と呼ばれると――「内」戦であっても――、それに伴って、国際社会からの認知と、今度は外側からの様々な支援――経済、法律、さらには軍事面でも——を受ける可能性が生じうる。例えば、リビア内戦でのリビア暫定国民評議会に対する国際的な承認(二〇一一—一二年)を思い出してもらいたい。(8)「内戦」という言葉が歴史的に連想させるのは圧倒的に否定的かもしれないが、時と場合によっては、その法的かつ政治的意義は肯定的でもあった。

現代の内戦概念には、過去からも、それぞれが重要性を持ってきた様々な関連の言説——歴史、政治、法律、社会科学など——からももたらされた多くの意味が幾層にも折り重なっている。歴史、特に古代ローマ史からもたらされたのは、内戦を再発的で連続的なものと解する見方であった。政治からは、内戦は、文明と主権、反乱と革命との結びつきに由来するという見方が示された。法律からは、内戦を厳密な定義で規定し、法的議定書に基づいて規制する試みがなされた。さらに現代社会科学からは、原因と結果を分析するのに十分なデータが整うようになったおかげで、内戦を増大するグローバルな現象と見る研究成果がもたらされた。内戦の概念をめぐるこれらの大きな傾向は、数世紀を通して続いたが、その結果、その流れに逆らう動きもあった。内戦を競って使うようになったために、さらには、特にヴァッテルやリーバーといった法思想家たちが、内戦を好戦性の表れ、介入の合図、あるいは人道的規制へのきっかけと捉えるようになって以降、貴重な対象としての評価が徐々に高まったために、内戦は非常に論争的な概念となった。これら全ての特徴が、現在まで、状況に応じて内戦に付きまとっている。これは、多くの過去が積み重ねられた証拠であり、内戦をめぐる論争——今では恐らくあまりにも重大すぎて解決できないほどだが——の証拠でもある。

内戦は、人間が避けることができないかもしれない遺産である。私がこう言うのは、人間は本質的に競争好きで貪欲で攻撃的であるとか、われわれは常に社会的自殺の運命にある——ルカヌスならわが内臓《はら》に剣を向けると言ったかもしれないが――というつもりではない。そうではなく、内戦は、不可欠な概念の一つ、つまり、ひとたび創られると、驚くほど翻訳可能になるということなのである。それは古代ローマから世界のたくさんの主要言語へと移された――いとも簡単に、しかもその間に積み重ねられた難題を捨てることなくである。古代ギリシア人には思い浮かばなかったこの新しい言葉は、古代ローマ人が考案した簡潔な矛盾語法と見事な歴史記述のおかげで、一九世紀に至るまで確固とした概念となったのである。革命的な変革というユートピアが約束されていたとしても、あらゆる政治思想から内戦を追い払うことはできなかった――政治とはそれ自体常に、破壊的ではない別の方法によって行なわれる内戦の一つの形であるというそれだけの理由がありさえすれば。このように、内戦という概念は、発明されたのではなく、発見されたような魔力を手に入れたのである。

こうした魔力に対して歴史家は何ができるのだろうか。恐らく二つの対応がある。一つは、拡散している意味をもっと扱いやすいものに限定するために、この言葉の本質と思われるものを復元することだろう。もう一つは、それがどのようにして非常に重要性を持つようになったのかを明らかにするために、その複雑さ全てを残したままで再現することであろう。イラクやシリアでの紛争に関する近年の論争で見てきたように、内戦を一つの定義に限定する試みは、複雑さや論争を増すだけだった。そこで、もう一つの方向で進める、つまり、何世紀にもわたって示された内戦の多様な意味を発掘する方が良いと思われるのである。単純さを求めるという幻に終わるような一番目の方法をやめれば、混乱が避けられない結果に陥らないですむのだ。

哲学者、法学者、あるいは政治学者でさえも「内戦」の用語をめぐる論争で結局は混乱したかもしれなかったところで、その状況を嗅ぎ分けるのが歴史家である。内戦の定義はどれも、必然的に状況によって変わるし、論争的特徴をそなえている。歴史家の役目は、双方が同意できるようなより良い定義を見つけ出すことではない。そうした対抗する諸概念がどこから出てきたのか、それらが何を意味したのか、内戦という名称で呼ばれた紛争を生きた人々、あるいは、過去においてそれを理解しようとしてきた人々の経験からこれらの諸概念がどのようにして出てきたのかを問うことなのである。

まずもって、内戦は経験の範疇にある。通例、当事者たちは、国際的諸機関が内戦だと宣言するずっと前から内戦のただなかにいることを知っている。だが、それは、言語や記憶によって屈折した経験であり、過去の内戦の記録やそれがどのように考えられ議論されたのか――時代も場所も遠く離れていることがしばしばである――についての記録を介した経験であり、過去に自国で起きた内戦が再び起こるかもしれないという恐れから生じた経験である。それは、内戦について受け継いできた概念によって組み立てられた――ゆがめられたという人もいるかもしれないが――経験なのである。ひとたび概念が生まれると、それはあいもかわらず、紛争について考えるためのレンズとして、さらには、その意味をめぐる修辞的な争いが行なわれる際の武器として役立てられた。やはり内戦は、継承されるとともに議論の対象ともなる思想の分野で理解されるべきなのである。その意味をめぐる争いが明らかにするのは、将来も多くの内戦が、これまで論争的だったのと同じくらい論争を呼び、さらに変容するということなのだ。

あとがき

ロシアには「過去は気まぐれである」という辛辣なことわざがある。歴史家なら誰でも、これがいかに真実でありうるのか知っている。何が歴史的に重要なことなのか。どういう問題が学問研究に値するのか。もっとも差し迫った問題となりうるのはどういうテーマなのか。――これらは全て、現在の関心によって変化する。時にはまったく偶然に、過去と現在が驚くほど交差し、適切な問いを歴史家に指し示すこともありうる。本書は、まさにそうした偶然から生まれた。内戦の意味をめぐる二つの戦いが、時を越えて鳴り響いたのだ。

内戦のテーマに時間を費やすとは思ってもいなかったし、そうしたいともあまり考えてはいなかった。二〇〇六年後半、私は、カリフォルニア州サンマリノの立派なハンティントン図書館で研究をしていた。この図書館は、一九九二年にロサンゼルス暴動が起きたサウスロサンゼルスからわずか二〇マイルにあったが、ネオクラシック様式の低層の建物、世界有数の庭園、著名なイギリス美術コレクションからは、そんなことは想像できないくらいだった。そこで研究テーマが生まれたのだが、それは第二次湾岸戦争のもっとも破滅的な時期となった頃であった。二〇〇六年一〇月から二〇〇七年一月にかけて残虐行為が極度に達していた頃、平均でひと月に三〇〇〇人――兵士も民間人も、イラク人も侵略者たちも――がイラクでの戦闘で亡くなっていた(1)。

ちょうどその頃、私は、ハンティントン図書館が所蔵する大量のコレクションの中にフランシス・リーバー文書があるのを発見した。リーバーは、少なくともアメリカの軍事法に関してもっとも早い時期に体系化を行なった一人なのだが、彼が対象とした案件――敵の戦闘員の地位、戦場で捕えられた囚人の扱い、軍事司法の規則――が、ジョージ・W・ブッシュ政権が「グローバルな対テロ戦争」を追求したことで主要ニュースになっていた。リーバーの書簡や草稿を調べていくうちに、過去と現在とが内戦という難題をめぐって力強く揺さぶられながら呼応しあっているのを見出した。同じ頃メソポタミアで起きた紛争の性格について、アメリカ合衆国、イラク、そしてそれ以外でも議論が激しくなり始めていた。一九世紀半ばにリーバーが内戦の定義をめぐって苦悩していたことと、これに似て二一世紀初頭のイラクで内戦の用語の適用をめぐって混乱していたことは、古代ローマから初期近代を経て今日に至るかなり長い歴史の道程における二つの中間点ではないかと思いついたのだ。

ハンティントン図書館でのひらめきから数週間後、もう一つの偶然の出会いが私を内戦研究へと駆りたてた。二〇〇七年二月、ロードアイランド州プロヴィデンスにあるジョン・カーター・ブラウン図書館で、拙著『独立宣言――グローバル・ヒストリー』(邦訳『独立宣言の世界史』平田雅博・岩井淳・菅原秀二・細川道久訳、ミネルヴァ書房、二〇一二年)の出版記念パーティが開かれた。当時この図書館の館長で、歴史家で大統領の元スピーチライターだったテッド・ウィドマーが、世界に自由を輸出するアメリカ合衆国の使命に関する著作を仕上げている最中だと私に話してくれた(2)。フランシス・リーバーやイラクの論争がかなり気になっていた私は、不遜にもテッドに向って、われわれに必要なのは、アメリカによる自由の輸出の話ではなく、内戦やそれが時間を越えて持つ意味についてのもっと陰鬱な歴史ではないかと言ってしまった。

その日の夕刻遅く、図書館の所蔵目録に急いで目を通した私は、これまで誰もこの物語を再現してこなかったと確信した。独立宣言に関する拙著の続編、つまり、国家建設の研究に続く国家解体の歴史を書かねばならない。そう私は決心した。その結果、長年を費やして、しかも多くの内戦を経て完成したのが、本書『〈内戦〉の世界史』である。

*

　どの本も共同作業である。それぞれのやり方での共同作業である。本書は、広範な対話、恵まれた幸運、長年にわたる多くの場での交友という至高の贈り物の所産である。

　恩恵を受けた主たる機関は、ハンティントン図書館、クイーンズ大学ベルファスト、ハーヴァード大学である。二〇〇六―〇七年のハンティントンでのメロン・リサーチ・フェローシップがなければ、この研究プロジェクトはまったく影も形もなかっただろう。それゆえ、まず感謝したいのは、当時同図書館の研究部長だったロイ・リッチーに対してである。その年、私が研究の方向を変えても、彼はとやかく言わなかった。

　本書の骨格を決めるのに刺激になったのは、ベルファストと、マサチューセッツ州ケンブリッジでの二つの出来事である。二〇一〇年五月、クイーンズ大学のワイルズ・レクチャーズにて、私はごく初期段階の拙論を開陳した。講演者である私に浴びせられた批判は、刺激的だったが、同時に威嚇にも近かった。「講演者の研究を文明の全般的な歴史と結びつけるべきだ」とか、「より詳細な歴史研究が持つ広範な意味について考察した成果を示すべきだ」と。当時のワイルズの評議員――ショーン・コナリー、ロバート・

エヴァンズ、デイヴィッド・ヘイトン、そしてとりわけ故クリス・ベイリー――には、講演者として招待されるという格別な名誉と、「文明の全般的な歴史」の中に内戦の概念を位置付けるという無比な機会を与えてくれたことに対して、多大な恩義を感じている。もう一人、特に感謝したいのは、私の所属する学部の当時学部長だったリズ・コーエンである。彼女は、とても忙しい時期に講演の原稿執筆や発表ができるよう、負担を減らしてくれた。

ワイルズ・レクチャーズの講演者の数ある楽しみや特権の中で恐らくもっとも素晴らしいのは、議論を検証するために、旨いアイリッシュ・ウィスキーで和んだ一連の刺激的な夕刻セミナーに学者仲間を招聘する機会が与えられることである。特段の謝意を表したいのは、ベルファストまで足を運び助言をくれたダンカン・ベル、リチャード・バーク、マイク・ブラディック、マイケル・ホプキンソン、コリン・キッド、ジェーン・オールメイヤー、ジョサイア・オズグッド、ジェニファー・ピッツ、アダム・スミスに加え、開催校のクイーンズ大学のリチャード・イングリッシュ、ピーター・グレイ、故キース・ジェフリー、デイヴィッド・リヴィングストン、クリス・マーシュである。デイヴィッド・ヘイトンは、歴史・人類学部長として、この記憶すべき一週間、完璧なホスト役を務めてくれた。

五年後の二〇一五年四月、ハーヴァードのアメリカ政治学研究センター主催のワークショップで本書の草稿を報告した。忌憚のない批判と親身の助言をくれたガブリエラ・ブラム、ダリン、マクマホン、サム・モイン、エリック・ネルソン、ジョン・スタウファー、リチャード・トマス、それにピーター・ゴードン、ジェームズ・ハンキンズ、ジム・クロッペンバーグ、さらに、討論の記録を採ってくれたジョシュア・エールリヒには心から感謝する。ワークショップがかくも成功したのは、ダン・カーペンターの寛大な支援とローラ・ドナルドソンの運営手腕が非常に重要であった。その数週間後にシカゴ大学のノイバウアー文化社会コレギウムでのこれまた刺激に満ちたセミナーで発言をしてくれたミシェル・ローリとジョン・マコーミック、それに二〇一六年六月にビーレフェルト大学で最終原稿について熱心に議論してくれたグループにも心からの謝意を伝えたい。ハーヴァードのウェザーヘッド国際問題センターからサバティカル休暇をもらえたことは、本書の完成には不可欠だった。

世界中の炯眼を持つ熱心な聴衆に私の議論の一端を聴いてもらえたのも幸運だった。内戦についての講演の機会を提供し、歓迎してくれた方々に厚く御礼したい。クリス・ベイリ(ケンブリッジ)、アレステア・ベラニー(ラトガース)、ケンジー・ボック(ケンブリッジ)、エヴァ・ボテラ・オルディナス(リアル・コレッジョ・コンプルテンセ)、リチャード・バーク(ニコライ・ルービンスタイン・レクチャー、クイーン・メアリー)、ナイジェル・ボウルズ(サー・ジョン・エリオット・レクチャー、オックスフォード)、チャールズ・クラウチ(サヴァナ)、ドン・ドイル(チャールストン)、ダン・エーデルスタイン(スタンフォード)、遠藤泰生(東大)、ローラ・フレイダー(ノースイースタン)、アリソン・ゲームズ(ジョージタウン)、レベッカ・ゲーツ(アーヴィン・フレデリック・カーブ・レクチャー、ライス)、エヴァ・マルレーネ・ハウスシュタイナーとステファン・シュレーライン(フンボルト)、ウィル・ヘイ(ミシシッピ・ステート)、ラス・ヘラー(ボイシ)、ジェイコブ・ヒューバーとニムロッド・コヴナー(ロンドン・スクール・オヴ・エコノミクス)、岩井淳(静岡大)、ポール・ケネディ(イェール)、クリスティナ・クルーリ(パンテイオン)、アリソン・ラクロア(モーリス・アンド・ミュリエル・フルトン・レクチャー、シカゴ・ロースクール)、ジョナサン・リア(シカゴ)、サンディ・レヴィンソン(トム・シーリー・レクチャー、テキサス大法学部)、メティス・ロック(アムステルダム)、ダーク・モーゼズ(欧州大学院)、パナヨティス・ロイロス(ハーヴァード)、ヘレナ・ローゼンブラット(ジョン・パトリック・ディギンズ・メモリアル・レクチャー、ニューヨーク市立大グラデュエート・センター)、ジョアン＝パウ・ルビエスとニール・セイファー(ハンティントン図書館)、キャスリーン・ソーヤー(ルイジアナ・ステート)、ブライアン・シェーン(コスタ・レクチャー、オハイオ)、ハヴィエル・フェルナンデス・セバスティアン(ブエノスアイレス)、アレックス・セミョーノフ(サンクトペテルブルク)、エリック・スローター(シカゴ)、グレンダ・スルーガ(シドニー)、コートニー・スターンとアンナ・スー(キャスリーン・ベイカー・メモリアル・レクチャー、トロント大法学部)、サイモン・スタイン・ワイス・スミス(ウェスリアン)、ピーター・ステイシー(カリフォルニア大ロサンゼルス校)、マイルズ・テーラー(ヨーク)、スピリドン・テゴス(レティムノ)、ブルーノ・トリブヴ(ロンドン)、ルシアーナ・ヴィラス・ボアス(リオデジャネイロ)、クリス・ウォーターズ(プロヴィデンス・アンド・ウィリアムズ)、トマス・ヴェルスコップ(ビーレフェルト)、リチャード・ファットモア(サセックス)、キャロライン・ウィンテラー(スタンフォード)、アンジェリア・ハヴィエル(リスボン)。

そのほか、長年にわたって有益な情報を交換してきた多くの方々に感謝したい。クリフ・アンドー、チャールズ・バートレット、ゲーリー・バス、デイヴィッド・ベル、ピーター・ボル、ハンナ・キャラウェイ、エリザベス・クロス、エマ・デンチ、イアン・ドナルドソン、ダン・エーデルスタイン、ジョン・エリオット、フィリップ・フィレリ、ファン・フランシスコ・フエンテス、マイケル・ガイヤー、ニノン・グランジェ、ジョー・グルディ、バーナード・ハーコート、ジョー・イネス、マーヤ・ジャサノフ、ジョアン・フェレス・ジュニオール、ダニエル・ユッテ、シュルーティ・カピラ、ヴィル・カリ、ロビン・キエラ、クリシャン・クマー、カルステン・ヨート・ランゲ、ニコラス・マクダウェル、アダム・メスティアン、サンカール・ムット、ルイーザ・オデュセオス、アンソニー・パグデン、エリカ・パーニ、ジョン・ポーコック、イングリッド・パーネル、ソフィー・ローゼンフェルド、ジョアン゠パウ・ルビエス、ニック・サッコ、エレイン・スカーリー、ロブ・シュナイダー、マイラ・シーゲルバーグ、ゾルタン・サイモン、エミール・シンプソン、ジュリア・シッサ、ラウリ・タハティネン、ジョルジオ・ヴァロウクサキス、テッド・ウィドマー、ジョン・ウィット、スーザン・ウッドワード、フィリップ・ウィン、ジョン・ザミート、アンドリュー・ツィンマーマン。さらに感謝しなければならないのは、苦しい時に励ましてくれたジョナサン・ベイト、早い段階で草稿を鋭くチェックしてくれたジョシュア・イートン、そして何よりもハーヴァード大学歴史学部の無比のスタッフ、とりわけ、私が学部長職をなんとかこなすことを助けてくれたジャネット・ハッチ、アン・カウフマン、エレーナ・パラディーノ、キンバリー・オヘーガン。

代理人のアンドリュー・ワイリーとワイリー・エージェンシーの全てのスタッフ、特にジェームズ・プーレンとセーラ・シャルファントのしっかりしたサポートには、無理をお願いしたこともあったが、大いに感謝したい。辛抱強く見守ってくれた出版社のジョージ・アンドレウ、ヘザー・マッカラム・リリア・モーリッツ・シュウォーツも同様である。皆さん、ありがとう。

最後に、長年にわたって励ましてくれた方々に深甚なる感謝を伝えたい。アリソン・バシュフォード、ジョイス・チャップリン、三人のDたち〔デイヴィッド・ベル、ダニエル・エーデルスタイン、ダーリン・マクマホン〕、グラハム・アールズ、アンドリュー・フィッツモーリス、ステラ・ガーヴァス、アイリーン・ギルーリー、ピーター・ゴードン、ジム・クロッペンバーグ、エリック・ネルソン、クエンティン・スキナー。

本書を、原稿を仕上げている最中に亡くなったかけがえのない友人で刺激を与えてくれた二人の歴史家の追悼として捧げる。彼らの遺産は永遠である。

解題

「内戦」の再定義――アーミテイジ『〈内戦〉の世界史』の位置と意義

成田龍一

0 内戦の時代

『〈内戦〉の世界史』の著者デイヴィッド・アーミテイジは、「われわれは内戦の世界にいる」という。実際、テレビをつけると飛び込んでくるのは、世界各地での内戦の映像である。二一世紀のいま、私たちは、「テロとの戦争」とともに、「内戦」の時代に入り込んでいるのであろう。二一世紀の暴力が、テロと内戦として現象している。

だが「内戦」と言いつつ、シリア内戦に見られるように、他の国が公然と戦闘集団を支援し、国境を越えた戦闘の広がりが見られ、ひとつの国家の範囲で収まっていない。他方、歴史的には「スペイン内戦」「国共内戦」など「内戦」と概念化された戦闘が見られるが、ここでもなぜ「内戦」というか――その定義は正面から問われてはいない。

(いまひとつの今日的現象である)「テロ」があらゆる敵対的なものをそこに押し込めるのと同様に、「内戦」もまた規定があいまいである。あらためて「内戦」は、どのように定義できるのかが焦点化している。

こうしたなか、鋭敏な歴史家であるアーミテイジは本書で「内戦」を再定義し、そのことによって〈いま〉の認識とあわせ、歴史認識を組み替える試みを実践する。のちに触れるように、グローバル・ヒストリーを主唱するアーミテイジは、「内戦」のグローバル・ヒストリー、すなわち暴力の歴史的な再定義を通じての現状および歴史認識の刷新を図っていく。

アーミテイジは、「内戦は本質的に論争的な概念である」という。「シヴィル〈市民／文明的〉」と「ウォー〈戦争〉」というそれぞれの「属性」自体が問われ、議論の対象となるとした。「内戦のどういった特徴を優先させるのか、あるいは、それを個々の紛争にどのように適用するのかといった点についても、まったく合意はない」といい、逆に「はっきりした定義を用いているという点で、厳密であることが政治的になるのは避けられない」と、アーミテイジはいい切る（第六章）。

アーミテイジは、慎重かつ厳密に「内戦」をめぐる四つの語圏——ギリシア、ローマ、アラビア、中国・日本の伝統を想定し、空間的な目配りをしたうえで前二者の歴史的な考察を行う。そのため、日本語圏の読者はこれまで自明であったはずの内戦の概念が、（ヨーロッパの経験を軸に）あらためて検討の対象となる経験をすることになる。さらにアーミテイジは、「内戦」の再検討によって歴史の再解釈に赴くが、日本の歴史はその新たな解釈ではどのように描くことになるのか、またそこでの論点は何かという点にも行き当たるであろう。本書が示唆するものは大きい。

1　アーミテイジのグローバル・ヒストリー

アーミテイジは、一九六五年生まれの気鋭の歴史家である。見渡したところ、二一世紀初頭の近年は、この世代の歴史家たちの台頭が著しい。「世界のなかのフランス史」というプロジェクトを率いベスト・セラーを生み出したパトリック・ブシュロンは同年の生まれ。『グローバル・ヒストリーとは何か？』を著したドイツの歴史家ゼバスティアン・コンラート（一九六六年生まれ）や、転回の歴史学を主導する長谷川貴彦（一九六三年生まれ）ら、一九六〇年代中葉に生まれた世代が世界的に活躍する状況となっている。

一九六〇年代半ば生まれの歴史家たちは、世代的にいえば、マルクス主義と格闘してきた第一世代（およそ一九三〇年前後生まれ）、社会史研究を受容した第二世代（おおよそ一九五〇年代前半生まれ）に次ぐ、第三世代に属している。社会史研究をエスタブリッシュな歴史学として学び、そのゆえにそこから離陸し、新たな歴史学の方法を探ることを課題としている世代と認めることができよう。マルクス主義が深く浸透していた、第一・第二世代とは異なった歴史学のスタイルを有している。

こうして社会史研究のその先を探る世代の歴史家のひとりとして、アーミテイジは活躍するが、より若いジョー・グルディとともに『これが歴史だ！』（平田雅博・細川道久訳、刀水書房、二〇一七年）を刊行している。アーミテイジ流の歴史学の提示――グローバル・ヒストリーの宣言といえる著作だが、世代論を重ね合わせると、第二世代（アーミテイジの言い方では「一九六八年頃に成年に達した歴史家たち」＝「六八年世代」）との緊張関係で、自からの立ち位置を示している。先行する第二世代（「六八年世代」）は、①「問題を限定すること」で「大思想」に挑み、②人種主義やナショナリズムなどを、「主体的な運動」として分析し、③それらを（自然的なものではなく）社会的なものとして歴史化したという。

アーミテイジは、たとえばドイツ史家のジェフ・イリーらの名前を挙げつつ、かれらもまた先行する歴史学を転回させたことを評価する一方、「短期的過去」を分析対象としていることを批判する。第二世代が扱う「短い時間尺度」「格段に狭いテーマ」の研究は、仲間うちでの会話となってしまい、歴史家は「専門家ではない読者層」から切り離されるとした。

専門主義—専門職化によって、歴史学の知的世界における周縁化がもたらされているというアーミテイジの危機意識は、史学史を射程に入れ、あらためて歴史学の認識と方法を探り、読者との関係の改変を志すこととなる。これは、他の第三世代の歴史家たちに共通する認識—作法でもある。第三世代の歴史家たちは、「短期」「狭隘」の考察に拘泥することからの離脱をはかり、「長期」「広域」の歴史研究を方法として提起し、グローバル・ヒストリーに赴いている。

本書『〈内戦〉の世界史』でも、このアーミテイジの姿勢は貫かれる。本書でアーミテイジは「知的系譜論」を方法とする——「ある概念の系譜を辿っていくと、われわれはそれがかつて使われていたのとは違う方法を発見する。そこで、それが現在いかに理解されているかを批判的に考察するための手段を身につけていく」——「われわれ歴史家は、それを時間を越えて、かつ世界中で起こる、連続した現象と捉えること」を提唱する。そして、本書は「二〇〇〇年にわたる内戦の変容を描く最初の試み」(序章)、すなわち暴力のグローバル・ヒストリーとして提供される。

アーミテイジの関心の重心は、「帝国」の考察にある。正確に言い直せば、帝国をグローバル・ヒストリーの対象として論じ、グローバルな時間と空間のなかで帝国を把握することが関心の核心にある。アーミテイジの最初の著作は『帝国の誕生』(平田雅博ほか訳、日本経済評論社、二〇〇五年)であり、スコットランド、イングランド、ウェールズ、アイルランドの国家形成のなか、連合体としてイギリスが帝国として形成されることを強調し、一国史からの脱却の歴史叙述を提供する。国民国家と帝国との不可分を言い、双方の関係として、イギリス帝国の誕生を叙述した。

代表作のひとつ『思想のグローバル・ヒストリー』(平田雅博ほか訳、法政大学出版局、二〇一五年)も同様である。ここでは、概念―言語(用語法)に着目し、「「帝国」という用語の意味を、根本的に定義しなおした」という。一七―一八世紀を「歴史的基礎」に、そのうえに現在に至る「帝国」の用語法が「構築」されたという構想のもと、一七七六年(「アメリカ独立宣言」)にひとつの画期を見出す。そして、帝国から国民国家への流れを軸に、「諸帝国の世界から諸国家の世界への長い転換」として〈近代化〉二〇〇年の経験――一八世紀末―一九世紀初めに関心を寄せるのである。

本書もまた、「内戦」の概念をローマ帝国から説き起こし、イギリス帝国とアメリカ革命を相関のもとに論じ、現在へと至る。

アーミテイジの帝国・解析は、かくして国民国家に関心を有していた、まえの世代への批判的対応であるといえよう。社会史研究は、国民国家のもとで形成された問題意識―概念―方法―叙述を分節し考察したと把握する。第一・第二世代の関心は国民国家をめぐる議論と共振していたが、続く世代のアーミテイジは、あらためて帝国を対象として設定するのである。

2 「内戦」を問題化すること

本書の主張は明晰である。アーミテイジの関心は「内戦の歴史」の世界史認識――「われわれの世界観を作り上げる上で内戦が持つ意義」の自覚とその検討にあり、「内戦」の概念の推移が本書で描き出され、考察される。

ある戦争を「内戦」と呼ぶことは、敵を同じ共同体の構成員――外国人ではなく同胞市民である――と見なす親近性を認めることである。(序章)

「内戦」の考察によって、戦争をはじめ、内乱/内戦/革命の概念をあらためて俎上に載せ、現在に至るまでの「内戦」認識を問う。何が、戦う相手を「同じ共同体」の成員とする認識・思考・概念を作り出しているのか――アーミテイジは空間的な目配りをしたうえで、内戦を長大な時間のなかで考察する。

本書はそのため「内戦の発明」から説き起こされ、「内戦の記憶」(ローマ)を探ることが方法となり、「野蛮な内戦(一七世紀)」と「革命の時代の内戦(一八世紀)」が扱われる。「内戦の文明化(一九世紀)」に至り、いまや「内戦の世界(二〇世紀)」となり、さらに「言葉の内戦」が問題化される状況に至っているという認識によって、文字通り〈内戦〉の世界史を論ずるのである。

本書は、二〇〇〇年にわたる内戦の変容を描く最初の試みであり、ローマ期の内戦概念の遺産をその後の数世紀にわたり追跡したが、この言葉の意味が変わった三つの重要な転換期を明らかにすることも、あわせ行う。

三つの転換とは、まずは一八世紀末であり、内戦と革命との区別に着目する。また第二の転換は、一九世紀末で、(自から国際論的転回と呼ぶ)国際関係と国際法の概念、「法」と「国際関係」の関係から、一九世紀末における法の語彙を検討し、さらに第三の転換として、冷戦終結期の現在にも思考の射程を及ぼす。

国民国家＝主権国家の相対化が図られ、国際法と国内法という「内戦」を考察する主題の方法化がなされての分析である。

いくらか具体的に、論旨を辿ってみよう。アーミテイジの営みは、ギリシアの伝統という「スタシス *stasis*」の検討から始まる。この語は「立つこと」ないし「陣取る」から派生し、「分派」や「内輪もめ」、「内紛」を意味し、これをふまえ、第二の伝統――「内戦」(ベッルム・キウィレ *bellum civile*)というローマ人の考案を重視する。

議論の核は、一七―一八世紀の啓蒙期以後に、「内戦」と「革命」の概念が互いに「距離」を置くようになり、「対峙」するようになったことに向けられる。両者は、まったく異なる「道徳的政治的な意味合い」を持ち、前者は過去志向で、破壊的・後退的であるのに対し、後者は未来志向で、生産的・進歩的と見なされ、成功した「内戦」は「革命」として「イメージチェンジ」されるとした。

他方、一九世紀には、内戦が「法の領域」に持ち込まれ、「文明化」される。また、二〇世紀には、「内戦」にまきこまれる共同体の範囲は、国家や帝国の境界を越えて拡大していく。その拡大の様相は、人間同士の戦争は全て内戦である、という「様々な潮流の世界市民主義的な思想」へと遡ることができるかもしれないともいう。

こうした分析と叙述は、「内戦」の再定義を手がかりとしたヨーロッパ思想史の再解釈であり、世界史認識の組み換えが時間的・空間的な拡大のなかで実践される。アーミテイジが示すのは、同時代的な認識の差異であるとともに、現時の歴史認識にほかならない。

アーミテイジが力点をおくひとつがアメリカ独立革命への言及である。アメリカ独立革命は、イギリス第一帝国との争いだが、この出来事をイギリス化/アメリカ化のいずれを目指したかと解釈することによって、事態の認識—把握が異なる。

アーミテイジは、第四章で、独立宣言の参考にされたという、ヴァッテルの主著『諸国民の法』(一七五八年)を持ち出しながら、この過程を叙述し、イギリス史、アメリカ史の枠組みによって別個に解釈されてきた一八世紀の歴史過程を総合的に把握するが、論点とするのは、「帝国」と「内戦」の動きである。

すなわち、独立戦争(一七七五年)に至る出来事を、「伝統的なアメリカ「革命」史」が「内戦」と呼ぶことに抵抗したことに、アーミテイジは着目する——のちに始まる南北戦争を「内戦」と把握するがゆえに、独立革命は「内戦」ではないとする認識に目を向ける。すなわちこの間の出来事が、内戦か、革命かとして見解が分かれることを、南北戦争の歴史的認識との関連で説明する。

この「革命史」叙述が、独立に至る事態をイギリス・アメリカの「解体の危機」として描くとき、近年の歴史家たちは、大西洋の両岸にいたイギリス臣民間の「統合の危機」と見ていると、アーミテイジは論を展開する。最近の歴史家たちはアメリカ独立革命を「内戦」として再検討しており、大西洋世界を研究する指導的な歴史家は「したがって、これは革命であるとともに内戦であった」と結論づけていることを紹介した。

こうして、アメリカの独立革命は、「内戦」の文脈で説明され直す。このことは、大西洋をイギリス植民地帝国の「内海」であると把握する近年の見解と結びつくとともに、約三〇あった南北アメリカの英領植民地のうち、政治的独立を果たしたのは北米一三州のみという事態にあらためて目を向けさせる。アメリカの独立革命は、植民地エリートの「定住白人」(=クレオール)による「クレオール革命」とされるが、アーミテイジによれば「内戦」の概念を補助線とすることにより、歴史認識がいっそう明瞭に説明されることになる。

他方、こうしたアメリカ独立革命の解釈により、一八世紀における「内戦」の概念も練り上げられる。アーミテイジが基礎に置くローマの場合と同様に、共同体の境界―競合する友愛の絆がくっきりと姿を現すのは「内部の分裂と崩壊の時」である。この事態を「内戦」と呼ぶことによって、帝国の危機は「内戦の一つとして位置付けられた」ということになる。

この位置付けは、一連のイギリスの「内戦」(名誉革命から一六四二―四五年、一六四八年、一六五〇年の三つの「イングランド内戦」を経て中世まで)を遡りながらなされる。アメリカ独立革命として考察され、イギリス帝国史とは切り離され、異なった文脈で論じられてきた出来事が、イギリス帝国史のなかに組み込まれ、大西洋を横断する「内戦」が、一七世紀から一八世紀まで一続きになった「イギリス革命」の一部として見られることになろうと、アーミテイジはいう。

あらためていい直せば、イギリス史として完結させる書き方は、アメリカ史として完結させる書き方と表裏をなす。このとき、アメリカ独立革命をイギリス帝国に対する「内戦」として把握することにより、帝国史―内戦史として融合的な歴史像が可能となるのである。

いまひとつ、「主権」を前提とすることへの問題提起が、アーミテイジの提起する論点となる。

主権は、権限の確実性の淵源というより、すさまじい論争の場所であった。なぜなら、国家ではなく帝国こそが両アメリカの共同体であり、その内部で「革命」の時代とされる時に内戦が展開されたからである。(第四章)

一般に歴史の叙述において、「内戦」を経験することにより、そこから新たな政治思想が生み出されると説明されてきた。個人の私的領域における「思想・信条の自由」や「寛容」、政教分離や国家の中立性などが生み出され、「国家主権」が成立したとされる。かかる抵抗を軸とした主権の理解を、アーミテイジは歴史化し、国民国家の自明性に相応した主権概念として再検討に付した。すなわち帝国のもとでの抗争のありかとして主権を再考し、一八世紀のイギリス帝国(=南北アメリカを含む)における具体的な様相を探ったといいうる。

3　日本の「内戦」

『〈内戦〉の世界史』は、中国語・日本語における「内戦」概念——「国内の戦争」という理解を相対化する試みとして享受することができる。そのためグローバル・ヒストリーによる「内戦」の再定義の検証とともに、日本の歴史のなかでの「内戦」の再解釈も促す。

手がかりとして、日本語で刊行され「内戦」を表題に掲げた本を検討してみよう。数としてはさほど多くはないが、それでも日本語圏での「内戦」の含意はうかがうことができる。

田村圓澄・小田富士雄・山尾幸久『古代最大の内戦　磐井の乱』（大和書房、一九八五年、増補改訂版、九八年）、倉本一宏『内戦の日本古代史』（講談社現代新書、二〇一八年）を取り上げるとき、前者は、対立する相互の力関係を論点とする。

「磐井の乱」（五二七年）を、「一地方豪族」の「大和朝廷への〝反乱〟」とすると、六世紀前半にはすでに「大和政権による統一支配」がみられることとなる。しかし、畿内の大和政権と同様の地域政権が、九州各地にあったとみる見解がある。そこでは「磐井の乱」は、畿内政権（大和政権）が筑紫政権（九州）に勝利し、統一政権を作りあげたとの理解となる。

かくして「磐井の乱」の理解が、「日本国家の成立」にかかわる論点を形成している。そのため論者たちが集まり、『古代最大の内戦　磐井の乱』が上梓された。

ここでは、統一政権への対抗が「乱」（「内乱」）であり、「内戦」は統一政権の成立にかかわる争いとして認識されている。「磐井の乱」で見過ごせないのは、磐井が朝鮮半島の新羅と手を結んでいることである。大和政権が朝鮮半島の政治情勢の変化に対応し、海を渡って新羅を討つことを計画したとき、磐井がその渡海を阻止し「反抗」した。そのため、大和政権と磐井とのあいだの争いになっている。このときの争いは、一年半続くが、（史料として残されている八世紀初めに成長した）『日本書紀』の文章では、磐井が「叛逆」したと記してある。

後者『内戦の日本古代史』は、「北東アジアの情勢と日本における内戦との関連」で描く。「前近代を通じて、わが国は対外戦争のきわめて少ない国であった」といい、さらに日本は「内戦もきわめて少なく」、規模も小さいとした。そして「磐井の乱」をふくむ一一件の「乱」を扱い叙述した。天慶の乱に及ぶ全てが「内戦」として扱われる。

なかには、邪馬台国(卑弥呼)とその南に位置する九州の狗奴国《くなこく》との「交戦」(二四七年)や日本武尊・伝承の「征討」も加えられている。多くは「乱」であるが、「蝦夷征討」(「三八年戦争」、七七四―八一一年)も、抵抗を主導した阿弖流為《アテルイ》の名前とともに書き留められている。統一政権への対抗が記されるが、先住民族との抗争であることとの差異は考慮されていない。

両著で取り上げられるのは、現在の国民国家・日本の領域―内部での「乱」(「役」)としての「内戦」である。東アジアの帝国のなかでの「内戦」という視線ではなく、現在の日本の領域のなかで、統一政権に対抗した動きが「内戦」として扱われる。

『内戦の日本古代史』には「日中朝関係、内戦・対外戦争略年表」が付されているが、「壬申の乱」「川中島の戦い」「関ヶ原の戦い」などのほか、「島原の乱」「赤穂事件」が記入される。扱われる領域は、現在の日本の範囲であり、その意味での「内戦」である。とともに、近現代では「戊辰戦争」「米騒動」「二・二六事件」「安保闘争」が記される。民衆運動(米騒動、安保闘争)とクーデター(二・二六事件)が並置されており、以下に記す「西南戦争」は記載されていない。「内戦」の概念は、いまだ検討の途上にあると言わざるを得ない。

「内戦」の英語訳は、「Civil War」である。「Civil War」は、日本語の感覚では「市民戦争」であり、「士族反乱」としての西南戦争が「Civil War」と訳されることは、ちょっとしたショックではなかろうか。日本語の使用法では、「内戦」は国民国家内部での抗争とされるが、対立する相手を互いに「市民」と認ずるには至らず、西南戦争は（統一政権に対する）「士族」の反乱と言い習わされてきた。ことは「日本の近代」の理解にかかわってくる。

一九―二〇世紀の近現代日本史では、国民国家形成期にまたがる「内戦」として、戊辰戦争（一八六八―六九年）と西南戦争（一八七七年）が取り上げられてきた。だが、それぞれ「内戦」としての含意は異なっている。前者は、江戸幕府に代わる統一政権として明治政府が確立する過程で戦われた「戦争」であり、後者は誕生した明治政府（統一政権）に対抗する「反乱」とするのが一般的な理解となっている。

戊辰戦争―明治政府の誕生―西南戦争という出来事を「内戦」という視点から、どのように整合的に把握するかという課題が、アーミテイジによって提起されたといいうる。

その一端として、戊辰戦争は権力―統一政権の確立過程での戦闘とともに、さらに諸外国と条約体制を継続する主体の争奪をめぐる問題となる点が浮上する。戊辰戦争も、新たに国際法と国際関係のなかで論じられるようになってきている（奈倉哲三・保谷徹・箱石大編『戊辰戦争の新視点』上下、吉川弘文館、二〇一八年）。

同書に収められた、保谷徹「国際法のなかの戊辰戦争」は「内戦が始まると、条約体制の継承はとりもなおさず、戊辰戦争を勝ち抜くために必要な手段となった」と記す。条約国による、相手方への蒸気船による物資・兵力の海上輸送を警戒するのだが、条約国は、日本を内戦状態と規定し「局外中立の布告」を行った。このことは、旧幕府と新政府に「平等な国際法上の交戦団体権」を認めたこととなる（もっとも実際には「宣言」のみで、武器弾薬が開港場で取引されていたという）。東アジア、および日本の国際関係が変化するなかでの、統一政権の形成過程―戦闘であり、「内戦」ということができる。

このときアメリカは、「日本の革命」(駐日公使の報告)と認識している——「内戦のもとで、条約が規定する通商権と一般国際法を背景とした交戦権の相克が存在した」と、保谷は問題の所在を指摘する。フランス、ロシアも同様の認識と行動をとった。フランスの新聞『ジュルナール・デ・デバ』は、日本における「政治革命」を報じ、戊辰戦争への「不介入」をいう(寺本敬子「フランス・ジャーナリズムと戊辰戦争」、同書所収)。また、ロシアも『現代史』誌上で(もとの情報は、ドイツの日刊紙『アルゲマイネ・ツァイトゥング』)「日本における革命」として把握していた(麓慎一「ロシアから見た戊辰戦争」、同書所収)。

国際法により、「内戦」として条約国が扱う戦争として戊辰戦争が把握されていた。他方、諸外国から見るとき、統一政権の行方が不明な時期であり「革命」として報じられたが、「内戦」—「革命」の視線は国民国家形成にかかわることが、戊辰戦争にもうかがわれる。

いまひとつの「内戦」として、西南戦争はどうであろうか。小川原正道『西南戦争』(中公新書、二〇〇七年)は、副題に「西郷隆盛と日本最後の内戦」と掲げている。明治政府が誕生したあと、その政権に対する抵抗権の発動というのが、小川原の視点である。

なるほど、戊辰戦争の終了により統一政権(明治政府)が誕生するが、農民たち、士族たちによる抵抗はやまない。小川原は、士族による政府批判に着目し、『評論新聞』(一八七五年、創刊)が武力による政府転覆を唱えていることなどを紹介する。

例えば、伊東孝二「圧制政府転覆すべき論」(一八七六年一月)は天賦人権論を唱え、アメリカ「独立宣言」やフランス「人権宣言」に言及し、専制政治に服従することを拒否する。著名な自由民権家の植木枝

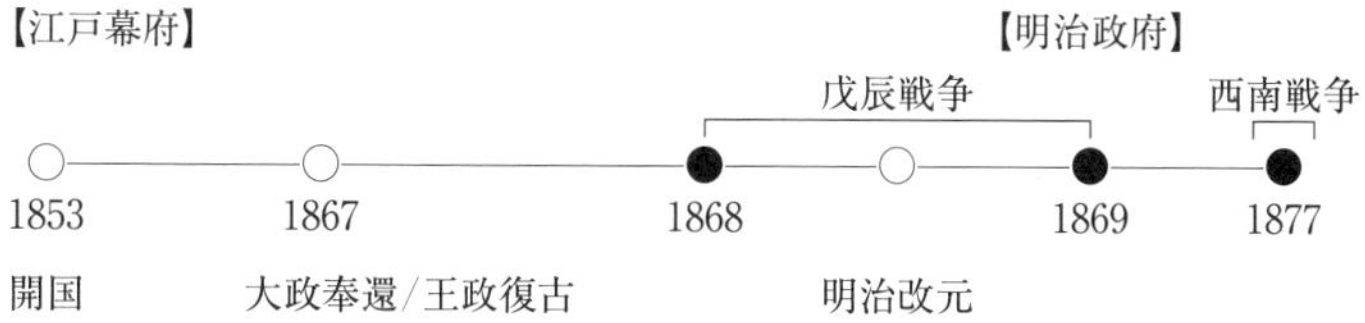

盛も、同様に「自由は鮮血を以て買わざる可らざるなり」(『湖海新報』一八七六年六月)と論じていた。

この抵抗権思想の延長上に西南戦争をおき、小川原は西南戦争を「内戦」と把握した。国民国家成立後の争いとして、西南戦争にこの規定を与えている。

戊辰戦争と西南戦争は、あいだに明治維新を挟んだ「内戦」であるが、実際の叙述において、それぞれ「内戦」といったときの含意は異なる。国民国家形成に向けての内戦(戊辰戦争)と、国民国家形成後の内戦(西南戦争)とされ、従来はどちらか一方のみに「内戦」の規定を与えてきた。

内部における抗争と対外的な抗争を、同時に解決するための根拠が主権である。①最終的な意思決定権が一元化され、②対内的な統合がなされ、③意思決定が領土内にとどまることが主権国家(国民国家)の条件とされ、その文脈で戊辰戦争—明治維新—西南戦争の過程が記されてきた。この一連の過程を、明治維新の考察としてどのように考えるのか、という問題があらためて浮上するのである。

興味深いのは、統一政権の側の「和解」の作法である。明治政府は、すでに戦闘最中の一八六八年に京都の東山に招魂社を設け、一八六九年には東京招魂社を東京・九段に設置し、戊辰戦争の戦死者を合祀した(一八七九年に靖国神社と改称)。のち西南戦争の死者も祭神とするが、戊辰戦争、西南戦争の反政府側の死者は、西郷隆盛を含め祀っておらず「内戦」の認識を貫く。

他方、明治政府は一八八九年二月一一日に、大日本帝国憲法の発布にともない、西郷隆盛の「賊名」を除き、正三位とした。人びとのなかには西郷への共感が根強く、東京に西郷星が現れたとの情報が相次ぐ(「此両三日、西の天に向て又々西郷星現れぬと評判す」『東京日日新聞』一八八九年二月二七日)。すでに西郷が死した一八七七年八月頃より、西郷星は目撃されていた。

このとき、いまひとつの「内戦」にも言及しておきたい。大日本帝国内の植民地の運動として展開された、三・一運動(一九一九年、朝鮮)、霧社事件(一九三〇年、台湾)をめぐってである。ともに、独立運動や日本に対する蜂起として論じられてきたが、こうした植民地における運動は、アーミテイジの示唆を受けるとき、「内戦」として把握することは可能であるかを考えざるを得ない。はたして、三・一運動、霧社事件は「内戦」であるのか。

私の見解は、否である。植民地の抵抗運動を「内戦」といったときには、大日本帝国の植民地領有を、肯定的に前提としてしまうことに通ずるであろう。「内戦」の認識は歴史認識の転換を図るものであるがゆえに、論者の立ち位置を照射するものとなり、倫理的立場とも関連している。

この点は、三・一「運動」や霧社「事件」といった用語にもかかわってくる。前者は、「主権国家としての分離独立とは異なる意味での「民族としての独立」」とされ(米谷匡史「三・一独立運動、五・四運動と帝国日本のデモクラシー」『歴史地理教育』八九一、二〇一九年三月)、近年の見解では「独立」を付さない言い方になっている。また、後者は、「事件」として極小化されたままの用語法である。現代の日本においては、

〈いま〉が内戦の時代ということは共有しつつ、歴史的には素朴、かつ「国内の戦争」という域を超えていないように思われる。「内戦」概念の再検討はその立ち位置を照射する問題提起となっている。

「内戦」を主題とするとき、叙述をする立場―記述者の歴史認識が問われるが、これは現時の世界認識においても同様である。アーミテイジは、この焦眉の認識地点に真正面から取り組み、あわせてグローバル・ヒストリーの効用を示したといいうる。

訳者あとがき

本書はDavid Armitage, *Civil Wars: A History in Ideas*(New York: Alfred A. Knopf; New Haven and London: Yale University Press, 2017)の全訳である(同年にはカナダでもPenguin Canadaより刊行されている。英米版のジャケットには黒と白の二つの剣が交わる絵が描かれているが、カナダ版では、剣が交わるすぐ下に一滴の赤い血が垂れている)。これらのハードカバー版出版の翌二〇一八年にペーパーバック版(New York: Vintage; New Haven and London: Yale University Press)が刊行されており、新規データに基づく本文のごく一部の修正、注と参考文献一覧にそのデータ情報の追加があり、本書にはこちらも取り入れた。

著者のデイヴィッド・アーミテイジは、一九六五年、イングランドのストックポート生まれで、ケンブリッジ大学で博士号を取得した。コロンビア大学助教・准教授・教授を経て、二〇〇四年からハーヴァード大学歴史学部教授となり、思想史や国際関係史を教え、同歴史学部長(二〇一二―一四、二〇一五―一六年)も務めた。

三部作といえる主著三冊、および共著として以下のものがある。*The Ideological Origins of the British Empire*(Cambridge: Cambridge University Press, 2000)(『帝国の誕生――ブリテン帝国のイデオロギー的起源』平田雅博・岩井淳・大西晴樹・井藤早織訳、日本経済評論社、二〇〇五年)、*The Declaration of Independence: A Global History*(Cambridge, Mass.: Harvard University Press, 2007)(『独立宣言の世界史』平田雅博・岩井淳・菅原

秀二・細川道久訳、ミネルヴァ書房、二〇一二年〕、*Foundations of Modern International Thought* (Cambridge: Cambridge University Press, 2013)〔『思想のグローバル・ヒストリー』平田雅博・山田園子・細川道久・岡本慎平訳、法政大学出版局、二〇一五年〕、Jo Guldi and David Armitage, *The History Manifesto* (Cambridge: Cambridge University Press, 2014)〔『これが歴史だ！——二一世紀の歴史学宣言』平田雅博・細川道久訳、刀水書房、二〇一七年〕。これ以外の編著書、論文についての詳細は本人のＨＰ(https://scholar.harvard.edu/armitage)を参照されたい。

三部作との関連から本書の特徴にいくつか触れてみよう。『帝国の誕生』や『独立宣言の世界史』では「複合国家」や「国家建設」を論じていたが、本書『〈内戦〉の世界史』は一転して「国家解体」論に転じた。その契機は昨今の中東などの内戦にあふれた世界情勢である。

また、共著『これが歴史だ！』の原著は、*New Statesman* 誌の二〇一四年度「ブック・オブ・ザ・イヤー」に選ばれ、二〇一八年には *Chronicle of Higher Education* 紙の「過去二〇年間でもっとも影響力があった本」の一冊にも選ばれた。そこでは、短期的なタイムスパンではなく長期的な展望こそ本来の歴史学である、と宣言し、気候変動、不平等、グローバル統治などの歴史をフェルナン・ブローデルのいう「長期持続 longue durée」すなわち長期的な視点から考える思考の復活を提唱した。これを受けて、本書『〈内戦〉の世界史』の執筆動機となったのも、従来の「内戦」研究には膨大な研究蓄積があったにしても、多くは短期でかつ地域に限定された個別の「内戦」の研究であり、長い時間幅による歴史研究がないことを発見したことであった。長い期間の歴史研究の実践例として内戦を取り上げたとも言える。

Civil War の訳語一つにしても、古代ローマ史研究ではルーカーヌス『内乱——パルサリア』(上下巻、岩波文庫、二〇一二年)、あるいは『カエサル戦記集――内乱記』(岩波書店、二〇一五年)のように「内乱」とされる一方で、イングランド内戦、スペイン内戦、ユーゴスラヴィア内戦など近現代史研究ではほとんど「内戦」と訳されているが、本訳書では、ローマ史を含めてすべて「内戦」とした。

前著を踏まえたもう一つの姿勢は、文字通りのグローバルな視野である。内戦を古代の地中海から初期近代のヨーロッパ、さらには現代世界へと時代を経ていくとともに、視野も拡大していく「グローバル・ヒストリー」として見ていく歴史叙述の成果の一つともなっている。長期的に時代を超えていくのはグローバルに国を超えていくことよりも難しい試みかも知れない。ましてや長期的にしてかつグローバルな試みは前例がなかろう。それを内戦をテーマにして成し遂げようとしている。

本書も歴史学のジャンルとしては思想史に入るといえよう。思想史といえば、どうしても国や時代をしっかり定めて研究する「ナショナル・ヒストリー」のイメージがある。しかし、著者は『独立宣言の世界史』で、数次にわたって「帝国」から独立する都度に、アメリカ独立宣言を模した独立宣言がアメリカ以外の世界中の人々に担われて広がったことを示したように、思想こそグローバル・ヒストリーの素材となりうるのである。

以上の長期性やグローバル性を踏まえて本訳書のタイトルを『〈内戦〉の世界史』(思想としての内戦である)ことを示すため山括弧をつけて〈内戦〉としたが、原著の副題 history in ideas を直訳すると「思想における歴史」であり、それは長い伝統のある思想史=すなわち「思想の歴史 history of ideas」とは区別されたものである。従来の「思想史」が「自然」といった大きな概念をそれを使う人々から遊離させて扱ってきたとしたら、「思想における歴史」とは思想をその担い手から切り離さず、思想が置かれた脈絡を重視する繊細で複雑な「新しい思想史」である。
『思想のグローバル・ヒストリー』では、これと同様なことを、かつての洗練されていなかった歴史縦断的な(トランスヒストリカル)思想の歴史の危険を回避して、より方法論的に踏み込んだ、思想における時間縦断的な(トランステンポラル)歴史に置き換える、と表現している。トランスヒストリカルとは歴史的状況の文脈や制約を持たないことを意味し、これと対照的にトランステンポラルとは思想が歴史を持っていることを意味し、思想は異なる時代に異なる形態で現れるが、長期持続の中で再構築され、歴史のテーマとして研究が可能となるものである。内戦はこうしたトランステンポラルの事例の一つである。

本書の原著が出版される二年前の二〇一五年の二月と一二月に二度にわたって草稿ファイルが、著者から細川に送られてきた。この草稿は平田に転送され、この両人はとくに専門でもないにもかかわらず、今回もただ面白さゆえに邦訳を決断した。原著出版後に古代史の章が重要になると実感し、そこを担当してもらうために副学長の要職にあった阪本を巻き込んで、三名での作業が開始された。翻訳の分担は以下のとおりである。平田が序章、第三章、第四章、阪本が第一章、第二章、細川が第五章、第六章、結論、あとがき、を担当した。この三名は訳稿を交換して互いに点検した。

本書は日本語以外にも、スペイン語、ポルトガル語、中国語、ギリシア語、イタリア語、韓国語、ドイツ語に翻訳されたか、翻訳される予定とのことである。本書をめぐる特集やインタビュー記事は三〇本以上、書評も上記の本人HPを見る限りですでにその数は九〇本以上に達している。いずれも英語圏以外を含む世界中の人々に届けられ読まれつつある証左であろう。

本訳書が日の目を見るまでにお世話になった方々のお名前を挙げると、まず著者には二〇一八年六月の来日の機会をとらえて、本書を捧げている二人の歴史家について聞いたばかりか、内容に関しても質問した。それ以後もたびたびメールで疑問点について確認し、出先のベルリンなど世界各地から回答をいただいた。原聖氏には岩波書店を紹介していただいた。成田龍一氏には本書のために「解題」を執筆いただいた。三嶋輝夫氏には神崎繁氏の遺著『内乱の政治哲学――忘却と制圧』(講談社、二〇一七年)を紹介していただいたばかりか、訳文草稿の一部を読んでいただいた。信澤淳氏にはいつもながら索引を作成していただいた。

最後に、岩波書店の吉川哲士氏には、圧倒的な編集力で入稿前の訳文草稿に対して細大漏らさず指摘していただき、校了に至るまで終始お世話になった。ここに記して深謝するしだいである。

二〇一九年一〇月一五日

訳者一同

デイヴィッド・アーミテイジ（David Armitage）
1965年，ストックポート（イングランド）生まれ．ケンブリッジ大学で博士号を取得．現在，ハーヴァード大学歴史学部教授．専門は，思想史，国際関係史．
主著（邦訳のあるもの）：『思想のグローバル・ヒストリー』（法政大学出版局，2015），『独立宣言の世界史』（ミネルヴァ書房，2012），『帝国の誕生——ブリテン帝国のイデオロギー的起源』（日本経済評論社，2005），『これが歴史だ！——21世紀の歴史学宣言』（共著，刀水書房，2017）．

〈内戦〉の世界史　　デイヴィッド・アーミテイジ

2019年12月19日　第1刷発行
2020年 3 月16日　第2刷発行

訳　者　平《ひら》田《た》雅博《まさひろ》　阪《さか》本《もと》　浩《ひろし》　細川道久《ほそかわみちひさ》

発行者　岡 本　厚

発行所　株式会社 岩波書店
〒101-8002 東京都千代田区一ツ橋 2-5-5
電話案内 03-5210-4000
https://www.iwanami.co.jp/

印刷・精興社　製本・牧製本

ISBN 978-4-00-024181-6　Printed in Japan

訳者：

平田雅博　序章，第 3, 4 章

1951 年，青森県生まれ，東京大学文学部卒業．現在，青山学院大学文学部教授．専門は，イギリス帝国史．

主著：『英語の帝国――ある島国の言語の 1500 年史』(講談社選書メチエ，2016)．『ウェールズの教育・言語・歴史――哀れな民，したたかな民』(晃洋書房，2016)．

阪本　浩　第 1, 2 章

1954 年，宮城県生まれ．東北大学大学院文学研究科博士課程退学．青山学院大学文学部教授．同大学学長．専門は，古代ローマ史．

主著訳書：『ソシアビリテの歴史的諸相』(共編，南窓社，2008)．E. ゴールズワーシー『アントニウスとクレオパトラ』(上下巻，白水社，2016)．

細川道久　第 5, 6 章，結論，あとがき

1959 年，岐阜県生まれ．東京大学大学院人文科学研究科博士課程退学(博士)．現在，鹿児島大学法文学部教授．専門は，カナダ史，イギリス帝国史．

主著：『ニューファンドランド――いちばん古くていちばん新しいカナダ』(彩流社，2017)．『カナダの自立と北大西洋世界――英米関係と民族問題』(刀水書房，2014)．

解題：

成田龍一（なりた　りゅういち）

1951 年，大阪府生まれ．早稲田大学大学院文学研究科博士課程修了(博士)．現在，日本女子大学教授．専門は，近現代日本史．

主著：『近現代日本史との対話』(集英社新書，2019)．『「戦後」はいかに語られるか』(河出書房新社，2016)．

索　引

＊本索引は，翻訳内容に応じて原著索引の項目を取捨選択し再構成したものである．
＊対象としたのは，序章から結論までの範囲である．
＊人名は，主にファミリーネームにあたるものを採用した．

ア行

カ行

サ行

タ行

ナ行

ハ行

マ行

ヤ行

ラ行

ワ行

注

序章　内戦との対峙

(1) Gaddis, "The Long Peace: Elements of Security in the Postwar International System," in *Long Peace*, 214-45〔ギャディス「長い平和」〕; Mueller, *Retreat from Doomsday*; Mandelbaum, *Dawn of Peace in Europe*; Howard, *The Invention of Peace and the Reinvention of War*; Sheehan, *Where Have All the Soldiers Gone?*

(2) Allanson, Melander, and Themnér, "Organized Violence, 1989-2016"; Petterson and Wallensteen, "Armed Conflicts, 1946-2014."

(3) Braumoeller, "Is War Disappearing?"; Newman, "Conflict Research and the 'Decline' of Civil War"; Sarkees, "Patterns of Civil Wars in the Twentieth Century."

(4) Ghervas, "La paix par le droit, ciment de la civilisation en Europe?"

(5) Kant, "Toward Perpetual Peace" (1795), in *Practical Philosophy*, ed. and trans. Gregor, 317, 351〔カント『永遠平和のために／啓蒙とは何か』148, 253 頁〕.

(6) Goldstein, *Winning the War on War*; Pinker, *The Better Angels of Our Nature*〔ピンカー『暴力の人類史』上下巻〕.

(7) Hironaka, *Neverending Wars*, 4-5; Paul Collier, Lisa Chauvet, and Håvard Hagre, "The Security Challenge in Conflict-Prone Countries," in *Global Crises, Global Solutions*, ed. Lomborg, 72, 99 (引用該当頁); Skaperdas, et al., *Costs of Violence*; World Bank, *World Development Report 2011*; Dunne, "Armed Conflicts"; Hoeffler, "Alternative Perspective."

(8) Collier, *Wars, Guns, and Votes*, 139 (引用該当頁); Collier, Hoeffler, and Söderbom, "On the Duration of Civil War"; Fearon, "Why Do Some Civil Wars Last So Much Longer Than Others?"; Walter, "Does Conflict Beget Conflict?"; Hironaka, *Neverending Wars*, 1, 50; World Bank, *World Development Report 2011*, 57.

(9) Collier, *Bottom Billion*; Rice, Graff, and Lewis, *Poverty and Civil War*.

(10) Mission statement, Centre for the Study of Civil War, Peace Research

Institute Oslo. http://www.prio.org/Programmes/Extensions/Centre-for-the-Study-of-Civil-War/About/.

(11) Enzensberger, *Civil War*, trans. Spence and Chalmers, 12〔エンツェンスベルガー『冷戦から内戦へ』13頁〕.

(12) Agamben, *Stasis*, trans. Heron, 2〔アガンベン『スタシス』10頁〕. 次と比較されたい. Grangé, *Oublier la guerre civile?*, 7:「明らかに政治学では内戦には光が当てられていない」. Kissane, *Nations Torn Asunder*, 3:「政治思想史には，内戦を論じた体系的な論文は皆無である」.

(13) Mason, "The Evolution of Theory on Civil War and Revolution," 63-66.

(14) Allanson, Melander, and Themnér, "Organized Violence, 1989-2016," 576; Gleditsch, "Transnational Dimensions of Civil War"; Checkel, *Transnational Dynamics of Civil War*.

(15) Mayer, *Furies*, 323(「戦争が地獄ならば，内戦は地獄の中でももっとも深くもっとも暗い無間奈落に属する」); Kalyvas, *Logic of Violence in Civil War*, 52-53.

(16) Lucan, *Bellum civile*(I, 31-32), in Lucan, *Civil War*, trans. Braund, 3-4〔ルーカーヌス『内乱(上)』19頁〕; Michel de Montaigne, "Of Bad Meanes Emploied to a Good End"(*Essais*, II. 23), in *Essays Written in French by Michael Lord of Montaigne*, trans. Florio, 384〔モンテーニュ『エセー(5)』168頁〕; Frank Aiken, August 3, 1922. 次に引用. Hopkinson, *Green Against Green*, 273.

(17) Eliot, *Milton*, 3〔エリオット「ミルトンII」693頁〕.

(18) De Gaulle, 以下に引用. Marañon Moya, "El general De Gaulle, en Toledo."

(19) Enzensberger, *Civil War*, 11〔『冷戦から内戦へ』11-12頁〕.

(20) Girard, *Violence and the Sacred*〔ジラール『暴力と聖なるもの』〕; Giraldo Ramírez, *El rastro de Caín*; Jacoby, *Bloodlust*; Esposito, *Terms of the Political*, 123-34. ビル・キッサンが注記するように，近代ヘブライ語における内戦という言葉は「兄弟間の戦争」に近い. Kissane, *Nations Torn Asunder*, 7.

(21) Osgood, *Caesar's Legacy*, 3は以下を引用している. Brunt, *Italian Manpower, 225 B.C.-A.D. 14*, 509-12.

(22) Braddick, *God's Fury, England's Fire*, xii.

(23) Faust, "'Numbers on Top of Numbers,'" 997; Faust, *This Republic of*

Suffering, xi. Neely, *Civil War and the Limits of Destruction*, 208–16 は，これらの数字を批判したが，Hacker, “A Census-Based Count of the Civil War Dead” は，その後，説得的に上方修正しておよそ 62 万人から 75 万人の死者とした.

(24) Kloppenberg, *Toward Democracy*, 21–60.

(25) Schmitt, *Ex Captivitate Salus*, 56〔シュミット「獄中記」159 頁，訳を一部改めた〕.

(26) Clarendon, *The History of the Rebellion and Civil Wars in England, Begun in the Year 1641*.

(27) U.S. Department of War, *War of the Rebellion*.

(28) Gingrich, 以下に引用．Stauffer, “Civility, Civil Society, and Civil Wars,” 88.

(29) “Pour Valls, le FN peut conduire à la ‘guerre civile’,” *Le Monde*, December 11, 2015.

(30) Brass, *Theft of an Idol*, 3–20; Kalyvas, “The Ontology of ‘Political Violence’”; Kalyvas, “Promises and Pitfalls of an Emerging Research Program”; Kissane and Sitter, “Ideas in Conflict.”

(31) Kaldor, *New and Old Wars*; Kalyvas, “‘New’ and ‘Old’ Civil Wars”; Münkler, *New Wars*.

(32) Geuss, “Nietzsche and Genealogy”; Bevir, “What Is Genealogy?”

(33) Skinner, “Genealogy of the Modern State,” 325.

(34) Nietzsche, *On the Genealogy of Morality*, 51〔ニーチェ『道徳の系譜学』139 頁〕.

(35) Ibid., 53（強調は引用者）〔R. グハほか『サバルタンの歴史――インド史の脱構築』竹中千春訳，岩波書店，1998 年，294 頁〕.

(36) Gallie, “Essentially Contested Concepts”; Collier, Hidalgo, and Maciuceanu, “Essentially Contested Concepts.”

(37) Gallie, preface to *Philosophy and the Historical Understanding*, 8–9.

(38) Kalyvas, “Civil Wars,” 417.

(39) 有用な概観としては次を参照．Sambanis, “A Review of Recent Advances and Future Directions in the Literature on Civil War”; Collier and Sambanis, *Understanding Civil War*; Blattman and Miguel, “Civil War.”

(40) Uppsala Conflict Data Program（1948–present）. http://www.pcr.uu.se/research/UCDP/.

(41) The Correlates of War Project. http://www.correlatesofwar.org/; Small and Singer, *Resort to Arms*; Gleditsch, "Revised List of Wars Between and Within Independent States, 1816–2002"; Sarkees and Wayman, *Resort to War*; Reiter, Stam, and Horowitz, "Revised Look at Interstate Wars, 1816–2007."

(42) Dixon, "What Causes Civil Wars?" 730; Lounsberry and Pearson, *Civil Wars*, viii; Newman, *Understanding Civil Wars*.

(43) しかし，古代ローマからアフガニスタンまでのいくたの世紀にわたる時間幅を持つ最近の例外としては以下を参照．Armitage, et al., "AHR Roundtable: Ending Civil Wars."

(44) Guldi and Armitage, *History Manifesto*〔グルディ&アーミテイジ『これが歴史だ！』〕; Armitage et al., "La longue durée en débat."

(45) Armitage, "What's the Big Idea?; McMahon, "The Return of the History of Ideas?"; McMahon, *Divine Fury*, xiii.

(46) McMahon, *Happiness*; McMahon, *Divine Fury*; Forst, *Toleration in Conflict*; Rosenfeld, *Common Sense;* Fitzmaurice, *Sovereignty, Property and Empire, 1500–2000*; Kloppenberg, *Towards Democracy*.

(47) Fitzmaurice, *Sovereignty, Property, and Empire, 1500–2000*, 20; Dubos, *Le mal extrême*.

(48) DeRouen and Heo, *Civil Wars of the World* は，このテーマの分かりやすい一覧表を提供している．

(49) Manicas, "War, Stasis, and Greek Political Thought"; Berent, "*Stasis*, or the Greek Invention of Politics."

(50) Gardet, "Fitna"; As-Sirri, *Religiös-politische Argumentation im frühen Islam (610–685)*; Ayalon, "From Fitna to Thawra"; Martinez-Gross and Tixier du Mesnil, eds., "La *fitna*: Le désordre politique dans l'Islam médiéval."

(51)「internal war(国内の戦争)」を表す類似した言葉は，フィンランド語，ペルシア語，トルコ語にも見られる．Kissane, *Nations Torn Asunder*, 39.

(52) Armitage, "Every Great Revolution Is a Civil War."

(53) Armitage, "Cosmopolitanism and Civil War."

第１部　ローマからの道

第１章　内戦の発明――ローマの伝統

(1) Loraux, *Divided City*, trans. Pache and Fort, 108.

(2) Nicolet, *Demokratia et Aristokratia*; Wiedemann, "Reflections of Roman Political Thought in Latin Historical Writing," 519.

(3) "Aemulumque Thucydidis Sallustium": Velleius Paterculus, *Historiae* 2. 36. 2〔ウェレイユス・パテルクルス『ローマ世界の歴史』西田卓生・高橋宏幸訳，京都大学学術出版会，2012年，92頁〕; Scanlon, *Influence of Thucydides on Sallust*; Pelling, "'Learning from That Violent Schoolmaster.'"

(4) Botteri, "*Stásis*."

(5) Clavadetscher-Thürlemann, *Πόλεμος δίκαιος und bellum iustum*, 178-83; Wynn, *Augustine on War and Military Service*, 128-31.

(6) Rosenberger, *Bella et expeditiones*.

(7) Keenan, *Wars Without End*, 32.

(8) Jal, *La guerre civile á Rome*, 19-21; Urbainczyk, *Slave Revolts in Antiquity*, 100-115; Schiavone, *Spartacus*.

(9) Brown, "The Terms *Bellum Sociale* and *Bellum Civile* in the Late Republic," 103.

(10) ローマ人の「キウィタス」理解については，次を参照．Ando, *Roman Social Imaginaries*, 7-14.

(11) Harvey, *Rebel Cities*; Hazan, *History of the Barricade*.

(12) Brett, *Changes of State*.

(13) Plato, *Republic* 462a-b, in *Collected Dialogues*, 701〔プラトン『国家(上)』373頁〕.

(14) Gehrke, *Stasis*.

(15) Price, *Thucydides and Internal War*, 30-32.

(16) Plato, *Republic* 470b-c, in *Collected Dialogues*, 709.

(17) Plato, *Laws* 628b, 629d, in *Collected Dialogues*, 1229〔プラトン『法律(上)』29, 33頁．ただし，「内乱」を「スタシス」と改めた〕, 1231; Price, *Thucydides and Internal War*, 67-70.

(18) Stouraitis, "Byzantine War Against Christians"; Kyriakidis, "Idea of Civil War in Thirteenth and Fourteenth-Century Byzantium."

(19) Panourgia, *Dangerous Citizens*, 81-86.

(20) Loraux, “*Oikeios polemos.*”

(21) Plato, *Republic* 471e, in *Collected Dialogues*, 710〔『国家(上)』397頁.「内乱」を「スタシス」と改めた〕.

(22) Thucydides, *Eight Bookes of the Peloponnesian Warre* 3. 81–83, trans. Hobbes, 187–90〔原著ではホッブズの英訳が引用されているが, ここでは, トゥーキュディデース『戦史(中)』99–100頁より引用.「内乱」を「騒乱」と改めた〕. この「スタシス」の叙述に続く部分(3. 84)は, 現在一般に後世の挿入と認められている. Fuks, “Thucydides and the Stasis in Corcyra.”

(23) ホッブズの英訳は, トゥキュディデスのギリシア語原典からの初めての英訳であった. それ以前のNicollsによる訳(*The Hystory Writtone by Thucidides the Athenyans of the Warre, Whiche Was Betwene the Peloponesians and the Athenyans*)は, Claude de Seysellのフランス語訳からの英訳である. この訳本でも概して “civil war” を避け, 例えば “civile dissention”, “cyvill sedition”, “cyvill battailles” などの訳語を使っている. 1620年代における, つまり1640年代の内戦とは明確に区別される, ホッブズによる英訳出版の政治的文脈については, Hoekstra, “Hobbes's Thucydides,” 551–57; 近代におけるトゥキュディデス受容について, より一般的には, Harloe and Morley, eds., *Thucydides and the Modern World* を参照.

(24) トゥキュディデスと当時の医学については, Price, *Thucydides and Internal War*, 14–18; 彼の「スタシス」叙述とアテナイにおける疫病に関する彼の記述との類似性については, Orwin, “Stasis and Plague” を見よ.

(25) Thucydides, *Eight Bookes of the Peloponnesian Warre*, trans. Hobbes, 198, 199(i.e., pp. 188, 189)〔『戦史(中)』100–101, 103頁.「内乱」を「騒乱」と改めた〕.「スタシス」の言語学上の重要性については, Loraux, “Thucydide et la sédition dans les mots.”

(26) Thucydides, *War of the Peloponnesians and the Athenians* 3. 74, trans. Mynott, 208.

(27)「スタシス」に対する, 内戦の空間的な次元という論点の重要性を強調してくれたRichard Thomasに深く感謝している.

(28) Thomas De Quincy, “[‘Greece Under the Romans,’ draft]”(Jan.-March 1844), in *Works of Thomas Quincy*, 15: 539(脚注). この箇所に注意を促してくれたJennifer Pittsに感謝したい.

(29) Thucydides, *War of the Peloponnesians and the Athenians*, trans. Mynott, 212 n 1.

(30) Thucydides, *Eight Bookes of the Peloponnesian Warre*, trans. Hobbes, 198(i.e., 188)〔『戦史(中)』100 頁〕.

(31) Loraux, *Divided City*, 107-08, 197-213; Ando, *Law, Language, and Empire in the Roman Tradition*, 3-4.

(32) Thucydides, *War of the Peloponnesians and the Athenians* 4. 64, trans. Mynott, 273; Loraux, "*Oikeios polemos*."

(33) Brunt, *Social Conflicts in the Roman Republic*; Lintott, *Violence in Republican Rome*.

(34) 騒動と内戦の区別については, Jal, "'Tumultus' et 'bellum ciuile' dans les Philippiques de Cicéron"; Grangé, "*Tumultus et tumulto*." を見よ.

(35) Livy, *History of Rome* 1. 7, in *Rise of Rome*, trans. Luce, 10-11〔リーウィウス『ローマ建国史(上)』26 頁〕; Wiseman, *Remus*.

(36) Lucan, *Bellum civile* 1. 95, in *Civil War*, trans. Luce, 5〔ルーカーヌス『内乱(上)』23 頁. なお訳文本文では題名を『内戦』としている〕; この箇所はアウグスティヌスも引用している. Augustine, *City of God Against the Pagans* 15. 5, ed. and trans. Dyson, 640〔アウグスティヌス『神の国』(5)20 頁以下参考〕.

(37) Beard, *SPQR*, 73-74〔ビアード『ローマ帝国史 I』86 頁参考〕.

(38) *res publica* の意味については, Lind, "Idea of the Republic and the Foundations of Roman Political Liberty." を参照.

(39) Livy, *History of Rome* 2. 1 in *Rise of Rome*, 71; Arena, Libertas *and the Practice of Politics in the Late Roman Republic*.

(40) Raaflaub, *Social Struggles in Archaic Rome*.

(41) 例えば, Draper, *Dictatorship of the Proletariat*, 11-27 を参照("dictatorship" について); Lekas, *Marx on Classical Antiquity*; Bonnell, "'A Very Valuable Book': Karl Marx and Appian." マルクスの, 内部抗争に関するローマ人の言語の使用については, さらに研究する価値があると言えるだろう.

(42) Plutarch, "Tiberius and Gaius Gracchus," in *Roman Lives*, trans. Waterfield, 98-99, 113-14〔プルタルコス「ティベリウス・グラックスとガイウス・グラックス」,『プルタルコス英雄伝(中)』所収, 334 頁〕.

(43) Appian, *Civil Wars* 1. 1-2, trans. Carter, 1; Price, "Thucydidean *Stasis* and the Roman Empire in Appian's Interpretation of History."

(44) Ibid. 1. 1-2, Carter, 1-2.
(45) Jal, "'Hostis(Publicus)' dans la littérature latine de la fin de la République."
(46) Flower, "Rome's First Civil War and the Fragility of Republican Culture," 75-78.
(47) Sherwin-White, *Roman Citizenship*, 40, 264-67.
(48) Keaveney, *Sulla*, 45-50; Seager, "Sulla."
(49) Raaflaub, "Caesar the Liberator?"
(50) Appian, *Civil Wars* 1. 59-60, trans. Carter, 32-33.
(51) Ibid. 1. 1, 1. 55, trans. Carter, 1, 30.

第2章　内戦の記憶——ローマ人の描く心象

(1) "Optima civilis belli defensio oblivion est." 彼の言葉を伝えている哲学者，大セネカによればこのようになっている．Seneca, *Controversiae* 10. 3. 5, これは Gowing, *Empire and Memory*, 82 に引用されたもの．最近，歴史家ジョサイア・オズグッドが「最良の防衛策は半分忘れることである」といっている．Osgood, "Ending Civil War at Rome," 1689. より一般的には，Flower, *Art of Forgetting* を参照．
(2) Caesar, *Civil War* 2. 29, 3. 1, ed. and trans. Damon, 166, 192; Kelsey, "Title of Caesar's Work on the Gallic and Civil Wars," 230; Batstone and Damon, *Caesar's "Civil War,"* 8-9, 31-32; Brown, "The Terms *Bellum Sociale* and *Bellum Civile* in the Late Republic," 113-18.
(3) Caesar, *Civil War* 1. 22, ed. and trans. Damon, 35〔カエサル『内乱記』24頁．なお，訳文本文では書名を『内戦記』としている〕; Raaflaub, *Dignitatis contentio*.
(4) カエサルのルビコン渡河の，後世の描写については，Wyke, *Caesar*, 66-89, 263-66. を参照．
(5) Appian, *Civil Wars* 2. 35, trans. Carter, 88; Plutarch, Caesar 32〔プルタルコス『プルタルコス英雄伝(下)』219頁〕; この科白は通常スエトニウスのラテン語 "Iacta alea est." で引用されている． Suetonius, *Deified Julius* 32, in *Suetonius*, trans. Rolfe, I: 76.〔スエトニウス『ローマ皇帝伝(上)』41頁〕
(6) Suetonius, *Deified Julius* 31-32, in *Suetonius*, trans. Rolfe, I: 74-77〔スエトニウス『ローマ皇帝伝(上)』40-41頁〕; Lucan, *Bellum civile*(1. 190-92, 225-27), in *Civil War*, trans. Braund, 8. 9〔引用は，ルーカーヌス

『内乱(上)』29-30, 32頁〕.

(7) Heuzé, "Comment peindre le passage du Rubikon?"

(8) Caesar, *Civil War* 1.8, ed. and trans. Damon, 15〔『内乱記』11頁〕.

(9) Bonaparte, *Précis des guerres de Jules César*, 97-98; Poignault, "Napoleon Ier et Napoleon III lecteurs de Jules César," 329-36.

(10) Brown, "Terms *Bellum Sociale* and *Bellum Civile* in the Late Republic," 104.

(11) Cicero, *De imperio Cn. Pompei* 21, in *Political Speeches*, trans. Berry, 119(強調は引用者).

(12) Seager, *Pompey the Great*, 25-36, 43-48.

(13) Lucan, *Bellum Civile* 1.12, in *Civil War*, trans. Braund, 3; Schmitt, *Glassarium*, 32(「内戦に凱旋式は無い」); Beard, *Roman Triumph*, 123-24, 303-4.

(14) Varelius Maximus, *Memorable Deeds and Saying* 2.8.7, この箇所は, Lange, "Triumph and Civil War in Late Republic," 69-70 に引用されている.

(15) Ostenberg, "Veni Vidi Vici and Caesar's Triumph," 823.

(16) Lange, "Triumph and Civil War in the Late Republic," 74, 76-78, 82-84. さらに全般的には次を参照. Lange, *Triumphs in the Age of Civil War*.

(17) Cicero, *De officiis* 1.85-86, in *On Duties*, 86-87〔キケロー『義務について』50頁〕は Plato, *Republic* 420b を引用している.

(18) Horace, *Odes* 2.1, in *Complete Odes and Epodes*, trans. West, 56;〔ホラティウス「歌集(第2巻)」,『ホラティウス全集』所収, 350-51頁.「内乱」を「内戦」と改めた〕; Mendell, "Epic of Asinius Pollio"; Henderson, *Fighting for Rome*, 108-59.

(19) Tacitus, Annals 1.3〔タキトゥス『年代記(上)』16頁〕は以下に引用. Flower, *Roman Republics*, 154; Keitel, "Principate and Civil War in the *Annals* of Tacitus."

(20) Gowing, "Caesar Grabs My Pen," 250.

(21) Masters, *Poetry and Civil War in Lucan's "Bellum Civile."*

(22) ルカヌス受容史については, Asso, ed., *Brill's Companion to Lucan* の関連各章を参照.

(23) Lucan, *In Cath Catharda*; Meyer, "Middle-Irish Version of the *Pharsalia* of Lucan."

(24) *Rómverja Saga*, ed. Helgadóttir.

(25) Dante, *Convivio* 4. 28. 13; Geoffrey Chaucer, *The House of Fame* 3. 1499, これは Susanna Braund, introduction to *Lucan*, ed. Tesoriero, Muecke and Neal, Oxford: Oxford University Press, 2009, 2-4. に引用されている.

(26) Lucan, *M. Annaei Lucani Pharsalia;* Grotius(「自由を愛する詩人」)は Conte, *Latin Literature*, trans. Solodow, 451 に引用されている.

(27) Petronius, *Satyricon* 118, in *Satyricon*, trans. Sullivan, 109(「偉大な主題」), 109-22(Eumolpus の詩)〔ペトロニウス『サテュリコン』232-54 頁参考〕; Virgil, *Aeneid* 7. 45(「今までよりもより大きい仕事」)〔ウェルギリウス『アエネーイス(上)』泉井久之助訳, 岩波文庫, 1976 年, 429 頁〕.

(28) ギボンはこれに,「後知恵が何の役に立とう? 誤りが取り返しのつかないものなら, 後悔など無用だ」と続けている, Note from winter 1790-91, in Gibbon, *History of the Decline and Fall of the Roman Empire*, British Library shelf mark C. 60. m. 1; Bowersock, "Gibbon on Civil War and Rebellion in the Decline of the Roman Empire."

(29) Lucan, *Bellum civile* 2. 223-24, in *Civil War*, trans. Braund, 27〔『内乱』80 頁〕.

(30) Florus, *Epitome* 1. Intro., 1. 47. 14, 2. 3. 18, 2. 8. 20, 2. 13. 4-5, in *Epitome of Roman History*, trans. Foster, 5-7, 217, 233, 241, 267.

(31) Henderson, *Fighting for Rome*, pts. 1, 4; Breed, Damon and Rossi, *Citizens of Discord*.

(32) Tacitus, *Histories* 1. 2, in *Histories, Books I-III*, trans. Moore〔タキトゥス『同時代史』14 頁.「内乱」を「内戦」と改めた〕.

(33) Florus, *Epitome* 2. 13, in *Epitome of Roman History*, trans. Foster, 267.

(34) Lucan, *Bellum civile* 1. 1-8, in *Civil War*, trans. Braund, 3〔『内乱』17 頁〕.

(35) Núñez Gonzalez, "On the Meaning of *Bella Plus Quam Ciuilia*(Lucan 1, 1)."

(36) Lucan, *Bellum civile* 1. 682, in *Civil War*, trans. Braund, 21; Waller to Sir Ralph Hopton, June 16, 1643(O.S.), in Coate, *Cornwall in the Great Civil War and Interregnum, 1642-1660*, 77.

(37) Woodman, "Poems to Historians."

(38) Augustine, *City of God Against the Pagans* 3. 6, 15. 5, ed. and trans. Dyson, 99, 639-40〔アウグスティヌス『神の国(1)』190 頁〕.

(39) Horace, *Epodes* 7, in *Complete Odes and Epodes*, trans West, 11〔ホラティウス「エポドン」,『ホラティウス全集』所収, 246–47 頁〕.

(40) Wiseman, *Remus*, 143.

(41) Horace, *Epodes* 16, in *Complete Odes and Epodes*, trans. West, 18〔「エポドン」260 頁〕.

(42) Sallust, *The War with Catiline* 16. 4, in *Sallust*, trans. Rolfe, 17, 19, 27–28〔サルスティウス『ユグルタ戦争 カティリーナの陰謀』195–97, 203 頁参考〕.

(43) Sallust, fragments from Histories, bk. 1, frags. 8, 10, 12, in *Fragments of the Histories*, trans. Ramsey, 8–13.

(44) Varro, *Di vita populi Romani*, frag. 114 これは Wiseman, "Two-Headed State," 26 に引用されている. また, 次のフロルスも参照. Florus, *Epitome* 2. 5. 3, in *Epitome of Roman History*, trans. Foster, 228("iudiciaria lege Gracchi diviserant populi Romanum et bicipitem ex una fecerant civitatem").

(45) Tacitus, *Histories* 2. 38, in *Histories, Books I–III*, trans. Moore, 223〔『同時代史』135 頁. 「市民戦争」を「内戦」と改めた〕.

(46) Cicero, *De officiis* 1. 86, in Cicero, *On Duties*, 86–87.

(47) Tacitus, *Histories* 1. 50, in *Histories, Books I–III*, trans. Moore 85〔『同時代史』59 頁. 「内乱」を「内戦」と改めた〕.

(48) Braund, "Tale of Two Cities"; McNelis, *Statius' Thebaid and the Poetics of Civil War*.

(49) Brown, *Augustine of Hippo*, 23–25.

(50) Augustine, *City of God Against the Pagans*, 15. 5, 2. 19, 2. 22, 2. 25, 3. 25, ed. Dyson, 640, 73, 81, 87, 134〔アウグスティヌス『神の国』(4)22 頁, (1)142, 156, 167, 250 頁参考〕.

(51) Ibid., 3. 23, 3. 28, 3. 30〔『神の国』(1)246, 256, 259 頁〕.

(52) Rohrbacher, *Historians of Late Antiquity*, 135–49.

(53) Orosius, *Seven Books of History Against the Pagans* 2. 18. 1, 5. 22. 6, 8, trans. Fear, 105, 253.

(54) Ibid., 23–24.

(55) Augustine, *City of God Against the Pagans* 19. 7, ed. Dyson, 929〔『神の国』(5)46 頁〕.

(56) Appian, *Civil Wars* 1. 6, trans. Carter, 4; Appian, *Auncient Historie and Exquisite Chronicle of the Romane Warres*, title page.

第2部　初期近代の岐路

第3章　野蛮な内戦──17世紀

(1) Hobbes, *On the Citizen*, 4〔ホッブズ『市民論』4-5頁〕.
(2) シェイクスピアがこの人文主義カリキュラムの恩恵を受けていたことについては次を参照. Armitage, Condren, and Fitzmaurice, *Shakespeare and Early Modern Political Thought*; Skinner, *Forensic Shakespeare*.
(3) Burke, "A Survey of the Popularity of Ancient Historians, 1450-1700."
(4) Jensen, "Reading Florus in Early Modern England"; Jensen, *Reading the Roman Republic in Early Modern England*, 56-73.
(5) Schuhmann, "Hobbes's Concept of History," 3-4; Hobbes, *Behemoth; or, The Long Parliament*, 52〔ホッブズ『ビヒモス』15頁〕.
(6) Grafton, *What Was History?* 194-95;「ローマ史の全容……われらがルキウス・アンナエウス・フロルスによって微に入り細に入りきわめて巧みに描かれる全体像」については, 次を参照. Wheare, *The Method and Order of Reading Both Civil and Ecclesiastical Histories*, trans. Bohun, 77-78.
(7) *Statutes of the University of Oxford Codified in the Year 1636 Under the Authority of Archbishop Laud*, ed. John Griffiths, 37.
(8) Eutropius, *Eutropii historiæ romanæ breviarum*〔「エウトロピウス『首都創建以来の略史』翻訳(第1-10巻)」〕; Phillipson, *Adam Smith*, 18〔フィリップソン『アダム・スミスとその時代』38頁〕, plates 2-3.
(9) MacCormack, *On the Wings of Time*, 15, 72, 76.
(10) Garcilaso de la Vega, *Historia general del Peru trata el descubrimiento del; y como lo ganaron los Españoles.*
(11) Montaigne, *Essays Written in French by Michael Lord of Montaigne*, trans. Florio, 547〔モンテーニュ『エセー(7)』54-55頁〕.
(12) Hadfield, *Shakespeare and Republicanism*, 103-29 は, この四部作〔『ヘンリー六世 第一部』『ヘンリー六世 第二部』『ヘンリー六世 第三部』『リチャード二世』〕を「シェイクスピアのパルサリア」と呼んでいる.
(13) Bentley, *Shakespeare and Jonson*, I, 112; Donaldson, "Talking with Ghosts: Ben Jonson and the English Civil War."
(14) *Shakespeare's Appian*; Logan, "Daniel's *Civil Wars* and Lucan's *Pharsalia*"; Logan, "Lucan—Daniel—Shakespeare."
(15) Daniel, *The First Fowre Bookes of the Civile Wars between the Two*

Houses of Lancaster and Yorke, sig. B[1]r.

(16) Norbrook, *Writing the English Republic*, 24.

(17) Shapiro, "'Metre Meete to Furnish Lucans Style'"; Gibson, "Civil War in 1614"; Norbrook, "Lucan, Thomas May, and the Creation of a Republican Literary Culture"; Norbrook, *Writing the English Republic*, 43-50.

(18) May, *History of the Parliament of England Which Began November the Third, MDCXL*, sig. A3v; Pocock, "Thomas May and the Narrative of Civil War."

(19) Milton, *Paradise Lost*〔ミルトン『失楽園)』〕; Hale, "*Paradise Lost*"; Norbrook, *Writing the English Republic*, 438-67, 443.

(20) McDowell, "Towards a Poetics of Civil War," 344.

(21) Filmer, *Patriarcha*〔フィルマー「家父長制君主論」〕, 題扉に次の引用. Lucan, *Bellum Civile*, III, 145-46〔ルーカーヌス『内乱(上)』127 頁〕; Hobbes, B*ehemoth, The History of the Causes of the Civil-Wars of England* の題扉〔ホッブズ『ビヒモス』[14]頁〕には次を引用・加工して掲載. Lucan, *Bellum Civile*, I, 1-2〔『内乱(上)』17 頁〕; Hobbes, *Behemoth; or, The Long Parliament*, 90, 92.

(22) Rousseau, *Extrait du projet de paix perpétuelle de monsieur l'abbé de Saint-Pierre*. 題扉〔ルソー「サン=ピエール師の永久平和論抜粋」[311 頁]〕(次を引用. Lucan, *Bellum Civile*, 60-61〔『内乱(上)』21 頁〕); Rousseau, *Discourse on the Origin and Foundations of Inequality Among Men*, in *Discourses and Other Early Political Writings*, trans. Gourevitch, 185〔ルソー「人間不平等起源論」259 頁〕(次を引用. Lucan, *Bellum Civile*, I, 376-78〔『内乱(上)』42 頁〕).

(23) Lucan, *Pharsale de M. A. Lucain*, trans. Chasles and Greslou, I: xvii (次を引用. Lucan, *Bellum Civile*, IV, 579〔『内乱(上)』207 頁〕).

(24) 例えば, 次を参照. Mason, ed., *The Darnton Debate*.

(25) "Intestinae Simultates," in Whitney, *Choice of Emblemes and Other Devises*, 7.

(26) Seaward, "Clarendon, Tacitism, and the Civil Wars of Europe."

(27) Grotius, *De Rebus Belgicis*, 1.

(28) Corbet, *Historicall Relation of the Military Government of Gloucester*, sig. A2v.

(29) Biondi, "Civill Warrs of England," trans. Henry, Earl of Monmouth;

Biondi, *An History of The Civill Warres of England, Betweene the Two Houses of Lancaster and Yorke*, trans. Henry, Earl of Monmouth; Davila, *Historie of the Civill Warres of France*, trans. Cotterell and Aylesbury; Adams, *Discourses on Davila.*

(30) Guarini, *Il Pastor Fido*, trans. Fanshawe, 303-12.

(31) Sandoval, *Civil Wars of Spain in the Beginning of the Reign of Charls the 5t, Emperor of Germanie and King.*

(32) Kem, *The Messengers Preparation for an Address to the King*(1644), 次に引用. Donagan, *War in England, 1642-1649*, 132;「……われらが近年の野蛮な内戦」とある次と比較されたい. Robert Doughty, "Charge to the Tax Commissioners of South Erpingham, North Erpingham, North Greenhoe and Hold Hundreds"(February 1664), in *Notebook of Robert Doughty, 1662-1665*, 123.

(33) Davila, *History of the Civil Wars of France*, trans. Cotterell and Aylesbury, sig. A2r.

(34) Dugdale, *Short View of the Late Troubles in England.* また次の文献 Adamson, "The Baronial Context of the English Civil War," をより含みのある説明がある次と比較されたい. Adamson, *Noble Revolt.*

(35) Larrère, "Grotius et la distinction entre guerre privé et guerre publique."

(36) Grotius, *Commentary on the Law of Prize and Booty*, 50. グロティウスがローマ法に負っていることは次を参照. Straumann, *Roman Law in the State of Nature.*

(37) Grotius, *Commentary on the Law of Prize and Booty*, 80 は次に言及している. Fernando Vázquez de Menchaca, *Controversiarum illustrium... libri tres.*

(38) Grotius, *Rights of War and Peace*, 1. iii. 1, 1: 240〔『グローチウス　戦争と平和の法(第1巻)』130頁〕.

(39) Ibid., I. 4. 19. 1, I: 381〔『グローチウス　戦争と平和の法(第1巻)』228頁, 補注, 32頁〕はプルタルクスの『ブルートゥス伝』とキケロの『ピリッピ弁論集(第2巻)』を引用.

(40) Rousseau, *The Social Contract*(1762), in Rousseau, *Social Contract and Other Later Political Writings*, 42-43, 44-45〔ルソー「社会契約論」111-112, 114-115頁〕.

(41) Hobbes, *Leviathan*, 3: 850〔ホッブズ『リヴァイアサン(3)』岩波文庫,

269 頁〕.
(42) Hobbes, *De Corpore* 1.7, in *Elements of Law, Natural and Politic* 190, 191〔ホッブズ『物体論』22 頁〕.
(43) Hobbes, *On the Citizen*, 1.12, 29-30〔『市民論』44 頁〕.
(44) Ibid., 11-12〔『市民論』21 頁〕.
(45) Hobbes to Cavendish, July 1645, in Hobbes, *The Correspondence*, I: 120.
(46) Hobbes, *On the Citizen*, 82, 124, 149〔『市民論』138, 210, 211, 260, 261 頁〕.
(47) Ibid., 15〔『市民論』26 頁〕.
(48) この背景については特に次を参照. Kelsey, "The Ordinance for the Trial of Charles I"; Kelsey, "The Trial of Charles I"; Holmes, "The Trial and Execution of Charles I."
(49) Donagan, *War in England, 1642-1649*, 130.
(50) Orr, "The Juristic Foundation of Regicide."
(51) "An Act of the Commons of England Assembled in Parliament for Erecting a High Court of Justice, for the Trying and Judging of Charles Stuart, King of England"(January 6, 1649), in *Acts and Ordinances of the Interregnum, 1642-1660*, ed. Firth and Rait, I: 1253-54(傍点は著者). Heath, *Chronicle of the Late Intestine War in the Three Kingdomes of England, Scotland and Ireland*, 194-95, and "The Act Erecting a High Court of Justice for the King's Trial"(January 6, 1649), in Gardiner, *Constitutional Documents of the Puritan Revolution, 1625-1660*, 357では「残酷な戦争」ではなく「内戦」という言葉を使用しているが, 例えば次ではこの使用は見当たらない. "An Ordinance of the Commons in England in Parliament assembled with a List of the Commissioners & officers of the said Court by them elected"(January 3, 1649), British Library E.536(35), fol. 1r, or in [John Nalson,] *A True Copy of the Journal of the High Court of Justice, for the Tryal of K. Charles I*, 2.
(52) *Journals of the House of Commons*, 6: 107, 111. 次に引用. Orr, *Treason and the State*, 173.
(53) Bauman, *Crimen Maiestatis in the Roman Republic and Augustan Principate*, 271-77; Orr, *Treason and the State*, 12, 44-45(次に言及. 25 Edward III, st. 5, c. 3); *Digest* 48.4.3.

(54) Hobbes, *Leviathan*, 2: 192〔ホッブズ『リヴァイアサン(1)』光文社古典新訳文庫, 216-217頁〕.
(55) Ibid., 2: 256, 274, 278, 282〔『リヴァイアサン(2)』光文社古典新訳文庫, 34, 37-38, 41頁〕.
(56) Hobbes, "Questions Relative to Hereditary Right" (1679), in *Writings on Common Law and Hereditary Right*, 177-78.
(57) Locke, *Two Treatises of Government*, 137〔ロック『統治二論』3頁〕(「緒言」).
(58) Woolhouse, *Locke*, 11.
(59) 例えば Harrison and Laslett, *Library of John Locke*, items 2, 561-62, 927, 1146-48, 1818-19, 2792b, 3060.
(60) Locke, *Two Treatises of Government*, 278〔『統治二論』202頁〕(2nd Treatise, §16).
(61) Ibid., 416-17〔『統治二論』374頁〕(2nd Treatise, §§227, 228).
(62) John Locke, "On Allegiance and the Revolution" (c. April 1690), in *Political Essays*, 307〔ロック『ロック政治論集』260頁〕.
(63) Pocock, "The Fourth English Civil War," 153, 159.
(64) Sidney, *Discourses Concerning Government*, 187-89.
(65) Ibid., 193, 196-99.
(66) Sidney, *Court Maxims*, 20.
(67) Sidney, *Discourses Concerning Government*, 121.
(68) Ibid., 198.
(69) Filmer, *Patriarcha*, 54, 55-56, 57, 58〔「家父長制君主論(パトリアーカ)」, 43, 44, 45, 46頁〕.
(70) Sidney, *Discourses Concerning Government*, 120.
(71) Ibid., 172.
(72) Montesquieu, *Reflections on the Causes of the Rise and Fall of the Roman Empire*, 61〔モンテスキュー『ローマ人盛衰原因論』90頁〕; Bates, *States of War*, 160-64.
(73) Jouffroy, *Mélanges philosophiques par Théodore Jouffroy*, 140.

第4章　革命の時代の内戦――18世紀

(1) Abdul-Ahad, "'Syria is Not a Revolution Any More.'"
(2) 次と比較されたい. Paolo Viola, "Rivoluzione e guerra civile," 24:「ある意味で革命は内戦を脱局地化する」.

(3) Arendt, *On Revolution*, 12〔アレント『革命について』12 頁〕.

(4) 内戦は次の『百科全書』内の戦争についての主要項目でも言及されていない．[Le Blond,]"Guerre." 次の同時代の第 4 版は「内戦と国内の戦争」を「同じ国の人々の間に勃発する戦争」と定義している．*Dictionnaire de l'Académie Française*(1762)．次を使って閲覧．ARTFL Project's "Dictionnaires d'autrefois." http://artfl-project.uchicago.edu/content/dictionnaires-dautrefois.

(5) Koselleck, "Historical Criteria of the Modern Concept of Revolution," trans. Tribe, 47, 48, 49.「革命」と「内戦」の間の概念上の連続性については，次を参照．Koselleck, *Critique and Crisis*, 160-61〔コゼレック『批判と危機』304-07 頁〕; Bulst et al., "Revolution, Rebellion, Aufruhr, Bürgerkrieg," esp. 712-14, 726-27, 778-80.

(6) Momigliano, "Ancient History and the Antiquarian," 294; Goulemot, *Le règne de l'histoire*, 127-56.

(7) Echard, *The Roman History from the Building of the City to the Perfect Settlement of the Empire by Augustus Cæsar*.

(8) Vertot, *Histoire de la conjuration de Portugal*; Vertot, *Histoire des révolutions de Suède où l'on voit les changemens qui sont arrivez*; Vertot, *Histoire des révolutions de Portugal*.

(9) Trakulhun, "Das Ende der Ming-Dynastie in China(1644)."

(10) Sidney, *Discourses Concerning Government*, 195-96.

(11) Vattel, *Law of Nations*, 3. 18. 293, ed. Kapossy and Whatmore, 645.

(12) "A Declaration By the Representatives of the United States of America, in General Congress Assembled"(July 4, 1776)．次に所収．Armitage, *Declaration of Independence*, 165〔アーミテイジ『独立宣言の世界史』192 頁〕.

(13) Vattel, *Law of Nations*, 1. 4. 51, 3. 1. 1-2, ed. Kapossy and Whatmore, 105, 469.

(14) Ibid., 3. 18. 287, 290, ed. Kapossy and Whatmore, 641, 642.

(15) "Thomas Jefferson's 'Original Rough Draft' of the Declaration of Independence." 次に所収．Armitage, *Declaration of Independence*, 161〔『独立宣言の世界史』189 頁〕.

(16) Vattel, *Law of Nations*, 3. 18. 292, ed. Kapossy and Whatmore, 644-45. ヴァッテルの内戦の教義については次を参照．Rech, *Enemies of Mankind*, 209-13, 216-20.

(17) Vattel, *Law of Nations*, 3. 18. 293, ed. Kapossy and Whatmore, 645.

(18) Vattel, *Law of Nations*, 3. 18. 295, ed. Kapossy and Whatmore, 648–49.

(19) Zurbuchen, "Vattel's 'Law of Nations' and the Principle of Non-Intervention"; Pitts, "Intervention and Sovereign Equality."

(20) Vattel, *Law of Nations*, 2. 4. 56, ed. Kapossy and Whatmore, 290–91.

(21) Braund, "Bernard Romans".

(22) Romans, *To the Hon^{e}. Jno. Hancock Esqre.*; Romans, *Philadelphia, July 12. 1775.*

(23) Romans, *Annals of the Troubles in the Netherlands.*

(24) Belcher, *The First American Civil War* はこうした原則があることが分かる例外である.

(25) Paine, *Common Sense*, in *Collected Writings*, 25〔ペイン『コモン・センス』49–50頁〕.

(26) O'Shaughnessy, *Empire Divided*; より一般的には次を参照. Armitage, "First Atlantic Crisis."

(27) Lawson, "Anatomy of a Civil War"; Shy, *People Numerous and Armed*, 183–92; Wahrman, *Making of the Modern Self*, 223–37, 239–44; Simms, *Three Victories and a Defeat*, 593–600; Klooster, *Revolutions in the Atlantic World*, 11–44; Jasanoff, *Liberty's Exiles*, 21–53.

(28) Elliott, *Empires of the Atlantic World*, 352.

(29) Bollan, *The Freedom of Speech and Writing upon Public Affairs, Considered; with an Historical View of the Roman Imperial Laws against Libels*, 158–59. ボランによるローマ史の活用については, 次を参照. York, "Defining and Defending Colonial American Rights," 213.

(30) Price, *Observations on the Nature of Civil Liberty*, 91.

(31) Smith, *An Inquiry into the Nature and Causes of the Wealth of Nations* 4. 7. c, Campbell and Skinner, 2, 622〔アダム・スミス『国富論(III)』221–222頁〕.

(32) Pocock, "Political Thought in the English-Speaking Atlantic, 1760–1790," 256–57.

(33) *Newport Mercury*, April 24, 1775. 次に引用. Breen, *American Insurgents, American Patriot*, 281–82.

(34) *Civil War; a Poem*; Hartley, *Substance of a Speech in Parliament, upon the State of the Nation and the Present Civil War with America*, 19; Roebuck, *Enquiry, Whether the Guilt of the Present Civil War in*

America, Ought to Be Imputed to Great Britain or America.

(35) [Jackson], *Emma Corbett*; Wahrman, *Making of the Modern Self*, 243–44.

(36) Cooper, "Introduction"(1831), to *Spy*, 13; Larkin, "What Is a Loyalist?"

(37) Pocock, *Three British Revolutions, 1641, 1688, 1776.*

(38) "A Declaration ... Seting Forth the Causes and Necessity of Taking Up Arms"(July 6, 1775), in Hutson, *Decent Respect to the Opinions of Mankind*, 96, 97(傍点は著者).

(39) Lord North to George III, July 26, 1775. 次に引用. Marshall, *Making and Unmaking of Empires*, 338.

(40) Paine, *Common Sense*, in *Collected Writings*, 45–46〔『コモン・センス』84–85 頁〕.

(41) Ibid., 18–19〔『コモン・センス』38–40 頁〕. 次と比較されたい. Howell, *Twelve Several Treatises, of the Late Revolutions in These Three Kingdomes*, 118 では, 1066 年以後の「反乱」の総計は「100 回近く」となっている.

(42) ペインと 1776 年の「共和制論的転回」については次を参照. Nelson, *Royalist Revolution*, 108–45.

(43) "A Declaration By the Representatives of the United States of America, in General Congress Assembled"(July 4, 1776). 次に所収. Armitage, *Declaration of Independence: A Global History*, 165, 170〔『独立宣言の世界史』193, 197 頁〕.

(44) Beaulac, "Emer de Vattel and the Externalization of Sovereignty."

(45) Franklin to C. G. F. Dumas, December 9, 1775, in *Papers of Benjamin Franklin*, 22: 287.

(46) Armitage, *Declaration of Independence*, 165, 166〔『独立宣言の世界史』192, 193 頁〕.

(47) Lempérière, "Revolución, guerra civil, guerra de independencia en el mundo hispánico 1808–1825"; Adelman, "An Age of Imperial Revolutions"; Pani, "Ties Unbound"; Lucena Giraldo, *Naciones de rebeldes*; Pérez Vejo, *Elegía criolla.*

(48) José María Cos, "Plan de Guerra", in Guedea, *Textos insurgentes*, 52–55; San Martin to Tomás Godoy Cruz, April 12, 1816. 次に引用. John Lynch, *San Martín*, trans. Chaparro, 131.

（49）Baker, “Revolution 1.0,” 189; Baker, “Inventing the French Revolution,” 203, 223.

（50）Snow, “The Concept of Revolution in Seventeenth-Century England”; Rachum, “The Meaning of ‘Revolution’ in the English Revolution（London, 1648–1660）.” もう一つの見解は次を参照．Harris, “Did the English Have a Script For Revolution in the Seventeenth Century?”.

（51）Hobbes, *Behemoth, or The Long Parliament*, 389〔ホッブズ『ビヒモス』330 頁〕.

（52）Edelstein, “Do We Want a Revolution Without Revolution?” 次と比較されたい．Rey, *“Révolution”*; William H. Sewell, Jr., “Historical Events as Transformations of Structures: Inventing Revolution at the Bastille,” in *Logics of History*, 225–70.

（53）Vlassopoulos, “Acquiring (a) Historicity,” 166.

（54）Furet, “The Revolutionary Catechism,” in *Interpreting the French Revolution*, trans. Forster, 83〔フュレ『フランス革命を考える』158 頁〕.

（55）Marx, *The Eighteenth Brumaire of Louis Bonaparte*（1851）, in *Selected Writings*, 300〔マルクス「ルイ・ボナパルトのブリュメール一八日」4 頁〕.

（56）Burke, *Reflections on the Revolution in France*, 26–27〔バーク『フランス革命についての省察』I，54 頁〕（次を引用．Livy, *Histories*, 9.1.10〔リウィウス『ローマ建国以来の歴史 4』毛利晶訳，京都大学学術出版会，2014 年，39 頁〕）（強調は引用者）.

（57）Burke, *A Letter from the Right Hon. Edmund Burke*, 41.

（58）Vattel, *Law of Nations*, 3.3.36, ed. Kapossy and Whatmore, 488. このもっと長い引用は次のようになっている．「戦争を避けられない者にとって，戦争は正当であり，武器に訴える以外に希望が残されていない者にとって，武器は掟に叶っている〔リウィウス『ローマ建国以来の歴史 4』39 頁〕」.

（59）Burke, “Speech on the Seizure and Confiscation of Private Property in St Eustatius”（May 14, 1781）, in *Parliamentary History of England from the Earliest Period to 1803*, vol. 22, col. 231.

（60）Burke, *Thoughts on French Affairs*, in *Further Reflections on the Revolution in France*, 207.

（61）Vattel, *Law of Nations*, 2.4.56, ed. Kapossy and Whatmore, 291. 次と比較されたい．ibid., 3.16.253, 627.

(62) Kant, “Toward Perpetual Peace” (1795), in *Practical Philosophy*, trans. Gregor, 319–20〔カント『永遠平和のために／啓蒙とは何か』155–56, 178 頁〕; Hurrell, “Revisiting Kant and Intervention,” 198.

(63) Burke, “First Letter on a Regicide Peace” (October 20, 1796) および Burke, “Second Letter on a Regicide Peace” (1796), in *Revolutionary War, 1794–1797*, 187, 267; Armitage, *Foundations of Modern International Thought*, 163–69〔アーミテイジ『思想のグローバル・ヒストリー』232–40 頁〕.

(64) たとえば次を参照. Martin, “Rivoluzione francese e guerra civile”; Martin, “La guerre civile”; Andress, *Terror*; Martin, *La Vendée et la Révolution*.

(65) Mayer, *Furies*, 4–5.

(66) Serna, “Toute révolution est guerre d'indépendance.”

(67) Drayton, *Charge, on the Rise of the American Empire*, 2, 8, 15.

(68) Guizot, *Histoire de la révolution d'Angleterre, depuis l'avènement de Charles Ier jusqu'a la restauration*, I, xvi.

(69) Marx and Engels, *The Communist Manifesto* (1848), in Marx, *Selected Writings*, 230〔マルクス『共産主義者宣言』36–37 頁〕; Balibar, “On the Aporias of Marxian Politics.”

(70) Marx, *The Civil War in France*, in Marx and Engels, *Karl Marx, Friedrich Engels Gesamtausgabe* (*MEGA*), 22: 158〔マルクス「フランスの内乱」63 頁〕.

(71) Lenin, *Clausewitz' Werk “Vom Kriege”*; Hahlweg, “Lenin und Clausewitz.”

(72) この叙述はカール・シュミットによるもの. Schmitt, *Theory of the Partisan*, trans. Ulmen, 93〔シュミット『パルチザンの理論』107 頁〕.

(73) Lenin [and Grigorii Zinoviev], *The Military Programme of the Proletarian Revolution* (September 1916), in *Collected Works*, 23: 78〔『レーニン全集(第 23 巻)』82 頁〕. レーニンとジノヴィエフの小冊子の直接的な背景については次を参照. Nation, *War on War*, 80–83.

(74) Stalin (1928). 次に引用. Rieber, “Civil Wars in the Soviet Union,” 140.

(75) 次と比較されたい. Eckstein, “On the Etiology of Internal Wars,” 133; Canal, “Guerra civil y contrarrevolución en la Europa del sur en el siglo XIX,” 46.

第3部　今日への道

第5章　内戦の文明化——19世紀

(1) Lincoln, "Address Delivered at the Dedication of the Cemetery at Gettysburg"(Nov. 19, 1863), in *Collected Works of Abraham Lincoln*, 7: 23.〔「ゲティスバーグ演説(1863年11月19日)」歴史学研究会編『世界史史料7 南北アメリカ 先住民の世界から19世紀まで』253頁〕

(2) 特に次を参照. Wills, *Lincoln at Gettysburg*; Boritt, *Gettysburg Gospel*; Johnson, *Writing the Gettysburg Address*. いずれも「大いなる内戦」の文言について論じていない.

(3) Cimbala and Miller, *Great Task Remaining Before Us*; Varon, *Appomattox*; Downs, *After Appomattox*.

(4) Mably, *Des droits et des devoirs du citoyen*(1758), 62-63〔マブリ『市民の権利と義務』70頁〕.

(5) 次からの引用. Fuentes, "Guerra civil," 609; Fuentes, "*Belle époque*," 84-93.

(6) Chateaubriand, *Mémoires d'outre-tombe*, 1358; Caron, *Frères de sang*, 153-57.

(7) 次と比較されたい. Ranzato, "Evidence et invisibilité des guerres civiles"; Grangé, *De la guerre civile*; Grangé, *Oublier la guerre civile?* 次の書は, 社会理論における戦争の不在についてより全般的に論じている. Joas and Köbl, *War in Social Thought*, 2.

(8) Rousseau, *Social Contract*, in *Social Contract and Other Later Political Writings* 1. 4. 9, ed. Gourevitch, 46-47〔ルソー「社会契約論」117頁〕. ルソーの主張は, フーゴ・グロティウスの「私的な戦争」の概念に対する批判でもあった. これについては第3章を参照.

(9) Clausewitz, *On War*〔クラウゼヴィッツ『戦争論』〕. 内戦は,「小規模な戦争」に関するクラウゼヴィッツの比較的知られていない論考でもごく簡単にしか出てきていない. Clausewitz, *Clausewitz on Small War*, trans. Daase and Davis, 121, 131, 163.

(10) Mao and Guevara, *Guerrilla Warfare*〔ゲバラ『ゲリラ戦争』〕.

(11) Jomini, *Précis de l'art de la guerre*, 1: 85. 内戦を規範理論の領域に含めようとするごく近年の説明については, 次を参照. Franco Restrepo, *Guerras civiles*; Fabre, *Cosmopolitan War*, 130-65.

(12) Moynier, *Étude sur la Convention de Genève pour l'amélioration du*

sort des militaires blessés dans les armées en campagne(*1864 et 1868*), 304.

(13) *Collected Works of Abraham Lincoln* の 1861 年から 1865 年までを扱う第 4 巻から第 8 巻で,「反乱《レベリオン》」は 340 回,「内戦」は 64 回出てくる. http://quod.lib.umich.edu/l/lincoln/.

(14) Gastineau, *Histoire de la souscription populaire à la médaille Lincoln*; Boritt, Neely, and Holzer, "European Image of Abraham Lincoln," 161; Doyle, *Cause of All Nations*, 295–97.

(15) Hugo, *Les Misérables*(*The Wretched*)*: A Novel; Providence Evening Bulletin*, May 25, 1885, quoted in Lebreton-Savigny, *Victor Hugo et les Américains*(*1825–1885*), 31(translation corrected).『レ・ミゼラブル』は, 1862 年 3 月末にブリュッセルで(フランス語版), 同年 4 月初めにパリで出版された.

(16) Hugo, *Les Misérables: A Novel*, trans. Wilbour, 4: 164–65〔ユーゴー『レ・ミゼラブル(四)』80, 82 頁〕.

(17) Laurent, "'La guerre civile?'"; Caron, *Frères de sang*, 157–62.

(18) Beckert, *Empire of Cotton*, 242–73.

(19) Geyer and Bright, "Global Violence and Nationalizing Wars in Eurasia and America"; Bayly, *Birth of the Modern World, 1780–1914*, 148–65〔C. A. ベイリ『近代世界の誕生(上)』195–218 頁〕; Platt, *Autumn in the Heavenly Kingdom*.

(20) Armitage et al., "Interchange."

(21) Pavković, *Creating New States*, 65–94.

(22) Wimmer and Min, "From Empire to Nation-State," 881(quoted); Wimmer, Cederman, and Min, "Ethnic Politics and Armed Conflict"; Wimmer, *Waves of War*.

(23) "Meeting of the Sub-committee[of the Société Publique for the Relief of Wounded Combatants], held on March 17, 1863," in International Committee of the Red Cross, "The Foundation of the Red Cross": 67.

(24) Boissier, *Histoire du Comité international de la Croix-Rouge*, 391–94; Siordet, "The Geneva Conventions and Civil War"; Sivakumaran, *The Law of Non-international Armed Conflict*, 31–37(この箇所は, 氏の教示による).

(25) Mill, "A Few Words on Non-intervention," in *Collected Works of John Stuart Mill*, 21: 120, 118, 121; Varouxakis, *Liberty Abroad*, 77–89.

(26) Mill, "The Contest in America"(1862), in *Collected Works of John Stuart Mill*, 21: 140, 142, 138; Varouxakis, "'Negrophilist' Crusader."

(27) Pitts, "Intervention and Sovereign Equality."

(28) "Declaration of the Immediate Causes Which Induce and Justify the Secession of South Carolina from the Federal Union"(Dec. 20, 1860), in *Journal of the Convention of the People of South Carolina, Held in 1860, 1861 and 1862*, 461-66(強調は引用者)〔「サウスカロライナ連邦離脱をめぐる直接的な理由の宣言(1860年12月24日)」『世界史史料7』244-45頁〕.

(29) Lincoln, "Message to Congress in Special Session"(July 4, 1861), in *Collected Works of Abraham Lincoln*, 4: 426, 435, 436(強調はリンカーン)〔「特別議会に与えた教書(戦争教書)(1861年7月4日)」,『リンカーン演説集』136-37, 148, 150頁〕.

(30) Ibid., 4: 433〔「特別議会に与えた教書(戦争教書)(1861年7月4日)」,『リンカーン演説集』144-45頁〕.

(31) Lincoln, "First Inaugural Address"(March 4, 1861), in *Collected Works of Abraham Lincoln*, 4: 265〔「第1次大統領就任演説(1861年3月4日)」,『リンカーン演説集』117-18頁〕. 当初リンカーンは,「革命的《レボリュショナリー》」の代わりに「反逆的《トリゾナブル》」と記していた. Ibid., 4: 265 n 16.

(32) Pavković, *Creating New States*, 221-40.

(33) Lincoln, "Address Delivered at the Dedication of the Cemetery at Gettysburg," in *Collected Works of Abraham Lincoln*, 7: 23〔「ゲティスバーグ演説(1863年11月19日)」『世界史史料7』253-54頁〕.

(34) Wright, "American Civil War(1861-65)," 43.

(35) Neff, *Justice in Blue and Gray*, 32-34.

(36) The Prize Cases, 67 U.S. 635(1863); McGinty, *Lincoln and the Court*, 118-43; Lee and Ramsey, "Story of the Prize Cases"; Neff, *Justice in Blue and Gray*, 20-29.

(37) The Prize Cases, 67 U.S. 635(1863), citing Vattel, *Law of Nations* 3. 18. 293, ed. Kapossy and Whatmore, 645.

(38) Halleck, *International Law*, 73-75〔『波氏萬國公法』〕.

(39) ハレックもジョミニから「イスラーム主義の戦争」というカテゴリーを借用していた. 後にハレックは, ジョミニの『ナポレオンの生涯』を翻訳した.

(40) Halleck, *International Law*, 332-33.

(41) Carroll, *War Powers of the General Government*, 7-8, citing Vattel, *Law of Nations* 3. 18. 293.

(42) Dyer, "Francis Lieber and the American Civil War"; Mack and Lesesne, *Francis Lieber and the Culture of the Mind*.

(43) Baxter, "First Modern Codification of the Law of War"; Hartigan, *Military Rules, Regulations, and the Code of War*; Witt, *Lincoln's Code*; Finkelman, "Francis Lieber and the Modern Law of War."

(44) Lieber to George Stillman Hillard, May 11, 1861, Lieber MSS, Henry E. Huntington Library, San Marino, Calif.(hereafter HEH), LI 2308.

(45) Lieber, "[Notes on the]English and Ferench [*sic*] Revolutions"(ca. 1850), Lieber MSS, HEH LI 365.

(46) Lieber, "Some Questions Answered-Secession-the Strength of Armies and Navys, & ca."(ca. 1851), Lieber MSS, HEH LI 369.

(47) Lieber, "[Remarks Regarding the *Right of Secession*]"(ca. 1851), Lieber MSS, HEH LI 368.

(48) Lieber, "Twenty-Seven Definitions and Elementary Positions Concerning the Laws and Usages of War"(1861)and "Laws and Usages of War"(Oct. 1861-Feb. 1862), Lieber MSS, Eisenhower Library, Johns Hopkins University, box 2, items 15, 16-18.

(49) Lieber, "Laws and Usages of War," Lieber MSS, John Hopkins University, box 2, item 17.「正当な戦争」への言及は，アルベリコ・ジェンティーリ(1552-1608年)〔イングランドに亡命したイタリアの法学者〕に由来する．次からの引用．Kennedy, *Influence of Christianity on International Law*, 91.

(50) Lieber, "*Civil War*," Lieber MSS, John Hopkins University, box 2, item 18; Lieber, *Guerrilla Parties*, 21; Witt, *Lincoln's Code*, 193-96.

(51) Halleck to Lieber, Aug. 6, 1862; Lieber to Halleck, Aug. 9, 1862, Lieber MSS, HEH, LI 1646, 1758.

(52) Lieber to Bates, Nov. 9, 1862, Lieber MSS, HEH, LI 852.

(53) Halleck, annotation to Lieber, *Code for the Government of Armies in the Field*, 25-[26], HEH, 243077.

(54) Lieber to Halleck, March 4, 1863, Lieber MSS, HEH 1778. 次と比較されたい．Lieber, [*U.S. Field Order 100.*]*Section X*.

(55) Lieber, *Instructions for the Government of Armies of the United States in the Field*, 34〔樋口和彦「国際人道法ノート(1)」『琉大法学』第86号，

2011年9月，94頁．「反乱」を「暴動」に，「内乱」を「反乱」に，訳を改めた〕．
(56) Neff, *War and the Law of Nations*, 256–57.
(57) U.S. Constitution, article I, secs. 8–9; Fourteenth Amendment(1868), sec. 3.
(58) 次も参照．U.S. Naval War Records Office, *Official Records of the Union and Confederate Navies in the War of the Rebellion.*
(59) Witt, *Lincoln's Code*, 340–45.
(60) U.S. Department of War, *Instructions for the Government of Armies of the United States in the Field.*
(61) Ramsey, *Masterpiece of Counterguerrilla Warfare*, 119–41.
(62) 例えば，Davis, *Military Laws of the United States*, 798; U.S. Department of War, *Rules of Land Warfare*; U.S. Department of War, *Basic Field Manual*; U.S. Department of the Army, *Law of Land Warfare*, 9. より一般的には，次を参照．Kretchik, *U.S. Army Doctrine.*
(63) 次の書と比較されたい．Fleche, *Revolution of 1861.*
(64) Coulter, "Name for the American War of 1861–1865," 123, quoting Mildred Rutherford; Hoar, *South's Last Boys in Gray*, 524–25(120の名称があると推計している); Musick, "War by Any Other Name"; Coski, "War Between the Names"; Manning and Rothman, "Name of War."
(65) Thomas M. Patterson, *Congressional Record*(Jan. 11, 1907), 944, in Record Group 94(Office of the Adjutant General), Administrative Precedent File("Frech File"), box 16, bundle 58, "Civil War," National Archives, Washington, D.C.
(66) *Congressional Record*(Jan. 11, 1907), 944–49; clipping from unnamed Washington, D.C., newspaper, Jan. 12, 1907, "Frech File," National Archives, Washington, D.C.
(67) Coulter, "Name for the American War of 1861–1865," 128–29; United Daughters of the Confederacy, *Minutes of the Twenty-First Annual Convention of the United Daughters of the Confederacy*, 298.
(68) Blight, *Race and Reunion*, 15, 300–337.
(69) Melville, "The Surrender at Appomattox(April, 1865)," in *Published Poems*, 100; Thomas, "'My Brother Got Killed in the War,'" 301–3.
(70) Lucan, *Bellum civile* 1. 128, in Lucan, *Civil War*, trans. Braund, 6〔ルーカーヌス『内乱(上)』25頁〕; Jacob, *Testament to Union*, 169; Mal-

amud, "*Auctoritas* of Antiquity," 310-11.

(71) Engels to Marx, May 23, 1862, in Marx and Engels, *Collected Works*, trans. Dixon et al., 41: 367〔マルクス&エンゲルス『書簡集(マルクス＝エンゲルス全集 第30巻)』196頁〕.

第6章 内戦の世界——20世紀

(1) Torres Bodet, "Why We Fight." この文献を教示してくれたグレンダ・スルーガに感謝する.

(2) Neumann, "International Civil War," 333, 350; Kunze, "Zweiter Dreißigjähriger Krieg."

(3) Voltaire, *Le siècle de Louis XIV*(1756), quoted in Pagden, "Europe: Conceptualizing a Continent," in *The Idea of Europe: From Antiquity to the European Union*, ed. Pagden, 37〔ヴォルテール『ルイ十四世の世紀(1)』14頁〕.

(4) Fénelon, *Fables and Dialogues of the Dead*, 183; Bell, *First Total War*, 59.

(5) Lucan, *Bellum civile* 1.1-2「戦《いくさ》を，私は歌おう，エマティアの野に繰り広げられた，内戦にもましておぞましい戦を」(強調は引用者)〔ルーカーヌス『内乱(上)』17頁〕.

(6) Armitage, "Cosmopolitanism and Civil War."

(7) Kant, "Toward Perpetual Peace," in *Practical Philosophy*, trans. Gregor, 330〔カント『永遠平和のために／啓蒙とは何か』190-91頁〕.

(8) Rousseau, *Project for Perpetual Peace*, 9.〔ルソー「サン＝ピエール師の永久平和論抜粋」319頁〕.

(9) Bourrienne, *Mémoires de M. de Bourrienne, ministre d'état*, 5: 207.

(10) Martin, *La Russie et l'Europe*, 106(「ヨーロッパ人同士の戦争はすべて内戦である」).

(11) 例えば，次を参照. G. K. Chesterton, in Hymans, Fort, and Rastoul, *Pax mundi*; Coudenhove-Kalergi, *Europe Must Unite*, title page〔クーデンホーフ・カレルギー『ヨーロッパは統合しなければならない』〕.

(12) Diplomatic Conference for the Establishment of International Conventions for the Protection of Victims of War, *Final Record of the Diplomatic Conference of Geneva of 1949*, 2B: 325, 11; Sivakumaran, *Law of Non-international Armed Conflict*, 30-31, 40.

(13) International Committee of the Red Cross, *Seventeenth International*

Red Cross Conference, Stockholm, August 1948: Report, 71; Pictet, *Geneva Convention for the Amelioration of the Condition of the Wounded and Sick in Armed Forces in the Field*, 39–48.「共通第3条」の草稿については，次を参照．Moir, *Law of Internal Armed Conflict*, 23–29.

(14) 20世紀全体の法的背景についての入門書として次の書がある．Rougier, *Les guerres civiles et le droit des gens*; Siotis, *Le droit de la guerre et les conflits armés d'un caractère non-international*; Castrén, *Civil War*; La Haye, *War Crimes in Internal Armed Conflicts*; Solis, *Law of Armed Conflict*; Dinstein, *Non-international Armed Conflicts in International Law*; Moir, "Concept of Non-international Armed Conflict."

(15) Geneva Convention, Common Article 3, in Pictet, *Geneva Convention for the Amelioration of the Condition of the Wounded and Sick in Armed Forces in the Field*, 37–38〔岩沢雄司編集代表『国際条約集』有斐閣，2019年，729頁〕.

(16) Sivakumaran, *Law of Non-international Armed Conflict*, 163; Diplomatic Conference for the Establishment of International Conventions for the Protection of Victims of War, *Final Record of the Diplomatic Conference of Geneva of 1949*, 1: 351, quoted in ibid., 163. 改定されたジュネーヴ諸条約をめぐる論争での植民地要因に関しては，次を参照．Klose, "Colonial Testing Ground," 108–11; Klose, *Human Rights in the Shadow of Colonial Violence*, trans. Geyer, 122–24.

(17) Institut de Droit International, "Principle of Non-intervention in Civil Wars."

(18) Moir, *Law of Internal Armed Conflict*, 89–132; Sivakumaran, *Law of Non-international Armed Conflict*, 49–92, 182–92.

(19) Cullen, *Concept of Non-international Armed Conflict in International Humanitarian Law*; Vité, "Typology of Armed Conflicts in International Humanitarian Law," 75–83; David, "Internal (Non-international) Armed Conflict."

(20) 紛争の分類に関する全般的課題については，次を参照．Wilmshurst, *International Law and the Classification of Conflicts*.

(21) Institut de Droit International, "Application of International Humanitarian Law and Fundamental Human Rights, in Armed Conflicts in Which Non-state Entities Are Parties."

(22) Kolb, "Le droit international public et le concept de guerre civile

depuis 1945"; Mattler, "Distinction Between Civil Wars and International Wars and Its Legal Implications."

(23) International Criminal Tribunal for the Former Yugoslavia, *Prosecutor v. Tadić*, § 97.

(24) これらの試みについての概要と批判については，次を参照．Kreß and Mégret, "The Regulation of Non-international Armed Conflicts."

(25) U.K. Ministry of Defence, *Manual of the Law of Armed Conflict*, 381–408.

(26) Sewall, introduction to *U.S. Army/Marine Corps Counterinsurgency Field Manual*, 352.

(27) International Criminal Tribunal for the Former Yugoslavia, *Prosecutor v. Tadić*, §§ 126, 119.

(28) U.S. Department of State, Office of Electronic Information, Bureau of Public Affairs, "Daily Press Briefing—December 2, 2011"; Pressman, "Why Deny Syria Is in a Civil War?"

(29) Chenoweth, "Syrian Conflict Is Already a Civil War"; Murphy, "Why It's Time to Call Syria a Civil War."

(30) "Syria Crisis: Death Toll Tops 17,000, Says Opposition Group," *Huffington Post*, July 9, 2012; "Syria in Civil War, Red Cross Says," *BBC News, Middle East*, July 15, 2012.

(31) International Committee of the Red Cross, "Internal Conflicts or Other Situations of Violence."

(32) Eckstein, "Introduction: Toward the Theoretical Study of Internal War," in *Internal War*, 1. エクスタインについては，次を参照．Almond, "Harry Eckstein as Political Theorist."

(33) Eckstein, "On the Etiology of Internal Wars." 次は，冷戦と社会科学を概観した最近の論考である．Engerman, "Social Science in the Cold War"; Gilman, "Cold War as Intellectual Force Field."

(34) Orlansky, *State of Research on Internal War*, 3. 次と比較されたい．Eckstein, *Internal War*, 32.

(35) U.S. Congress, Senate, Committee on Foreign Relations, *Nature of Revolution*, 155–56; Brinton, *Anatomy of Revolution*〔C. ブリントン『革命の解剖』〕; McAlister, *Viet Nam*.

(36) ロールズが講義を行なった頃の知的・政治的背景全般については，次を参照．Forrester, "Citizenship, War, and the Origins of International

Ethics in American Political Philosophy, 1960–1975."

（37） Rawls, "Moral Problems."

（38） 例えば，次と比較されたい．Speier, *Revolutionary War.*

（39） John Rawls, "Topic III: *Just War: Jus ad bellum*"(1969), Harvard University Archives, Acs. 14990, box 12, file 4; Mill, "A Few Words on Non-intervention"(1859), in *Collected Works of John Stuart Mill*, 21: 111–23.

（40） Foucault, "La société punitive," Lecture 1 (Jan. 3, 1973), 16–17; Foucault, *La société punitive*, 14–15; Foucault, *Punitive Society*, trans. Burchell, 13〔フーコー『処罰社会』18頁〕.

（41） Hoffman, "Foucault's Politics and Bellicosity as a Matrix for Power Relations."

（42） Foisneau, "Farewell to Leviathan."

（43） Foucault, "La société punitive," Lecture 2 (Jan. 10, 1973), 22–23, 28–29; Foucault, *La société punitive*, 26–31, 34; Foucault, *Punitive Society*, trans. Burchell, 24–32〔『処罰社会』41, 44頁〕.

（44） Wright, *Study of War*; Richardson, *Statistics of Deadly Quarrels*; Singer and Small, *Wages of War, 1816–1965.*

（45） Small and Singer, *Resort to Arms*, 203–04.

（46） Ibid., 210–20; Henderson and Singer, "Civil War in the Postcolonial World, 1946–92," 284–85.

（47） Sambanis, "What Is Civil War?," 816.

（48） 他の議論については，例えば次を参照．Duvall, "Appraisal of the Methodological and Statistical Procedures of the Correlates of War Project"; Cramer, *Civil War Is Not a Stupid Thing*, 57–86; Vasquez, *War Puzzle Revisited*, 27–29.

（49） その後，「戦争相関プロジェクト」は，中核と周辺の区別を外した．Sarkees and Wayman, *Resort to War*, 43, 47.

（50） イェール大学の政治学者スタティス・カリヴァスが提示した内戦に関するより実用的な定義ですら，この問題がつきまとっている．「敵対の始まる時点で，共通の当局の統治下にあった両陣営による認知された主権体の境界内での武力紛争」（強調は引用者）．Kalyvas, *Logic of Violence in Civil War*, 17.

（51） Remak, *Very Civil War*, 157.

（52） Hopkinson, *Green Against Green*, 272–73.

(53) Sutton, *Index of Deaths from the Conflict in Ireland, 1969–1993*; Conflict Archive on the Internet, "Violence: Deaths During the Conflict."
(54) Sambanis, "It's Official". 次も参照されたい．Toft, "Is It a Civil War, or Isn't It?"
(55) Annan, quoted in Cordesmann, *Iraq's Insurgency and the Road to Civil Conflict*, 2: 393.
(56) Lando, "By the Numbers, It's Civil War."
(57) Wong, "Matter of Definition."
(58) Erdoğan, quoted in Cordesmann, *Iraq's Insurgency and the Road to Civil Conflict*, 2: 393.
(59) Keeter, "Civil War."
(60) Stansfield, "Accepting Realities in Iraq."
(61) Fearon, "Testimony to U.S. House of Representatives... on 'Iraq: Democracy or Civil War?'"
(62) Fearon, "Iraq's Civil War."
(63) Zavis, "Maliki Challenges 'Civil War' Label."
(64) Taheri, "There Is No Civil War in Iraq."
(65) Keegan and Bull, "What Is a Civil War?"
(66) Patten, "Is Iraq in a Civil War?": 32, 27.
(67) *U.S. Army Field Manual 100-20: Military Operations in Low Intensity Conflict*, quoted in Patten, "Is Iraq in a Civil War?": 28
(68) Patten, "Is Iraq in a Civil War?": 29（強調は引用者）.
(69) Salvemini, "Non abbiamo niente da dire"(Sept. 4, 1914), in *Come siamo andati in Libia e altri scritti dal 1900 al 1915*, 366; Marc, "Das geheime Europa"(Nov. 1914), in Marc, *Schriften*, 165; Losurdo, *War and Revolution*, trans. Elliott, 82; Traverso, *A ferro e fuoco*, 29.
(70) Keynes, *Economic Consequences of the Peace*, 5〔ケインズ『平和の経済的帰結（ケインズ全集　第2巻）』2–3頁〕.
(71) Rusconi, *Se cessiamo di essere una nazione*, 101–21; Traverso, *A ferro e fuoco*; Traverso, "New Anti-Communism"; Cattani, "Europe as a Nation," 8–9.
(72) Friedrich, "International Civil War," in *Foreign Policy in the Making*, 223–53; Losurdo, "Une catégorie centrale du révisionisme."
(73) Roy, *War and Revolution*, 46–54, 83–91, 96, 108–09; Manjapra, *M. N.*

Roy, 128-29.

(74) Nolte, *Der europäische Bürgerkrieg, 1917-1945*; Nipperdey, Doering-Manteuffel, and Thamer, *Weltbürgerkrieg der Ideologien*; Bonnet, "Réflexions et jeux d'échelles autour de la notion de 'guerre civile européenne.'" 異なるアプローチについては，次を参照．Payne, *Civil War in Europe, 1904-1949*.

(75) Acheson, *Present at the Creation*, 4-5.

(76) John F. Kennedy, "State of the Union Address"(Jan. 11, 1962), in U.S. President(1961-1963: Kennedy), *Public Papers of the Presidents of the United States: John F. Kennedy*, 2: 9; Miller, *Modernism and the Crisis of Sovereignty*, 15-16.

(77) Schmitt, *Theory of the Partisan*, trans. Ulmen, 95〔シュミット『パルチザンの理論』195-96 頁〕.

(78) Schmitt, *Donoso Cortés in gesamteuropäischer Interpretation*, 7, 18-19, 21, 85-86, 113-14; Schmitt, *La guerre civile mondiale*; Kesting, *Geschichtsphilosophie und Weltbürgerkrieg*; Schnur, *Revolution und Weltbürgerkrieg*; Portinaro, "L'epoca della guerra civile mondiale?"; Müller, *Dangerous Mind*, 104-15; Jouin, *Le retour de la guerre juste*, 269-90.

(79) Students for a Democratic Society, *Port Huron Statement*, 27.

(80) Arendt, *On Revolution*, 17〔アレント『革命について』20 頁〕; Bates, "On Revolutions in the Nuclear Age."

(81) Galli, *Political Spaces and Global War*(2001-2), trans. Fay, 171-72; Härting, *Global Civil War and Post-colonial Studies*; Odysseos, "Violence *After* the State?"; Odysseos, "Liberalism's War, Liberalism's Order."

(82) Hardt and Negri, *Multitude*, 341〔ネグリ＆ハート『マルチチュード(下)』238 頁〕.

(83) Agamben, *State of Exception*, trans. Attell, 2-3〔アガンベン『例外状態』10 頁〕; 次も参照．Agamben, *Stasis*, trans. Heron, 24(「今日，世界史において内戦が引き受けた形式はテロリズムである．……テロリズムは，地球上の空間のこれこれの地帯，しかじかの地帯をかわるがわる攻囲する『世界的内戦《グローバル》』である」)〔アガンベン『スタシス』48-49 頁〕.

(84)「内戦」と「テロリズム」が，経験上かつ定義上で合致することについては，次を参照．Findley and Young, "Terrorism and Civil War."

(85) Jung, "Introduction: Towards Global Civil War?"

結論——言葉の内戦

(1) Moses, "Civil War or Genocide?"; Rabinbach, "The Challenge of the Unprecedented."
(2) Lepore, *Name of War*, xv.
(3) Kalyvas, "Civil Wars," 416. この中で彼は，それは「語義上の混乱どころか，論争を招きそうな現象」と記している．次も参照．Waldmann, "Guerra civil"; Angstrom, "Towards a Typology of Internal Armed Conflict"; Sambanis, "What Is Civil War?"; Mundy, "Deconstructing Civil Wars"; González Calleja, Arbusti, and Pinto, "Guerre civili," 34-42; González Calleja, *Las guerras civiles*, 34-78; Jackson, "Critical Perspectives," 81-83.
(4) De Quincey, "[Fragments Relating to 'Casuistry']"(ca. 1839-43), in *Works of Thomas De Quincey*, 11: 602.
(5) Pavone, *Civil War*, 269-70.
(6) Mamdani, "Politics of Naming"; Mamdani, *Saviors and Survivors*, 3-6.
(7) Freedman, "What Makes a Civil War?"
(8) Talmon, "Recognition of the Libyan National Transitional Council."

あとがき

(1) http://www.iraqbodycount.org/database/; United Nations Assistance Mission for Iraq, "Human Rights Report, 1 September-31 October 2006," 4.
(2) Ted Widmer, *Ark of the Liberties: America and the World*(New York: Hill and Wang, 2008).

参考文献一覧

＊既訳の書誌情報は〔　〕に入れて示した.
＊引用の邦訳は，適宜既訳を参考としたが，一部訳を改めたものもある.
＊邦訳の全集を参照した場合には，適宜，全集名ないし該当する著作名を掲げた.

一次文献

Acheson, Dean. *Present at the Creation: My Years in the State Department.* New York: Norton, 1969.

Adams, John. *Discourses on Davila: A Series of Papers, on Political History.* Boston: Russell and Cutler, 1805.

Appian. *An Auncient Historie and Exquisite Chronicle of the Romane Warres, Both Civile and Foren.* London: Ralph Newbery and Henry Bynneman, 1578.

——. *The Civil Wars.* Translated by John Carter. London: Penguin Books, 1996.

——. *Shakespeare's Appian: A Selection from the Tudor Translation of Appian's Civil Wars.* Edited by Ernest Schanzer. Liverpool: Liverpool University Press, 1956.

Arendt, Hannah. *On Revolution.* London: Penguin, 1990.〔ハンナ・アレント『革命について』志水速雄訳，ちくま学芸文庫，1995 年〕

ARTFL (Project for American and French Research on the Treasury of the French Language). "Dictionnaires d'autrefois." http://artflproject.uchicago.edu/content/dictionnaires-dautrefois.

Astell, Mary. "An Impartial Enquiry into the Causes of the Rebellion and Civil War in This Kingdom." In *Political Writings*, edited by Patricia Springborg, 135–97. Cambridge, U.K.: Cambridge University Press, 1996.

Augustine. *The City of God Against the Pagans.* Edited by R. W. Dyson. Cambridge, U.K.: Cambridge University Press, 1998.〔アウグスティヌス『神の国』全 5 巻，服部英次郎訳(4，5 巻は藤本雄三と共訳)，岩波文庫，1982–91 年〕

Biondi, Giovanni Francesco. "Civill Warrs of England: In the Life of Henry the Sixth." Translated by Henry, Earl of Monmouth. f MS Eng 1055, Houghton Library, Harvard University.

——. *An History of the Civill Warres of England, Betweene the Two Houses of Lancaster and Yorke*. Translated by Henry, Earl of Monmouth. London: John Benson, 1641.

Bollan, William. *The Freedom of Speech and Writing upon Public Affairs Considered*, New York: Da Capo Press, 1970.

Bonaparte, Napoleon. *Précis des guerres de Jules César. Écrit à Sainte-Hélène par Marchand, sous la dictée de l'Empereur*. Bécherel: Perséides, 2009.

Bourrienne, Louis Antoine Fauvelet de. *Mémoires de M. de Bourrienne, ministre d'état; sur Napoléon, le directoire, le consulat, l'empire et la restauration*. 10 vols. Paris: L'Advocat, 1829-30.

Burke, Edmund. *Further Reflections on the Revolution in France*. Edited by Daniel E. Ritchie. Indianapolis: Liberty Fund, 1992.

——. *A Letter from the Right Hon. Edmund Burke... to Sir Hercules Langrishe... on the Subject of Roman Catholics of Ireland*. 2nd ed. London: J. Debrett, 1792.

——. *Reflections on the Revolution in France*. Edited by J. G. A. Pocock. Indianapolis: Hackett, 1987.〔バーク『フランス革命についての省察ほか』I, 水田洋・水田珠枝訳, 中公クラシックス, 2002年〕

——. *The Revolutionary War, 1794-1797: Ireland*. Vol. 9 of *The Writings and Speeches of Edmund Burke*. Edited by R. B. McDowell. Oxford: Clarendon Press, 1991.

Caesar, Julius. *Civil War*. Edited and translated by Cynthia Damon. Cambridge, Mass.: Harvard University Press, 2016.〔カエサル『内乱記』高橋宏幸訳, 岩波書店, 2015年〕

Carroll, Anna Ella. *The War Powers of the General Government*. Washington, D.C.: Henry Polkinhorn, 1861.

Chateaubriand, François-René. *Mémoires d'outre-tombe*. Edited by Pierre Clarac. Paris: Le Livre de Poche, 1973.

Cicero. *On Duties*. Translated by Walter Miller. Cambridge, Mass.: Harvard University Press, 1913.〔キケロー『義務について』泉井久之助訳, 岩波文庫, 1961年〕

——. *Political Speeches*. Translated by D. H. Berry. Oxford: Oxford University Press, 2006.

Civil War; a Poem. Written in the Year 1775. N.p.: n.d.[1776?].

Clarendon, Henry Hyde, Earl of. *The History of the Rebellion and Civil Wars in England, Begun in the Year 1641*. 2 vols. Oxford: At the Theatre, 1702–4.

Clausewitz, Carl von. *Clausewitz on Small War*. Edited and translated by Christopher Daase and James W. Davis. Oxford: Oxford University Press, 2015.

——. *On War*. Edited and translated by Michael Howard and Peter Paret. Princeton, N.J.: Princeton University Press, 1984.〔クラウゼヴィッツ『戦争論』全3巻,篠田英雄訳,岩波文庫,1968年〕

Cooper, James Fenimore. *The Spy: A Tale of the Neutral Ground*. Edited by James P. Elliott, Lance Schachterle, and Jeffrey Walker. New York: AMS Press, 2002.

Corbet, John. *An Historicall Relation of the Military Government of Gloucester*. London: Robert Bostock, 1645.

Coudenhove-Kalergi, Richard Nicolaus. *Europe Must Unite*. Glarus: Paneuropa, 1939.〔R. N. クーデンホーフ・カレルギー『ヨーロッパは統合しなければならない』深津栄一訳,鹿島研究所出版会,1963年〕

Davila, Arrigo Caterino. *The Historie of the Civill Warres of France*. Translated by Charles Cotterell and William Aylesbury. London: W. Lee, D. Pakeman, and G. Bedell, 1647–48.

——. *The History of the Civil Wars of France*. Translated by Charles Cotterell and William Aylesbury. London: Henry Herringman, 1678.

Davis, George B., ed. *The Military Laws of the United States*. Washington, D.C.: Government Printing Office, 1897.

De Quincey, Thomas. *The Works of Thomas De Quincey*. Edited by Grevel Lindop. 21 vols. London: Pickering & Chatto, 2000–3.

Diplomatic Conference for the Establishment of International Conventions for the Protection of Victims of War. *Final Record of the Diplomatic Conference of Geneva of 1949*. 3 vols. Bern: Federal Political Department, [1949].

Doughty, Robert. *The Notebook of Robert Doughty, 1662–1665*. Edited by James M. Rosenheim. Norwich, U.K.: Norfolk Record Society, 1989.

Drayton, William Henry. *A Charge, on the Rise of the American Empire.* Charleston, S.C.: David Bruce, 1776.

Dubos, Nicolas, ed. *Le mal extrême: La guerre civile vue par les philosophes.* Paris: CNRS, 2010.

Dugdale, William. *A Short View of the Late Troubles in England; Briefly Setting Forth Their Rise, Growth, and Tragical Conclusion. As Also, Some Parallel Thereof with the Barons Wars... but Chiefly with That in France, Called the Holy League.* Oxford: Moses Pitt, 1681.

Echard, Laurence. *The Roman history from the Building of the City, to the Perfeĉt Settlement of the Empire by Augustus Cæsar*, London: R. Bonwick [etc.], 1719.

Eutropius. *Eutropii historiæ romanæ breviarum*. 6th ed. Edinburgh: J. Paton, 1725.〔「エウトロピウス『首都創建以来の略史』翻訳(第 1-10 巻)」エウトロピウス研究会訳,『上智史学』第 52-59 号, 2007-14 年〕

Fénelon, François de Salignac de la Mothe. *Fables and Dialogues of the Dead. Written in French by the Late Archbishop of Cambray.* Translated by John Ozell. London: W. Chetwood and S. Chapman, 1722.

Filmer, Sir Robert. *Patriarcha; or, The Natural Power of Kings.* London: Walter Davis, 1680.〔ロバート・フィルマー「家父長制君主論(パトリアーカ)」,『フィルマー著作集』伊藤宏之・渡部秀和訳, 京都大学学術出版会, 2016 年所収〕

Florus. *Epitome of Roman History.* Translated by Edward Seymour Foster. Cambridge, Mass.: Harvard University Press, 1929.

Foucault, Michel. *The Punitive Society: Lectures at the Collège de France, 1972-1973.* Translated by Graham Burchell. Houndmills: Palgrave Macmillan, 2015.

——. *La société punitive: Cours au Collège de France, 1972-1973.* Edited by François Ewald, Alessandro Fontana, and Bernard Harcourt. Paris: EHESS, Gallimard, Seuil, 2013.〔ミシェル・フーコー『処罰社会——コレージュ・ド・フランス講義 1972-1973 年度』八幡恵一訳, 筑摩書房, 2017 年〕

——. "La société punitive" (Jan. 3-March 28, 1973). Archives du Bibliothèque générale du Collège de France.

Franklin, Benjamin. *The Papers of Benjamin Franklin.* Edited by Leonard W. Labaree et al. 41 vols. New Haven, Conn.: Yale University Press,

1959-2011.

Friedrich, Carl Joachim. *Foreign Policy in the Making: The Search for a New Balance of Power*. New York: W. W. Norton, 1938.

Garcilaso de la Vega. *Historia general del Peru trata el descubrimiento del; y como lo ganaron los Españoles: Las guerras civiles que huvo entre Piçarros, y Almagros*. Córdoba: Andreas Barrera, 1617.

Gardiner, Samuel Rawson, ed. *The Constitutional Documents of the Puritan Revolution, 1625-1660*. 3rd ed. Oxford: Clarendon Press, 1903.

Gastineau, Benjamin. *Histoire de la souscription populaire à la médaille Lincoln*. Paris: A. Lacroix, Verbœckoven, [1865].

Gibbon, Edward. *The History of the Decline and Fall of the Roman Empire*. London: Andrew Strahan and Thomas Cadell, 1782-88.

Grotius, Hugo. *Commentary on the Law of Prize and Booty*. Edited by Martine Julia van Ittersum. Indianapolis: Liberty Fund, 2006.

——. *De Rebus Belgicis; or, The Annals and History of the Low-Countrey-Warrs*. London: Henry Twyford and Robert Paulet, 1665.

——. *The Rights of War and Peace*. Edited by Richard Tuck. 3 vols. Indianapolis: Liberty Fund, 2005.〔『グローチウス戦争と平和の法』全3巻, 一又正雄訳, 酒井書店, 1972年〕

Guarini, Baptista. *Il Pastor Fido: The Faithfull Shepheard with an Addition of Divers Other Poems Concluding with a Short Discourse of the Long Civill Warres of Rome*. Translated by Richard Fanshawe. London: Humphrey Moseley, 1648.

Guedea, Virginia, ed. *Textos insurgentes (1808-1821)*. Mexico, D.F.: Universidad Nacional Autónoma de México, 2007.

Guizot, François. *Histoire de la révolution d'Angleterre, depuis l'avènement de Charles Ier jusqu'a la restauration*. 2 vols. Paris: A. Leroux and C. Chantpie, 1826.

Halleck, H. W. *International Law; or, Rules Regulating the Intercourse of States in Peace and War*. San Francisco: H. H. Bancroft, 1861.〔『波氏萬國公法』全3巻, 秋吉省吾訳, 穴山篤太郎, 1876年〕

Harington, Sir John. *The Epigrams of Sir John Harington*. Edited by Gerard Kilroy. Farnham: Ashgate, 2009.

Hartley, David. *Substance of a Speech in Parliament, upon the State of the Nation and the Present Civil War with America*. London: John Almon,

1776.

Heath, James. *A Chronicle of the Late Intestine War in the Three Kingdomes of England, Scotland, and Ireland*. London: Thomas Basset, 1676.

Hobbes, Thomas. *Behemoth: The History of the Causes of the Civil-Wars of England*. London: William Crooke, 1682.

——. *Behemoth; or, The Long Parliament*. Edited by Paul Seaward. Oxford: Clarendon Press, 2010.〔ホッブズ『ビヒモス』山田園子訳，岩波文庫，2014 年〕

——. *The Correspondence*. Edited by Noel Malcolm. 2 vols. Oxford: Clarendon Press, 1994.

——. *The Elements of Law, Natural and Politic: Part I, Human Nature, Part II, De Corpore Politico; with Three Lives*. Edited by J. C. A. Gaskin. Oxford: Oxford University Press, 1994.〔トマス・ホッブズ『物体論』本田裕志訳，京都大学学術出版会，2015 年〕

——. *Leviathan*. Edited by Noel Malcolm. 3 vols. Oxford: Clarendon Press, 2012.〔ホッブズ『リヴァイアサン(1)(2)』角田安正訳，光文社古典新訳文庫，2014 年；ホッブズ『リヴァイアサン(3)』水田洋訳，岩波文庫，1982 年〕

——. *On the Citizen*, ed. and trans. Richard Tuck and Michael Silverthorne. Cambridge: Cambridge University Press, 1998.〔トマス・ホッブズ『市民論』本田裕志訳，京都大学学術出版会，2008 年〕

——. *Writings on Common Law and Hereditary Right*. Edited by Alan Cromartie and Quentin Skinner. Oxford: Clarendon Press, 2005.

Horace. *The Complete Odes and Epodes*. Translated by David West. Oxford: Oxford University Press, 1997.〔ホラティウス『ホラティウス全集』鈴木一郎訳，玉川大学出版部，2001 年〕

Howell, James. *Twelve Several Treatises, of the Late Revolutions in These Three Kingdomes*. London: J. Grismond, 1661.

Hugo, Victor. *Les Misérables: A Novel*. Translated by Charles Edward Wilbour. 5 vols. New York: Carleton, 1862.〔ユーゴー『レ・ミゼラブル』全 4 巻，豊島与志雄訳，岩波文庫，1987 年〕

——. *Les Misérables (The Wretched): A Novel*. Rev. trans. Richmond, Va.: West & Johnston, 1863–64.

Hutson, James H., ed. *A Decent Respect to the Opinions of Mankind: Con-*

gressional State Papers, 1774-1776. Washington, D.C.: Library of Congress, 1976.

Hymans, Paul, Paul Fort, and Amand Rastoul, eds. *Pax mundi: Livre d'or de la paix*. Geneva: Société Paxunis, 1932.

Institut de Droit International. "The Application of International Humanitarian Law and Fundamental Human Rights, in Armed Conflicts in Which Non-state Entities Are Parties." *Annuaire de l'Institut de Droit International* 68(1999): 386-99.

——. "The Principle of Non-intervention in Civil Wars." *Annuaire de l'Institut de Droit International* 56(1975): 544-49.

International Committee of the Red Cross. "The Foundation of the Red Cross: Some Important Documents." Edited by Jean S. Pictet. *International Review of the Red Cross* 3(1963): 60-75.

——. *Seventeenth International Red Cross Conference, Stockholm, August 1948: Report*. Stockholm: International Committee of the Red Cross, 1948.

International Criminal Tribunal for the Former Yugoslavia. *Prosecutor v. Tadis*, IT-94-1-AR72, Decision on Defence Motion for Interlocutory Appeal on Jurisdiction(Appeals Chamber), Oct. 2, 1995.

[Jackson, Samuel]. *Emma Corbett; or, The Miseries of Civil War. Founded on Some Recent Circumstances Which Happened in America*. 3 vols. Bath: Pratt and Clinch, 1780.

Jomini, Antoine Henri. *The Life of Napoleon*. Translated by Henry Wager Halleck. 4 vols. New York: D. Van Norstrand, 1864.

——. *Précis de l'art de la guerre; ou, Nouveau tableau analytique des principales combinaisons de la stratégie, de la grande tactique et de la politique militaire*. 2 vols. Paris: Anselin, 1838.

Jouffroy, Théodore Simon. *Mélanges philosophiques par Théodore Jouffroy*. Paris: Paulin, 1833.

Journal of the Convention of the People of South Carolina, Held in 1860, 1861, and 1862. Columbia, S.C.: R. W. Gibbes, 1862.

Kant, Immanuel. *Practical Philosophy*. Edited and translated by Mary J. Gregor. Cambridge, U.K.: Cambridge University Press, 1996.〔カント『永遠平和のために/啓蒙とは何か』中山元訳, 光文社古典新訳文庫, 2006年〕

Kennedy, C. M. *The Influence of Christianity on International Law*. Cambridge, U.K.: Macmillan, 1856.

Keynes, John Maynard. *The Economic Consequences of the Peace*. Harmondsworth: Penguin Books, 1988.〔ケインズ『平和の経済的帰結(ケインズ全集 第2巻)』早坂忠訳，東洋経済新報社，1977年〕

[Le Blond, Guillaume]. "Guerre." In *Encyclopédie; ou, Dictionnaire raisonné des sciences, des arts et des métiers*, edited by Denis Diderot and Jean le Rond d'Alembert, 7: 985–98. 17 vols. Paris: Briasson, 1751–65.

Lenin, Vladimir Il'ich. *Clausewitz' Werk "Vom Kriege": Auszüge und Randglossen*. Berlin: Ministerium für nationale Verteidigung, 1957.

——. *Collected Works*. 45 vols. Moscow: Progress, 1960–72.〔『レーニン全集(第23巻)』マルクス＝レーニン主義研究所訳，大月書店，1957年〕

Lieber, Francis. *A Code for the Government of Armies in the Field, as Authorized by the Laws and Usages of War on Land*. "Printed as Manuscript for the Board Appointed by the Secretary of War"(Washington, D.C., 1863), Henry E. Huntington Library, San Marino, Calif., HEH 243077.

——. *Guerrilla Parties: Considered with Reference to the Laws and Usages of War*. New York: D. Van Norstrand, 1862.

——. *Instructions for the Government of Armies of the United States in the Field*. New York: D. Van Nostrand, 1863.

——. "Twenty-Seven Definitions and Elementary Positions Concerning the Laws and Usages of War." 1861. Lieber MSS, Eisenhower Library, Johns Hopkins University, box 2, item 15.

——.[*U.S. Field Order 100.*]*Section X. Insurrection—Rebellion—Civil War—Foreign Invasion of the United States*[1863]. Henry E. Huntington Library, San Marino, HEH 240460.

Lincoln, Abraham. *The Collected Works of Abraham Lincoln*. Edited by Roy P. Basler. 11 vols. New Brunswick, N.J.: Rutgers University Press, 1953–55.〔「ゲティスバーグ演説(1863年11月19日)」，歴史学研究会編『世界史史料7 南北アメリカ 先住民の世界から19世紀まで』岩波書店，2008年所収；「特別議会に与えた教書(戦争教書)(1861年7月4日)」，「第1次大統領就任演説(1861年3月4日)」，『リンカーン演説集』高木八尺・斎藤光訳，岩波文庫，2011年改版所収〕

Livy. *The Rise of Rome: Books 1–5*. Translated by T. J. Luce. Oxford: Ox-

ford University Press, 1998.〔リーウィウス『ローマ建国史』上巻, 鈴木一州訳, 岩波文庫, 2007 年〕

Locke, John. *Political Essays.* Edited by Mark Goldie. Cambridge, U.K.: Cambridge University Press, 1997.〔ジョン・ロック『ロック政治論集』マーク・ゴルディ編, 山田園子, 吉村伸夫訳, 法政大学出版局, 2007 年〕

——. *Two Treatises of Government.* Edited by Peter Laslett. Rev. ed. Cambridge, U.K.: Cambridge University Press, 1988.〔ジョン・ロック『統治二論』加藤節訳, 岩波書店, 2007 年〕

Lucan. *Civil War.* Translated by Susan H. Braund. Oxford: Oxford University Press, 1992.〔ルーカーヌス『内乱——パルサリア』上下巻, 大西英文訳, 岩波文庫, 2012 年〕

——. *In Cath Catharda: The Civil War of the Romans: An Irish Version of Lucan's Pharsalia.* Edited and translated by Whitley Stokes. Leipzig: Salomon Hirzel, 1909.

——. *M. Annaei Lvcani Pharsalia; sive, De bello civili Caesaris et Pompeii lib. X.* Edited by Hugo Grotius. Leiden: Frans Raphelengius, 1614.

——. *Pharsale de M. A. Lucain.* Translated by Philippe Chasles and M. Greslou. 2 vols. Paris: C. F. L. Panckoucke, 1835-36.

Mably, Gabriel Bonnot de. *Des droits et des devoirs du citoyen.* Edited by Jean-Louis Lecercle. Paris: Marcel Didier, 1972.〔マブリ『市民の権利と義務』川合清隆訳, 京都大学学術出版会, 2014 年〕

Mao Zedong and Che Guevara. *Guerrilla Warfare.* London: Cassell, 1962.〔チェ・ゲバラ『ゲリラ戦争——キューバ革命軍の戦略・戦術 新訳』甲斐美都里訳, 中公文庫, 2008 年〕

Marc, Franz. *Schriften.* Edited by Klaus Lankheit. Cologne: DuMont, 1978.

Martin, Henri. *La Russie et L'Europe*, Paris: Furne, Jouvet, 1866.

Marx, Karl. *Selected Writings.* Edited by David McLellan. Oxford: Oxford University Press, 1977.〔カール・マルクス『共産主義者宣言』金塚貞文訳, 太田出版, 1993 年 ; カール・マルクス「ルイ・ボナパルトのブリュメール一八日」,『マルクス・コレクション(3)』横張誠・木前利秋・今村仁司訳, 筑摩書房, 2005 年所収〕

Marx, Karl, and Friedrich Engels. *The Collected Works of Karl Marx and Frederick Engels.* Translated by Richard Dixon et al. 50 vols. London: Lawrence and Wishart, 1975-2004.〔カール・マルクス, フリードリヒ・

エンゲルス『書簡集(マルクス＝エンゲルス全集 第30巻)』大内兵衛・細川嘉六監訳，大月書店，1972年〕
——. *Karl Marx, Friedrich Engels Gesamtausgabe*(*MEGA*). Edited by Institut für Marxismus-Leninismus beim Zentralkomitee der Kommunistischen Partei der Sowjetunion und vom Institut für Marxismus-Leninismus beim Zentralkomitee der Sozialistischen Einheitspartei Deutschlands. Berlin: Dietz, 1975-.〔マルクス「フランスの内乱」，『マルクス・コレクション(6)』辰巳伸知ほか訳，筑摩書房，2005年所収〕

May, Thomas. *The History of the Parliament of England Which Began November the Third, MDCXL*. London: George Thomason, 1647.

Melville, Herman. *Published Poems*. Vol. 11 of *The Writings of Herman Melville*. Edited by Robert C. Ryan, Harrison Hayford, Alma MacDougall Reising, and G. Thomas Tanselle. Evanston, Ill.: Northwestern University Press, 2009.

Mill, John Stuart. *The Collected Works of John Stuart Mill*. Edited by John M. Robson. 33 vols. Toronto: University of Toronto Press, 1963-91.

Milton, John. *Paradise Lost: A Poem Written in Ten Books*. Edited by John T. Shawcross and Michael Lieb. 2 vols. Pittsburgh: Duquesne University Press, 2007.〔ミルトン『失楽園』上下巻，平井正穂訳，岩波文庫，1981年〕

Montaigne, Michel de. *Essays Written in French by Michael Lord of Montaigne*. Translated by John Florio. London: Edward Blount and William Barret, 1613.〔ミシェル・ド・モンテーニュ『エセー』全7巻，宮下志朗訳，白水社，2005-16年〕

Montesquieu, Charles de Secondat, baron de. *Reflections on the Causes of the Rise and Fall of the Roman Empire*. Edinburgh: Alexander Donaldson, 1775.〔モンテスキュー『ローマ人盛衰原因論』田中治男・栗田伸子訳，岩波文庫，1989年〕

Moynier, Gustave. *Étude sur la Convention de Genève pour l'amélioration du sort des militaires blessés dans les armées en campagne*(*1864 et 1868*). Paris: Libraire de Joël Cherbuliez, 1870.

[Nalson, John.] *A True Copy of the Journal of the High Court of Justice, for the Tryal of K. Charles I*. London: Thomas Dring, 1684.

Nietzsche, Friedrich. *On the Genealogy of Morality*. Edited by Keith Ansell-Pearson. Rev. ed. Cambridge, U.K.: Cambridge University Press, 2007.

〔フリドリッヒ・ニーチェ『道徳の系譜学』中山元訳，光文社古典新訳文庫，2009年〕

"An Ordinance of the Commons in England in Parliament assembled with a List of the Commissioners & officers of the said Court by them elected"(January 3, 1649). British Library, London, shelfmark E. 536 (35).

Orléans, Pierre Joseph d'. *The History of the Revolutions in England Under the Family of the Stuarts, from the Year 1603, to 1690.* London: Edmund Curll, 1711.

Orosius. *Seven Books of History Against the Pagans.* Translated by A. T. Fear. Liverpool: Liverpool University Press, 2010.

Paine, Thomas. *Collected Writings.* Edited by Eric Foner. New York: Library of America, 1995.〔トーマス・ペイン『コモン・センス――他三篇』小松春雄訳，岩波文庫，1976年〕

The Parliamentary History of England from the Earliest Period to 1803. 36 vols. London: T. C. Hansard, 1806–20.

Petronius. *The Satyricon.* Translated by J. P. Sullivan. Rev. ed. London: Penguin, 2011〔ペトロニウス『サテュリコン――古代ローマの諷刺小説』國原吉之助訳，岩波文庫，1991年〕

Plato. *The Collected Dialogues of Plato Including the Letters.* Edited by Edith Hamilton and Huntington Cairns. Princeton, N.J.: Princeton University Press, 1961.〔プラトン『法律』上下巻，森進一・池田恵美・加来彰俊訳，岩波文庫，1993年；『国家』上下巻，藤沢令夫訳，岩波文庫，1979年〕

Plutarch. *Roman Lives.* Translated by Robin Waterfield. Oxford: Oxford University Press, 1999.〔プルタルコス『プルタルコス英雄伝』全3巻，村川堅太郎編，ちくま文庫，1987年〕

Price, Richard. *Observations on the Nature of Civil Liberty.* London: Thomas Cadell, 1776.

Rawls, John. "Moral Problems: Nations and War"(1969). Harvard University Archives, Acs. 14990, box 12, file 4.

Roebuck, John. *An Enquiry, Whether the Guilt of the Present Civil War in America, Ought to Be Imputed to Great Britain or America.* N.p., n.d.[1776?].

Romans, Bernard. *Annals of the Troubles in the Netherlands: ... A Proper*

and Seasonable Mirror for the Present Americans. 2 vols. Hartford, Conn.: Bernard Romans, 1778–82.

——. *Philadelphia, July 12. 1775. It Is Proposed to Print, a Complete and Elegant Map, from Boston to Worcester, Providence, and Salem. Shewing the Seat of the Present Unhappy Civil War in North-America.* Philadelphia: Robert Aitken, 1775.

——. *To the Hon^e^. Jno. Hancock Esqre. President of the Continental Congress; This Map of the Seat of Civil War in America Is Respectfully Inscribed.* [Philadelphia: Nicholas Brooks?, 1775].

Rómverja saga. Edited by Þorbjörg Helgadóttir. 2 vols. Reykjavík: Stofnun Árna Magnússonar, 2010.

Rousseau, Jean-Jacques. *The Discourses and Other Early Political Writings.* Edited by Victor Gourevitch. Cambridge, U.K.: Cambridge University Press, 1997.〔ルソー「人間不平等起源論」原好男訳, 『ルソー全集(第 4 巻)』白水社, 1978 年所収〕

——. *A Project for Perpetual Peace.* London: M. Cooper, 1761.

——. *Extrait du projet de paix perpétuelle de monsieur l'abbé de Saint-Pierre.* Paris: Marc Michel Ray, 1761.〔ルソー「サン＝ピエール師の永久平和論抜粋」宮治弘之訳, 『ルソー全集(第 4 巻)』白水社, 1978 年所収〕

——. *The Social Contract and Other Later Political Writings.* Edited by Victor Gourevitch. Cambridge, U.K.: Cambridge University Press, 1997.〔ルソー「社会契約論」作田啓一訳, 『ルソー全集(第 5 巻)』白水社, 1979 年所収〕

Roy, M. N. *War and Revolution: International Civil War.* Madras: Radical Democratic Party, 1942.

Sallust. *Fragments of the Histories; Letters to Caesar.* Edited by John T. Ramsey. Cambridge, Mass.: Harvard University Press, 2015.

——. *Sallust.* Translated by J. C. Rolfe. Cambridge, Mass.: Harvard University Press, 1921.〔サルスティウス『ユグルタ戦争 カティリーナの陰謀』栗田伸子訳, 岩波文庫, 2019 年〕

Salvemini, Gaetano. *Come siamo andati in Libia e altri scritti dal 1900 al 1915.* Edited by Augusto Torre. Milan: Feltrinelli, 1963.

Sandoval, Prudencio de. *The Civil Wars of Spain in the Beginning of the Reign of Charls the 5t, Emperor of Germanie and King.* Translated by

James Wadsworth. London: John Holden, 1652.

Schmitt, Carl. *Donoso Cortés in gesamteuropäischer Interpretation: Vier Aufsätze*. Cologne: Greven, 1950.

——. *Ex Captivitate Salus: Erfahrungen der Zeit 1945/47*. Cologne, Germany: Greven, 1950.〔カール・シュミット「獄中記」，長尾龍一編『カール・シュミット著作集 II』慈学社出版，2007 年所収〕

——. *Glossarium: Aufzeichnungen aus den Jahren 1947 bis 1958*. Edited by Gerd Giesler and Martin Tielke. Berlin: Duncker & Humblot, 2015.

——. *La guerre civile mondiale: Essais (1943–1978)*. Translated by Céline Jouin. Maisons-Alfort: Ère, 2007.

——. *Theory of the Partisan: Intermediate Commentary on the Concept of the Political*. Translated by G. L. Ulmen. New York: Telos Press, 2007.〔カール・シュミット『パルチザンの理論――政治的なものの概念についての中間所見』新田邦夫訳，ちくま学芸文庫，1995 年〕

Sidney, Algernon. *Court Maxims*. Edited by Hans W. Blom, Eco Haitsma Mulier, and Ronald Janse. Cambridge, U.K.: Cambridge University Press, 1996.

——. *Discourses Concerning Government*. London: For the Booksellers of London and Westminster, 1698.

Smith, Adam. *An Inquiry into the Nature and Causes of the Wealth of Nations*. Edited by R. H. Campbell and A. S. Skinner. 2 vols. Oxford: Oxford University Press, 1976.〔アダム・スミス『国富論』全 4 巻，大河内一男監訳，中央公論新社，2010 年〕

Statutes of the University of Oxford Codified in the Year 1636 Under the Authority of Archbishop Laud. Edited by John Griffiths. Oxford: Clarendon Press, 1888.

Students for a Democratic Society. *The Port Huron Statement*. New York: Students for a Democratic Society, 1964.

Suetonius. *Suetonius*. Translated by J. C. Rolfe. Rev. ed. 2 vols. Cambridge, Mass.: Harvard University Press, 1998〔スエトニウス『ローマ皇帝伝』上下巻，国原吉之助訳，岩波文庫，1986 年〕.

Tacitus. *Histories, Books I–III*. Translated by Clifford H. Moore. Cambridge, Mass.: Harvard University Press, 1925.〔タキトゥス『同時代史』國原吉之助訳，ちくま学芸文庫，2012 年〕

Thucydides. *Eight Bookes of the Peloponnesian Warre*. Translated by

Thomas Hobbes. London: Richard Mynne, 1629.〔トゥーキュディデース『戦史』全3巻，久保正彰訳，岩波文庫，1966-67年〕
——. *The Hystory Writtone by Thucidides the Athenyan of the Warre, Whiche Was Betwene the Peloponesians and the Athenyans.* Translated by Thomas Nicolls. London: William Tylle, 1550.
——. *The War of the Peloponnesians and the Athenians.* Edited and translated by Jeremy Mynott. Cambridge, U.K.: Cambridge University Press, 2013.
Torres Bodet, Jaime. "Why We Fight." *UNESCO Courier*, Nov. 1, 1949, 12.
United Daughters of the Confederacy. *Minutes of the Twenty-First Annual Convention of the United Daughters of the Confederacy. Held in Savannah, Georgia, November 11-14, 1914.* Raleigh, N.C.: Edwards and Broughton, 1915.
U.S. Congress, Senate, Committee on Foreign Relations. *The Nature of Revolution: Hearings Before the Committee on Foreign Relations, United States Senate, Ninetieth Congress, Second Session* (*February 19, 21, 16, and March 7, 1968*). Washington, D.C.: U.S. Government Printing Office, 1968.
U.S. Continental Congress. *Observations on the American Revolution.* Philadelphia: s.n., 1779.
U.S. Department of the Army. *The Law of Land Warfare/Department of the Army, July 1956.* Washington, D.C.: Government Printing Office, 1976.
U.S. Department of War. *Basic Field Manual: Rules of Land Warfare.* Washington, D.C.: Government Printing Office, 1940.
——. *Instructions for the Government of Armies of the United States in the Field. Prepared by Francis Lieber, LL.D.* Washington, D.C.: U.S. Government Printing Office, 1898.
——. *Rules of Land Warfare.* Washington, D.C.: Government Printing Office, 1914.
——. *The War of the Rebellion: A Compilation of the Official Records of the Union and Confederate Armies.* 70 vols. Washington, D.C.: U.S. Government Printing Office, 1880-91.
U.S. Naval War Records Office. *Official Records of the Union and Confederate Navies in the War of the Rebellion.* 30 vols. Washington, D.C.: Gov-

ernment Printing Office, 1894-1922.
U.S. Office of the Adjutant General, Administrative Precedent File ("Frech File"). Record Group 94, box 16, bundle 58, "Civil War," National Archives, Washington, D.C.
U.S. President (1961-1963: Kennedy). *Public Papers of the Presidents of the United States: John F. Kennedy. Containing the Public Messages, Speeches, and Statements of the President, 1961-1963.* 3 vols. Washington, D.C.: U.S. Government Printing Office, 1962-63.
Vattel, Emer de. *The Law of Nations.* Edited by Béla Kapossy and Richard Whatmore. Indianapolis: Liberty Fund, 2008.
Vázquez de Menchaca, Fernando. *Controversiarum illustrium... libri tres.* Frankfurt: S. Feyerabend and G. Corvinus, 1572.
Vertot, René Aubert de. *Histoire de la conjuration de Portugal.* Paris: La Veuve d'Edme Martin, 1689.
——. *Histoire des révolutions arrivées dans le gouvernement de la république romaine.* 3 vols. Paris: François Barois, 1719.
——. *Histoire des révolutions de Portugal.* Amsterdam: Aux Dépens d'Etienne Roger, 1712.
——. *Histoire des révolutions de Suède où l'on voit les changemens qui sont arrivez.* Paris: s.n., 1695.
Voltaire, *Le siècle de Louis XIV.* 1756. Anthony Pagden, ed., *The Idea of Europe: From Antiquity to the European Union,* Washington, D.C., Cambridge, U.K.: Cambridge University Press, 2002.〔ヴォルテール『ルイ十四世の世紀』全4巻, 丸山熊雄訳, 岩波文庫, 1958-83年〕
Wheare, Degory. *The Method and Order of Reading Both Civil and Ecclesiastical Histories.* Translated by Edmund Bohun. London: Charles Brome, 1685.
Whitney, Geffrey. *A Choice of Emblemes and Other Devises.* Leiden: Christopher Plantin, 1586.

二次文献

Abdul-Ahad, Ghaith. "'Syria Is Not a Revolution Any More—This Is Civil War.'" *Guardian,* Nov. 18, 2013.
Adamson, John. "The Baronial Context of the English Civil War." *Transactions of the Royal Historical Society,* 5th ser., 40 (1990): 93-120.

——. *The Noble Revolt: The Overthrow of Charles I*. London: Weidenfeld & Nicolson, 2007.

Adelman, Jeremy. "An Age of Imperial Revolutions." *American Historical Review* 113, no. 2 (April 2008): 319–40.

Agamben, Giorgio. *Stasis: Civil War as a Political Paradigm*. Translated by Nicholas Heron. Stanford, Calif.: Stanford University Press, 2015.〔ジョルジョ・アガンベン『スタシス——政治的パラダイムとしての内戦』高桑和巳訳，青土社，2016 年〕

——. *State of Exception*. Translated by Kevin Attell. Chicago: University of Chicago Press, 2005.〔ジョルジョ・アガンベン『例外状態』上村忠男・中村勝己訳，未來社，2007 年〕

Allanson, Marie, Erik Melander, and Lotta Themnér, "Organized Violence, 1989–2016." Journal of Peace Reseach 54, no. 4 (July 2017): 574–87.

Almond, Gabriel A. "Harry Eckstein as Political Theorist." *Comparative Political Studies* 31, no. 4 (Aug. 1998): 498–504.

Ando, Clifford. *Law, Language, and Empire in the Roman Tradition*. Philadelphia: University of Pennsylvania Press, 2011.

——. *Roman Social Imaginaries: Language and Thought in the Contexts of Empire*. Toronto: University of Toronto Press, 2015.

Andress, David. *The Terror: Civil War in the French Revolution*. London: Little, Brown, 2005.

Angstrom, Jan. "Towards a Typology of Internal Armed Conflict: Synthesising a Decade of Conceptual Turmoil." *Civil Wars* 4, no. 3 (Autumn 2001): 93–116.

Arena, Valentina. Libertas *and the Practice of Politics in the Late Roman Republic*. Cambridge, U.K.: Cambridge University Press, 2012.

Armitage, David. "Cosmopolitanism and Civil War." In *Cosmopolitanism and the Enlightenment*, edited by Joan-Pau Rubiés and Neil Safier. Cambridge, U.K.: Cambridge University Press, forthcoming.

——. *The Declaration of Independence: A Global History*. Cambridge, Mass.: Harvard University Press, 2007.〔デイヴィッド・アーミテイジ『独立宣言の世界史』平田雅博・岩井淳・菅原秀二・細川道久訳，ミネルヴァ書房，2012 年〕

——. "Every Great Revolution Is a Civil War." In *Scripting Revolution: A Historical Approach to the Comparative Study of Revolutions*, edited by

Keith Michael Baker and Dan Edelstein, 57-68. Stanford, Calif.: Stanford University Press, 2015.

——. "The First Atlantic Crisis: The American Revolution." In *Early North America in Global Perspective*, edited by Philip D. Morgan and Molly A. Warsh, 309-36. London: Routledge, 2014.

——. *Foundations of Modern International Thought*. Cambridge, U.K.: Cambridge University Press, 2013.〔デイヴィッド・アーミテイジ『思想のグローバル・ヒストリー――ホッブズから独立宣言まで』平田雅博・山田園子・細川道久・岡本慎平訳，法政大学出版局，2015 年〕

——. "Secession and Civil War." In *Secession as an International Phenomenon: From America's Civil War to Contemporary Separatist Movements*, edited by Don H. Doyle, 37-55. Athens: University of Georgia Press, 2010.

——. "What's the Big Idea? Intellectual History and the *Longue Durée*." *History of European Ideas* 38, no. 4(Dec. 2012): 493-507. Armitage, David, et al. "*AHR Roundtable:* Ending Civil Wars." *American Historical Review* 120, no. 5(Dec. 2015): 1682-1837.

Armitage, David, et al. "AHR Roundtable: Ending Civil Wars." *American Historical Review* 120, no. 5(Dec. 2015): 1682-1837.

——. "Interchange: Nationalism and Internationalism in the Era of the Civil War." *Journal of American History* 98, no. 2(Sept. 2011): 455-89.

——. "La longue durée en débat." *Annales: Histoire, Sciences Sociales* 70, no. 2(April-June 2015): 319-78.

Armitage, David, Conal Condren, and Andrew Fitzmaurice, eds. *Shakespeare and Early Modern Political Thought*. Cambridge, U.K.: Cambridge University Press, 2009.

Armitage, David, and Sanjay Subrahmanyam, eds. *The Age of Revolutions in Global Context, c. 1760-1840*. Basingstoke: Palgrave Macmillan, 2010.

As-Sirri, Ahmed. *Religiös-politische Argumentation im frühen Islam(610-685): Der Begriff Fitna: Bedeutung und Funktion*. Frankfurt: Peter Lang, 1990.

Asso, Paolo, ed. *Brill's Companion to Lucan*. Leiden: Brill, 2011.

Ayalon, Ami. "From Fitna to Thawra." *Studia Islamica* 66(1987): 145-74.

Baker, Keith Michael. "Inventing the French Revolution." In *Inventing the*

French Revolution, edited by Keith Michael Baker, 203–23. Cambridge, U.K.: Cambridge University Press, 1990.

——. "Revolution 1.0." *Journal of Modern European History* 11, no. 2 (May 2013): 187–219.

Balibar, Étienne. "On the Aporias of Marxian Politics: From Civil War to Class Struggle." *Diacritics* 39, no. 2 (Summer 2009): 59–73.

Bates, David. "On Revolutions in the Nuclear Age: The Eighteenth Century and the Postwar Global Imagination." *Qui Parle* 15, no. 2 (2005): 171–95.

——. *States of War: Enlightenment Origins of the Political*. New York: Columbia University Press, 2012.

Batstone, William W., and Cynthia Damon. *Caesar's "Civil War."* Oxford: Oxford University Press, 2006.

Bauman, Richard A. *The Crimen Maiestatis in the Roman Republic and Augustan Principate*. Johannesburg: Witwatersrand University Press, 1967.

Baxter, R. R. "The First Modern Codification of the Law of War: Francis Lieber and General Orders No. 100." *International Review of the Red Cross* 3, nos. 25–26 (April-June 1963): 170–89, 234–50.

Bayly, C. A. *The Birth of the Modern World, 1780–1914*. Oxford: Blackwell, 2004.〔C. A. ベイリ『近代世界の誕生――グローバルな連関と比較 1780–1914』上下巻，平田雅博・吉田正広・細川道久訳，名古屋大学出版会，2018 年〕

BBC News, Middle East. "Syria in Civil War, Red Cross Says." July 15, 2012. http://www.bbc.com/news/world-middle-east-18849362.

Beard, Mary. *The Roman Triumph*. Cambridge, Mass.: Belknap Press of Harvard University Press, 2007.

——. *SPQR: A History of Ancient Rome*. London: Profile Books, 2015.〔メアリー・ビアード『SPQR ローマ帝国史』I，II 巻，宮沢夏紀訳，亜紀書房，2018 年〕

Beaulac, Stéphane. "Emer de Vattel and the Externalization of Sovereignty." *Journal of the History of International Law* 5, no. 2 (2003): 237–92.

Beckert, Sven. *Empire of Cotton: A Global History*. New York: Alfred A. Knopf, 2014.

Belcher, Henry. *The First American Civil War: First Period, 1775–1778*.

2 vols. London: Macmillan, 1911.

Bell, David A. *The First Total War: Napoleon's Europe and the Birth of Warfare as We Know It*. Boston: Houghton Mifflin, 2007.

Bentley, Gerald Eades. *Shakespeare and Jonson: Their Reputations in the Seventeenth Century Compared*. 2 vols. Chicago: University of Chicago Press, 1945.

Berent, Moshe. "*Stasis*, or the Greek Invention of Politics." *History of Political Thought* 19, no. 3 (Autumn 1998): 331–62.

Bevir, Mark. "What Is Genealogy?" *Journal of the Philosophy of History* 2, no. 3 (Fall 2008): 263–75.

Blattman, Christopher, and Edward Miguel. "Civil War." *Journal of Economic Literature* 48, no. 1 (March 2010): 3–57.

Blight, David W. *Race and Reunion: The Civil War in American Memory*. Cambridge, Mass.: Belknap Press of Harvard University Press, 2001.

Boissier, Pierre. *Histoire du Comité international de la Croix-Rouge. De Solférino à Tsoushima*. Paris: Plon, 1963.

Bonnell, Andrew G. "'A Very Valuable Book': Karl Marx and Appian." In *Appian's Roman History: Empire and Civil War*, edited by Kathryn Welch, 15–22. Swansea: The Classical Press of Wales, 2015.

Bonnet, Romain. "Réflexions et jeux d'échelles autour de la notion de 'guerre civile européenne.'" *Amnis* 14 (2015). http://amnis.revues.org/2282.

Boritt, Gabor. *The Gettysburg Gospel: The Lincoln Speech That Nobody Knows*. New York: Simon & Schuster, 2006.

Boritt, Gabor, Mark E. Neely Jr., and Harold Holzer. "The European Image of Abraham Lincoln." *Winterthur Portfolio* 21, no. 2/3 (Summer-Autumn 1986): 153–83.

Botteri, Paula. "*Stásis*: Le mot grec, la chose romaine." *Mêtis* 4, no. 1 (1989): 87–100.

Bowersock, G. W. "Gibbon on Civil War and Rebellion in the Decline of the Roman Empire." *Daedalus* 105, no. 3 (Summer 1976): 63–71.

Braddick, Michael. *God's Fury, England's Fire: A New History of the English Civil Wars*. London: Allen Lane, 2008.

Brass, Paul. *The Theft of an Idol: Text and Context in the Representation of Collective Violence*. Princeton, N.J.: Princeton University Press, 1997.

Braumoeller, Bear F. "Is War Disappearing?" Paper presented at the 109th American Political Science Association annual convention, Chicago, Aug. 28-Sept. 1, 2013. http://papers.ssrn.com/s013/papers.cfm?abstract_id=2317269.

Braund, Kathryn E. Holland. "Bernard Romans: His Life and Works." In *A Concise Natural History of East and West Florida*, by Bernard Romans, 1-41. Edited by Kathryn E. Holland Braund. Tuscaloosa: University of Alabama Press, 1999.

Braund, Susan. "A Tale of Two Cities: Statius, Thebes, and Rome." *Phoenix* 60, no. 3/4 (Fall-Winter 2006): 259-73.

Breed, Brian, Cynthia Damon, and Andreola Rossi, eds. *Citizens of Discord: Rome and Its Civil Wars*. Oxford: Oxford University Press, 2010.

Breen, T. H. *American Insurgents, American Patriots: The Revolution of the People*. New York: Hill and Wang, 2010.

Brett, Annabel S. *Changes of State: Nature and the Limits of the City in Early Modern Natural Law*. Princeton, N.J.: Princeton University Press, 2011.

Brinton, Crane. *The Anatomy of Revolution*. Rev. ed. New York: Vintage Books, 1965.〔C. ブリントン『革命の解剖』岡義武・篠原一訳，岩波書店，1952 年〕

Brown, Peter. *Augustine of Hippo: A Biography*. New ed. Berkeley: University of California Press, 2000.

Brown, Robert. "The Terms *Bellum Sociale* and *Bellum Civile* in the Late Republic." In *Studies in Latin Literature and Roman History 11*, edited by Carl Deroux, 94-120. Brussels: Latomus, 2003.

Brunt, P. A. *Italian Manpower, 225 B.C.-A.D. 14*. Oxford: Oxford University Press, 1971.

——. *Social Conflicts in the Roman Republic*. London: Chatto and Windus, 1971.

Bulst, Neithard, Jörg Fisch, Reinhart Koselleck, and Christian Meier. "Revolution, Rebellion, Aufruhr, Bürgerkrieg." In *Geschichtliche Grundbegriffe: Historisches Lexikon zur politisch-sozialen Sprache in Deutschland*, edited by Otto Brunner, Werner Conze, and Reinhart Koselleck, 653-788. 8 vols. Stuttgart: Ernst Klett, 1972-97.

Burke, Peter. "A Survey of the Popularity of Ancient Historians, 1450-

1700." *History and Theory* 5, no. 2(1966): 135–52.
Canal, Jordi. "Guerra civil y contrarrevolución en la Europa del sur en el siglo XIX: Reflexiones a partir del caso español." *Ayer* 55, no. 3(2004): 37–60.
Caron, Jean-Claude. *Frères de sang: La guerre civile en France au XIXe siècle*. Seyssel: Champ Vallon, 2009.
Castrén, Erik. *Civil War*. Helsinki: Suomalainen Tiedeakatemia, 1966.
Cattani, Paola. "Europe as a Nation: Intellectuals and Debate on Europe in the Inter-war Period." *History of European Ideas*(30 June 2016). http://dx.doi.org/10.1080/01916599.2016.1202126.
Centre for the Study of Civil War, Peace Research Institute Oslo. http://www.prio.no/CSCW.
Checkel, Jeffrey T., ed. *Transnational Dynamics of Civil War*. Cambridge, U.K.: Cambridge University Press, 2013.
Chenoweth, Erica. "The Syrian Conflict Is Already a Civil War." *American Prospect*, Jan. 15, 2012. http://prospect.org/article/syrian-conflict-already-civil-war.
Cimbala, Paul A., and Randall M. Miller, eds. *The Great Task Remaining Before Us: Reconstruction as America's Continuing Civil War*. New York: Fordham University Press, 2010.
Clavadetscher-Thürlemann, Silvia. *Πόλεμος δίκαιος und bellum iustum: Versuch einer Ideengeschichte*. Zurich: Juris, 1985.
Coate, Mary. *Cornwall in the Great Civil War and Interregnum, 1642–1660: A Social and Political Study*. Oxford: Clarendon Press, 1933.
Collier, David, Fernando Daniel Hidalgo, and Andra Olivia Maciuceanu. "Essentially Contested Concepts: Debates and Applications." *Journal of Political Ideologies* 11, no. 3(Oct. 2006): 211–46.
Collier, Paul. *The Bottom Billion: Why the Poorest Countries Are Failing and What Can Be Done About It*. Oxford: Oxford University Press, 2007.
——. *Wars, Guns, and Votes: Democracy in Dangerous Places*. New York: Harper, 2009.
Collier, Paul, Anke Hoeffler, and Måns Söderbom. "On the Dura tion of Civil War." *Journal of Peace Research* 41, no. 3(May 2004): 253–73.
Collier, Paul, Lisa Chauvet, and Håvard Hagre, "The Security Challenge in

Conflict-Prone Countries," in *Global Crises, Global Solitions*, edited by Bjørn Lomborg, Cambridge: Cambridge University Press, 2004.

Collier, Paul, and Nicholas Sambanis, eds. *Understanding Civil War: Evidence and Analysis*. 2 vols. Washington, D.C.: World Bank, 2005.

Conflict Archive on the Internet. "Violence: Deaths During the Conflict" (2001-). http://cain.ulst.ac.uk/issues/violence/deaths.htm.

Conte, Gian Biagio. *Latin Literature: A History*. Translated by Joseph B. Solodow. Baltimore: Johns Hopkins University Press, 1994.

Cordesmann, Anthony H. *Iraq's Insurgency and the Road to Civil Conflict*. With Emma R. Davies. 2 vols. Westport, Conn.: Praeger Security International, 2008.

Coski, John M. "The War Between the Names." *North and South* 8, no. 7 (Jan. 2006): 62-71.

Coulter, E. Merton. "A Name for the American War of 1861-1865." *Georgia Historical Quarterly* 36, no. 2 (June 1952): 109-31.

Cramer, Christopher. *Civil War Is Not a Stupid Thing: Accounting for Violence in Developing Countries*. London: Hurst, 2006.

Crenshaw, Martha. "Why Is America the Primary Target? Terrorism as Globalized Civil War." In *The New Global Terrorism: Characteristics, Causes, Controls*, edited by Charles W. Kegley Jr., 160-72. Upper Saddle River, N.J.: Prentice Hall, 2002.

Cullen, Anthony. *The Concept of Non-international Armed Conflict in International Humanitarian Law*. Cambridge, U.K.: Cambridge University Press, 2010.

David, Eric. "Internal (Non-international) Armed Conflict." In *The Oxford Handbook of International Law in Armed Conflict*, edited by Andrew Clapham and Paola Gaeta, 353-62. Oxford: Oxford University Press, 2014.

DeRouen, Karl, Jr., and Uk Heo, eds. *Civil Wars of the World: Major Conflicts Since World War II*. 2 vols. Santa Barbara, Calif.: ABCCLIO, 2007.

Dinstein, Yoram. *Non-international Armed Conflicts in International Law*. Cambridge, U.K.: Cambridge University Press, 2014.

Dixon, Jeffrey. "What Causes Civil Wars? Integrating Quantitative Research Findings." *International Studies Review* 11, no. 4 (Dec. 2009):

707-35.

Donagan, Barbara. *War in England, 1642-1649*. Oxford: Oxford University Press, 2010.

Donaldson, Ian. "Talking with Ghosts: Ben Jonson and the English Civil War." *Ben Jonson Journal* 17, no. 1(May 2010): 1-18.

Downs, Gregory P. *After Appomattox: Military Occupation and the Ends of War*. Cambridge, Mass.: Harvard University Press, 2015.

Doyle, Don. H. *The Cause of All Nations: An International History of the American Civil War*. New York: Basic Books, 2015.

Draper, Hal. *Karl Marx's Theory of Revolution*. Vol. 3, *The Dictatorship of the Proletariat*. New York: Monthly Review Press, 1977.

Dunne, J. Paul. "Armed Conflicts." In *Global Problems, Smart Solutions: Costs and Benefits*, edited by Bjørn Lomborg, 21-53. Cambridge, U.K.: Cambridge University Press, 2013.

Duvall, Raymond. "An Appraisal of the Methodological and Statistical Procedures of the Correlates of War Project." In *Quantitative International Politics: An Appraisal*, edited by Francis W. Hoole and Dina A. Zinnes, 67-98. New York: Praeger, 1976.

Dyer, Brainerd. "Francis Lieber and the American Civil War." *Huntington Library Quarterly* 2, no. 4(July 1939): 449-65.

Eckstein, Harry. "On the Etiology of Internal Wars." *History and Theory* 4, no. 2(1965): 133-63.

——, ed., *Internal War: Problems and Approaches*. New York: Free Press of Glencoe, 1963.

Edelstein, Dan. "Do We Want a Revolution Without Revolution? Reflections on Political Authority." *French Historical Studies* 35, no. 2(Spring 2012): 269-89.

Eliot, T. S. *Milton: Annual Lecture on a Master Mind, Henriette Hertz Trust of the British Academy 1947*. London: Geoffrey Cumberlege, 1947.〔T. S. エリオット「ミルトン II」安田章一郎訳,『エリオット全集(第 4 巻)』中央公論社, 1971 年改訂版所収〕

Elliott, J. H. *Empires of the Atlantic World: Britain and Spain in America, 1492-1830*. New Haven, Conn.: Yale University Press, 2006.

Engerman, David C. "Social Science in the Cold War." *Isis* 101, no. 2(June 2010): 393-400.

Enzensberger, Hans Magnus. *Civil War.* Translated by Piers Spence and Martin Chalmers. London: Granta Books, 1994.〔H. M. エンツェンスベルガー『冷戦から内戦へ』野村修訳，晶文社，1994 年〕

Esposito, Roberto. *Terms of the Political: Community, Immunity, Biopolitics.* Translated by Rhiannon Noel Welch. New York: Fordham University Press, 2012.

Fabre, Cécile. *Cosmopolitan War.* Oxford: Oxford University Press, 2012.

Faust, Drew Gilpin. "'Numbers on Top of Numbers': Counting the Civil War Dead." *Journal of Military History* 70, no. 4 (Oct. 2006): 995–1009.

——. *This Republic of Suffering: Death and the American Civil War.* New York: Alfred A. Knopf, 2008.

Fearon, James D. "Iraq's Civil War." *Foreign Affairs* 86, no. 2 (March/April 2007): 2–16.

——. "Testimony to U.S. House of Representatives... on 'Iraq: Democracy or Civil War?'" Sept. 15, 2006. https://web.stanford.edu/group/fearon-research/cgi-bin/wordpress/wp-content/uploads/2013/10/Testimony-before-the-U.S.-House-Subcommittee-on-National-Security-Emerging-Threats-and-International-Relations-September-15-2006.pdf.

——. "Why Do Some Civil Wars Last So Much Longer Than Others?" *Journal of Peace Research* 41, no. 3 (May 2004): 275–301.

Fearon, James D., and David Laitin. "Ethnicity, Insurgency, and Civil War." *American Political Science Review* 97, no. 1 (Feb. 2003): 91–106.

Findley, Michael G., and Joseph K. Young. "Terrorism and Civil War: A Spatial and Temporal Approach to a Conceptual Problem." *Perspectives on Politics* 10, no. 2 (June 2012): 285–305.

Finkelman, Paul. "Francis Lieber and the Modern Law of War." *University of Chicago Law Review* 80, no. 4 (Fall 2013): 2071–132.

Fitzmaurice, Andrew. *Sovereignty, Property, and Empire, 1500–2000.* Cambridge, U.K.: Cambridge University Press, 2014.

Fleche, Andre M. *The Revolution of 1861: The American Civil War in an Age of Nationalist Conflict.* Chapel Hill: University of North Carolina Press, 2012.

Flower, Harriet I. *The Art of Forgetting: Disgrace and Oblivion in Roman Political Culture.* Chapel Hill: University of North Carolina Press, 2006.

——. "Rome's First Civil War and the Fragility of Republican Culture." In

Citizens of Discord: Rome and Its Civil Wars, edited by Brian W. Breed, Cynthia Damon, and Andreola Rossi, 73-86. New York: Oxford University Press, 2010.
——. *Roman Republics*. Princeton, N.J.: Princeton University Press, 2010.〔タキトゥス『年代記』上下巻，国原吉之助訳，岩波文庫，1981 年〕
Foisneau, Luc. "A Farewell to Leviathan: Foucault and Hobbes on Power, Sovereignty, and War." In *Insiders and Outsiders in Seventeenth-Century Philosophy*, edited by G. A. J. Rogers, Tom Sorell, and Jill Kraye, 207-22. London: Routledge, 2010.
Forrester, Katrina. "Citizenship, War, and the Origins of International Ethics in American Political Philosophy, 1960-1975." *Historical Journal* 57, no. 3(Sept. 2014): 773-801.
Forst, Rainer. *Toleration in Conflict: Past and Present*. Translated by Ciaran Cronin. Cambridge, U.K.: Cambridge University Press, 2013.
Franco Restrepo, Vilma Liliana. *Guerras civiles. Introducción al problema de su justificación*. Medellín: Editorial Universidad de Antioquia, 2008.
Freedman, Lawrence. "What Makes a Civil War?" *BBC News, Middle East*, April 20, 2006. http://news.bbc.co.uk./2/hi/middle_east/4902708.stm.
Fry, Douglas P. *Beyond War: The Human Potential for Peace*. Oxford: Oxford University Press, 2007.
Fuentes, Juan Francisco. "*Belle époque:* Mito y concepto de guerra civile en España(1898-1939)." *Revista de Occidente* 389(Oct. 2013): 79-110.
——. "Guerra civil." In *Diccionario político y social del siglo XX español*, edited by Javier Fernández Sebastián and Juan Francisco Fuentes, 608-17. Madrid: Alianza, 2008.
Fuks, Alexander. "Thucydides and the Stasis in Corcyra: Thuc. III 82-3 versus[Thuc.]III 84." *American Journal of Philology* 92, no. 1(Jan. 1971): 48-55.
Furet, François. *Interpreting the French Revolution*. Translated by Elborg Forster. Cambridge, U.K.: Cambridge University Press, 1981.〔フランソワ・フュレ『フランス革命を考える』大津真作訳，岩波書店，1989 年〕
Gaddis, John Lewis. *The Long Peace: Inquiries into the History of the Cold War*. New York: Oxford University Press, 1987.〔ジョン・L. ギャディス「長い平和――戦後国際システムにおける安定要素」，ギャディス『ロング・ピース――冷戦史の証言「核・緊張・平和」』五味俊樹ほか訳，芦

書房，2002 年所収〕
Galli, Carlo. *Political Spaces and Global War*. Translated by Elizabeth Fay. Minneapolis: University of Minnesota Press, 2010.
Gallie, W. B. “Essentially Contested Concepts.” *Proceedings of the Aristotelian Society* 56 (1955-56): 167-98.
——. *Philosophy and the Historical Understanding*. 2nd ed. New York: Schocken Books, 1968.
Gardet, Louis. “Fitna.” In *The Encyclopaedia of Islam*, edited by H. A. R. Gibb et al., 2: 930. 2nd ed. 13 vols., Leiden: Brill, 1960-2009.
Gehrke, Hans-Joachim. *Stasis: Untersuchungen zu den inneren Kriegen in den griechischen Staaten des 5. und 4. Jahrhunderts v. Chr*. Munich: Beck, 1985.
Geuss, Raymond. “Nietzsche and Genealogy.” In *Morality, Culture, and History*, 1-28. Cambridge, U.K.: Cambridge University Press, 1999.
Geyer, Michael, and Charles Bright. “Global Violence and Nationalizing Wars in Eurasia and America: The Geopolitics of War in the Mid-nineteenth Century.” *Comparative Studies in Society and History* 38, no. 4 (Oct. 1996): 619-57.
Ghervas, Stella. “La paix par le droit, ciment de la civilisation en Europe? La perspective du Siècle des Lumières.” In *Penser l'Europe au XVIIIe siècle: Commerce, civilisation, empire*, edited by Antoine Lilti and Céline Spector, 47-70. Oxford: Voltaire Foundation, 2014.
Gibson, Jonathan. “Civil War in 1614: Lucan, Gorges, and Prince Henry.” In *The Crisis of 1614 and the Addled Parliament: Literary and Historical Perspectives*, edited by Stephen Clucas and Rosalind Davies, 161-76. Aldershot: Ashgate, 2002.
Gilman, Nils. “The Cold War as Intellectual Force Field.” *Modern Intellectual History* 13, no. 2 (Aug. 2016): 507-23.
Giraldo Ramírez, Jorge. *El rastro de Caín: Una aproximación filosófica a los conceptos de guerra, paz y guerra civil*. Bogotá: Escuela Nacional Sindical, 2001.
Girard, René. *Violence and the Sacred*. Translated by Patrick Gregory. Baltimore: Johns Hopkins University Press, 1984.〔ルネ・ジラール『暴力と聖なるもの』古田幸男訳，法政大学出版局，1982 年〕
Gleditsch, Kristian Skrede. “A Revised List of Wars Between and Within

Independent States, 1816-2002." *International Interactions* 30, no. 3(July-Sept. 2004): 231-62.

——. "Transnational Dimensions of Civil War." *Journal of Peace Research* 44, no. 3(May 2007): 293-309.

Goldstein, Joshua S. *Winning the War on War: The Decline of Armed Conflict Worldwide*. New York: Dutton, 2011.

González Calleja, Eduardo. *Las guerras civiles: Perspectiva de análisis desde las ciencias sociales*. Madrid: Catarata, 2013.

González Calleja, Eduardo, Irene Arbusti, and Carmine Pinto. "Guerre civili: Un percorso teorico." *Meridiana* 76(2013): 31-56.

Goulemot, Jean Marie. *Le règne de l'histoire: Discours historiques et révolutions XVIIe-XVIIIe siècles*. Paris: Albin Michel, 1996.

Gowing, Alain M. "'Caesar Grabs My Pen': Writing Civil War Under Tiberius." In *Citizens of Discord: Rome and Its Civil Wars*, edited by Brian W. Breed, Cynthia Damon, and Andreola Rossi, 249-60. New York: Oxford University Press, 2010.

——. *Empire and Memory: The Representation of the Roman Republic in Imperial Culture*. Cambridge, U.K.: Cambridge University Press, 2005.

Grafton, Anthony. *What Was History? The Art of History in Early Modern Europe*. Cambridge, U.K.: Cambridge University Press, 2007.

Grangé, Ninon. *De la guerre civile*. Paris: Armand Colin, 2009.

——. *Oublier la guerre civile? Stasis, chronique d'une disparition*. Paris: VRIN/EHESS, 2015.

——. "*Tumultus* et *tumulto*: Deux conceptions de la cité en guerre contre elle-même, Machiavel et Ciceron." *Historia Philosophica* 4(2006): 11-31.

Guldi, Jo, and David Armitage. *The History Manifesto*. Cambridge, U.K.: Cambridge University Press, 2014.〔ジョー・グルディ & D. アーミテイジ『これが歴史だ！——21 世紀の歴史学宣言』平田雅博・細川道久訳, 刀水書房, 2017 年〕

Hacker, J. David. "A Census-Based Count of the Civil War Dead." *Civil War History* 57, no. 4(Dec. 2011): 307-48.

Hadfield, Andrew. *Shakespeare and Republicanism*. Cambridge, U.K.: Cambridge University Press, 2005.

Hahlweg, Werner. "Lenin und Clausewitz: Ein Beitrag zur politischen

Ideen-geschichte des 20. Jahrhunderts." *Archiv für Kulturgeschichte* 36 (1954): 20–59, 357–87.

Hale, John K. "*Paradise Lost:* A Poem in Twelve Books, or Ten?" *Philological Quarterly* 74, no. 2 (Spring 1995): 131–49.

Hardt, Michael, and Antonio Negri. *Multitude: War and Democracy in the Age of Empire*. New York: Penguin Press, 2004.〔アントニオ・ネグリ＆マイケル・ハート『マルチチュード――〈帝国〉時代の戦争と民主主義』上下巻，幾島幸子訳，日本放送出版協会，2005 年〕

Harloe, Katherine, and Neville Morley, eds. *Thucydides and the Modern World*. Cambridge, U.K.: Cambridge University Press, 2012.

Harris, Tim. "Did the English Have a Script for Revolution in the Seventeenth Century?" In *Scripting Revolution: A Historical Approach to the Comparative Study of Revolutions*, edited by Dan Edelstein and Keith Michael Baker, 25–40. Stanford, Calif.: Stanford University Press, 2015.

Harrison, John, and Peter Laslett. *The Library of John Locke*. Oxford: Oxford University Press for the Oxford Bibliographical Society, 1965.

Hartigan, Richard Shelly. *Military Rules, Regulations, and the Code of War: Francis Lieber and the Certification of Conflict*. New Brunswick, N.J.: Transaction, 2011.

Härting, Heike. *Global Civil War and Post-colonial Studies*. Globalization Working Papers 06/3. Institute on Globalization and the Human Condition, McMaster University, May 2006.

Harvey, David. *Rebel Cities: From the Right to the City to the Urban Revolution*. London: Verso, 2012.

Hazan, Éric. *A History of the Barricade*. Translated by David Fernbach. London: Verso, 2015.

Henderson, Errol A., and J. David Singer. "Civil War in the Postcolonial World, 1946–92." *Journal of Peace Research* 37, no. 3 (May 2000): 275–99.

Henderson, John. *Fighting for Rome: Poets and Caesars, History and Civil War*. Cambridge, U.K.: Cambridge University Press, 1998.

Heuzé, Philippe. "Comment peindre le passage du Rubicon?" In *Présence de César: Actes du Colloque de 9–11 Décembre 1983: Hommage au doyen Michel Rambaud*, edited by Raymond Chevallier, 57–65. Paris:

Belles Lettres, 1985.

Hironaka, Ann. *Neverending Wars: The International Community, Weak States, and the Perpetuation of Civil War*. Cambridge, Mass.: Harvard University Press, 2005.

Hoar, Jay S. *The South's Last Boys in Gray: An Epic Prose Elegy*. Bowling Green, Ohio: Bowling Green State University Popular Press, 1986.

Hoeffler, Anke. "Alternative Perspective." In *Global Problems, Smart Solutions: Costs and Benefits*, edited by Bjørn Lomborg, 54–61. Cambridge, U.K.: Cambridge University Press, 2013.

Hoekstra, Kinch. "Hobbes's Thucydides." In *The Oxford Handbook of Hobbes*, edited by A. P. Martinich and Kinch Hoekstra, 547–74. Oxford: Oxford University Press, 2016.

Hoffman, Marcelo. "Foucault's Politics and Bellicosity as a Matrix for Power Relations." *Philosophy and Social Criticism* 33, no. 6 (Sept. 2007): 756–78.

Holmes, Clive. "The Trial and Execution of Charles I." *Historical Journal* 53, no. 2 (June 2010): 289–316.

Hopkinson, Michael. *Green Against Green: The Irish Civil War*. Dublin: Gill and Macmillan, 1988.

Howard, Michael. *The Invention of Peace and the Reinvention of War*. Rev. ed. London: Profile, 2002.

Huffington Post. "Syria Crisis: Death Toll Tops 17,000, Says Opposition Group." July 9, 2012. http://www.huffingtonpost.com/2012/07/09/syria-crisis-death-toll-17000_n_1658708.html.

Hurrell, Andrew. "Revisiting Kant and Intervention." In *Just and Unjust Military Intervention: European Thinkers from Vitoria to Mill*, edited by Stefano Recchia and Jennifer M. Welsh, 196–218. Cambridge, U.K.: Cambridge University Press, 2013.

International Committee of the Red Cross. "Internal Conflicts or Other Situations of Violence—What Is the Difference for Victims?" ICRC Resource Centre, Dec. 12, 2012. http://www.icrc.org/eng/resources/documents/interview/2012/12-10-niac-non-international-armed-conflict.htm.

Jackson, Richard. "Critical Perspectives." In *Routledge Handbook of Civil Wars*, edited by Edward Norman and Karl Derouen, 79–90. London: Routledge, 2014.

Jacob, Kathryn Allamong. *Testament to Union: Civil War Monuments in Washington, D.C.* Baltimore: Johns Hopkins University Press, 1998.

Jacoby, Russell. *Bloodlust: On the Roots of Violence from Cain and Abel to the Present.* New York: Free Press, 2011.

Jal, Paul. *La guerre civile à Rome: Étude littéraire et morale.* Paris: Presses Universitaires de France, 1963.

——. "'Hostis (Publicus)' dans la littérature latine de la fin de la République." *Revue des Études Anciennes* 65 (1963): 53-79.

——. "'Tumultus' et 'bellum ciuile' dans les Philippiques de Cicéron." In *Hommages à Jean Bayet*, edited by Marcel Renard and Robert Schilling, 281-89. Brussels: Latomus, 1964.

Jasanoff, Maya. *Liberty's Exiles: American Loyalists in the Revolutionary World.* New York: Alfred A. Knopf, 2011.

Jensen, Freyja Cox. "Reading Florus in Early Modern England." *Renaissance Studies* 23, no. 5 (Nov. 2009): 659-77.

——. *Reading the Roman Republic in Early Modern England.* Leiden: Brill, 2012.

Joas, Hans, and Wolfgang Köbl. *War in Social Thought: Hobbes to the Present.* Translated by Alex Skinner. Princeton, N.J.: Princeton University Press, 2013.

Johnson, Martin P. *Writing the Gettysburg Address.* Lawrence: University Press of Kansas, 2013.

Jouin, Céline. *Le retour de la guerre juste: Droit international, épistémologie et idéologie chez Carl Schmitt.* Paris: J. Vrin, 2013.

Jung, Dietrich. "Introduction: Towards Global Civil War?" In *Shadow Globalization, Ethnic Conflicts and New Wars: A Political Economy of Intra-state War*, edited by Dietrich Jung, 1-6. London: Routledge, 2003.

Kaldor, Mary. *New and Old Wars.* 3rd ed. Cambridge, U.K.: Polity Press, 2012.

Kalyvas, Stathis N. "Civil Wars." In *The Oxford Handbook of Comparative Politics*, edited by Carles Boix and Susan C. Stokes, 416-34. Oxford: Oxford University Press, 2007.

——. *The Logic of Violence in Civil War.* Cambridge, U.K.: Cambridge University Press, 2006.

——. "'New' and 'Old' Civil Wars: A Valid Distinction?" *World Politics* 54,

no. 1(Oct. 2001): 99-118.

——. "The Ontology of 'Political Violence': Action and Identity in Civil Wars." *Perspectives on Politics* 1, no. 3(Sept. 2003): 475-94.

——. "Promises and Pitfalls of an Emerging Research Program: The Microdynamics of Civil War." In *Order, Conflict, and Violence*, edited by Stathis N. Kalyvas, Ian Shapiro, and Tarek Masoud, 397-421. Cambridge, U.K.: Cambridge University Press, 2008.

Keegan, John, and Bartle Bull. "What Is a Civil War? Are We Witnessing One in Iraq?" *Prospect* 129(Dec. 2006): 18-19.

Keenan, Danny. *Wars Without End: The Land Wars in Nineteenth-Century New Zealand*. Rev. ed. Auckland: Penguin Books, 2009.

Keeter, Scott. "Civil War: What's in a Name?" Pew Research Center Publications, Dec. 6, 2006. http://pewresearch.org/pubs/104/civil-war-whats-in-a-name.

Keitel, Elizabeth. "Principate and Civil War in the *Annals* of Tacitus." *American Journal of Philology* 105, no. 3(Autumn 1984): 306-25.

Kelsey, Francis W. "The Title of Caesar's Work on the Gallic and Civil Wars." *Transactions and Proceedings of the American Philological Association* 36(1905): 211-38.

Kelsey, Sean. "The Ordinance for the Trial of Charles I." *Historical Research* 76, no. 193(Aug. 2003): 310-31.

——. "The Trial of Charles I." *English Historical Review* 118, no. 477(June 2003): 583-617.

Kesting, Hanno. *Geschichtsphilosophie und Weltbürgerkrieg: Deutungen der Geschichte von der französischen Revolution bis zum ost-west-konflikt*. Heidelberg: Carl Winter, 1959.

Kissane, Bill. *Nations Torn Asunder: The Challenge of Civil War*. Oxford: Oxford University Press, 2016.

Kissane, Bill, and Nick Sitter. "Ideas in Conflict: The Nationalism Literature and the Comparative Study of Civil War." *Nationalism and Ethnic Politics* 19, no. 1(2013): 38-57.

Klooster, Wim. *Revolutions in the Atlantic World: A Comparative History*. New York: New York University Press, 2009.

Kloppenberg, James T. *Toward Democracy: The Struggle for Self-Rule in European and American Thought*. New York: Oxford University

Press, 2016.

Klose, Fabian. "The Colonial Testing Ground: The International Committee of the Red Cross and the Violent End of Empire." *Humanity* 2, no. 1 (Spring 2011): 107–26.

——. *Human Rights in the Shadow of Colonial Violence: The Wars of Independence in Kenya and Algeria*. Translated by Dona Geyer. Philadelphia: University of Pennsylvania Press, 2013.

Kolb, Robert. "Le droit international public et le concept de guerre civile depuis 1945." *Relations Internationales* 105 (Spring 2001): 9–29.

Koselleck, Reinhart. *Critique and Crisis: Enlightenment and the Pathogenesis of Modern Society*. Oxford: Berg, 1988.〔ラインハルト・コゼレック『批判と危機――市民的世界の病因論のための一研究』村上隆夫訳，未來社，1989 年〕

——. "Historical Criteria of the Modern Concept of Revolution." In Koselleck, *Futures Past: On the Semantics of Historical Time*, translated by Keith Tribe, 43–57. New York: Columbia University Press, 2004.

Kreß, Claus, and Frédéric Mégret. "The Regulation of Non-international Armed Conflicts: Can a Privilege of Belligerency Be Envisioned in the Law of Non-international Armed Conflict?" *International Review of the Red Cross* 96, no. 893 (March 2014): 29–66.

Kretchik, Walter E. *U.S. Army Doctrine: From the American Revolution to the War on Terror*. Lawrence: University Press of Kansas, 2011.

Kunze, Michael. "Zweiter Dreißigjähriger Krieg—internationaler Bürgerkrieg/Weltbürgerkrieg: Sigmund Neumanns Beitrag zu einer begriffsgeschichtlichen Kontroverse." In *Intellektuelle Emigration: Zur Aktualität eines historischen Phänoms*, edited by Frank Schale, Ellen Thümler, and Michael Vollmer, 127–53. Wiesbaden: Springer, 2012.

Kyriakidis, Savvas. "The Idea of Civil War in Thirteenth- and Fourteenth-Century Byzantium." *Recueil des Travaux de l'Institut d'Études Byzantines* 49 (2012): 243–56.

La Haye, Eva. *War Crimes in Internal Armed Conflicts*. Cambridge, U.K.: Cambridge University Press, 2008.

Lando, Barry. "By the Numbers, It's Civil War." *Los Angeles Times*, Nov. 29, 2006. November 29, 2006. http://articles.latimes.com/2006/nov/29/opinion/oe-lando29.

Lange, Carsten Hjort. "Triumph and Civil War in the Late Republic." *Papers of the British School at Rome* 81(2013): 67–90.

——. *Triumphs in the Age of Civil War: The Late Republic and the Adaptability of Triumphal Tradition*. London: Bloomsbury Publishing, 2016.

Larkin, Edward. "What Is a Loyalist? The American Revolution as Civil War." *Common-Place* 8, no. 1(Oct. 2007). http://www.common-place.org/vol-08/no-01/larkin/.

Larrère, Catherine. "Grotius et la distinction entre guerre privé et guerre publique." In *Penser la guerre au XVIIe siècle*, edited by Ninon Grangé, 73–93. Saint-Denis: Presses Universitaires de Vincennes, 2012.

Laurent, Franck. "'La guerre civile? qu'est-ce à dire? Est-ce qu'il y a une guerre étrangère?'" In *Hugo et la guerre*, edited by Claude Millet, 133–56. Paris: Maisonneuve & Larose, 2002.

Lawson, Philip. "Anatomy of a Civil War: New Perspectives on England in the Age of the American Revolution, 1767–82." *Parliamentary History* 8, no. 1(May 1989): 142–52.

Lebreton-Savigny, Monique. *Victor Hugo et les Américains(1825–1885)*. Paris: Klincksieck, 1971.

Lee, Thomas H., and Michael D. Ramsey. "The Story of the *Prize Cases:* Executive Action and Judicial Review in Wartime." In *Presidential Power Stories*, edited by Christopher H. Schroeder and Curtis A. Bradley, 53–92. New York: Foundation Press, 2009.

Lekas, Padelis. *Marx on Classical Antiquity: Problems in Historical Methodology*. Brighton, U.K.: Wheatsheaf Books, 1988.

Lempérière, Annick. "Revolución, guerra civil, guerra de independencia en el mundo hispánico, 1808–1825." *Ayer* 55, no. 3(2004): 15–36.

Lepore, Jill. *The Name of War: King Philip's War and the Origins of American Identity*. New York: Alfred A. Knopf, 1998.

Lind, L. R. "The Idea of the Republic and the Foundations of Roman Political Liberty." In *Studies in Latin Literature and Roman History 4*, edited by Carl Deroux, 44–108. Brussels: Latomus, 1986.

Lintott, Andrew. *Violence in Republican Rome*. 2nd ed. Oxford: Oxford University Press, 1999.

Logan, George M. "Daniel's *Civil Wars* and Lucan's *Pharsalia*." *Studies in English Literature* 11(1971): 53–68.

——. "Lucan—Daniel—Shakespeare: New Light on the Relation between *The Civil Wars* and *Richard II*." *Shakespeare Studies* 9(1976): 121-40.

Loraux, Nicole. *The Divided City: On Memory and Forgetting in Ancient Athens*. Translated by Corinne Pache and Jeff Fort. New York: Zone Books, 2002.

——. "*Oikeios polemos:* La guerra nella famiglia." *Studi Storici* 28, no. 1 (Jan.-March 1987): 5-35.

——. "Thucydide et la sédition dans les mots." *Quaderni di Storia* 23(Jan.-June 1986): 95-134.

Losurdo, Domenico. "Une catégorie centrale du révisionnisme: le concept de guerre civile internationale." *Cités* 29(2007): 13-23.

——. *War and Revolution: Rethinking the Twentieth Century*. Translated by Gregory Elliott. London: Verso, 2015.

Lounsberry, Marie Olson, and Frederic Pearson. *Civil Wars: Internal Struggles, Global Consequences*. Toronto: University of Toronto Press, 2009.

Lucena Giraldo, Manuel. *Naciones de rebeldes: Las revoluciones de independencia latinoamericanas*. Madrid: Taurus, 2010.

Lynch, Colum. "The U.N. War over Calling Syria a 'Civil War.'" *Foreign Policy*, June 13, 2012. http://turtlebay.foreignpolicy.com/posts/2012/06/13/the_un_war_over_calling_syria_a_civil_war.

Lynch, John. *San Martín: Soldado argentino, héroe americano*. Translated by Alejandra Chaparro. Barcelona: Critica, 2009.

MacCormack, Sabine. *On the Wings of Time: Rome, the Incas, Spain, and Peru*. Princeton, N.J.: Princeton University Press, 2007.

MacCormick, Neil. "Sovereignty and After." In *Sovereignty in Fragments: The Past, Present, and Future of a Contested Concept*, edited by Hent Kalmo and Quentin Skinner, 151-68. Cambridge, U.K.: Cambridge University Press, 2010.

Mack, Charles R., and Henry H. Lesesne, eds. *Francis Lieber and the Culture of the Mind*. Columbia: University of South Carolina Press, 2005.

Malamud, Margaret. "The *Auctoritas* of Antiquity: Debating Slavery Through Classical Exempla in the Antebellum USA." In *Ancient Slavery and Abolition: From Hobbes to Hollywood*, edited by Edith Hall, Richard Alston, and Justine McConnell, 279-317. Oxford: Oxford Uni-

versity Press, 2011.

Mamdani, Mahmood. "The Politics of Naming: Genocide, Civil War, Insurgency." *London Review of Books*, March 8, 2007, 1–9.

——. *Saviors and Survivors: Darfur, Politics, and the War on Terror.* New York: Pantheon Books, 2009.

Mandelbaum, Michael. *The Dawn of Peace in Europe.* New York: Twentieth Century Fund Press, 1996.

Manicas, Peter T. "War, Stasis, and Greek Political Thought." *Comparative Studies in Society and History* 24, no. 4 (Oct. 1982): 673–88.

Manjapra, Kris. *M. N. Roy: Marxism and Colonial Cosmopolitanism.* New Delhi: Routledge, 2010.

Manning, Chandra, and Adam Rothman. "The Name of War." *Opinionator* (blog), *New York Times*, Aug. 17, 2013. http://opinionator.blogs.nytimes.com//2013/08/17/the-name-of-war/.

Marañon Moya, Gregorio. "El general De Gaulle, en Toledo." *El País*, Aug. 8, 1981, 8.

Marshall, P. J. *The Making and Unmaking of Empires: Britain, India, and America, c. 1750–1783.* Oxford: Oxford University Press, 2005.

Martin, Jean-Clément. "La guerre civile: Une notion explicative en histoire?" *EspacesTemps* 71–73 (1999): 84–99.

——. "Rivoluzione francese e guerra civile." In *Guerre fratricide: Le guerre civili in età contemporanea*, edited by Gabriele Ranzato, 28–55. Turin: Bollati Boringhieri, 1994.

——. *La Vendée et la Révolution: Accepter la mémoire pour écrire l'histoire.* Paris: Perrin, 2007.

Martinez-Gross, Gabriel, and Emmanuelle Tixier du Mesnil, eds. "La *fitna:* Le désordre politique dans l'Islam médiéval." *Médiévales* 60 (Spring 2011): 5–127.

Mason, Haydn T., ed. *The Darnton Debate: Books and Revolution in the Eighteenth Century.* Oxford: Voltaire Foundation, 1998.

Mason, T. David. "The Evolution of Theory on Civil War and Revolution." In *Handbook of War Studies III: The Intrastate Dimension*, edited by Manus I. Midlarsky, 63–99. Ann Arbor: University of Michigan Press, 2009.

Masters, Jamie. *Poetry and Civil War in Lucan's "Bellum Civile."* Cam-

bridge, U.K.: Cambridge University Press, 1992.

Mattler, Michael J. "The Distinction Between Civil Wars and International Wars and Its Legal Implications." *Journal of International Law and Politics* 26, no. 4 (Summer 1994): 655–700.

Mayer, Arno J. *The Furies: Violence and Terror in the French and Russian Revolutions*. Princeton, N.J.: Princeton University Press, 2000.

McAlister, John T. *Viet Nam: The Origins of Revolution*. Princeton, N.J.: Princeton University Press, 1969.

McDowell, Nicholas. "Towards a Poetics of Civil War." *Essays in Criticism* 65, no. 4 (Oct. 2015): 341–67.

McGinty, Brian. *Lincoln and the Court*. Cambridge, Mass.: Harvard University Press, 2008.

McMahon, Darrin M. *Divine Fury: A History of Genius*. New York: Basic Books, 2013.

——. *Happiness: A History*. New York: Atlantic Monthly Press, 2006.

——. "The Return of the History of Ideas?" In *Rethinking Modern European Intellectual History*, edited by Darrin McMahon and Samuel Moyn, 13–31. New York: Oxford University Press, 2014.

McNelis, Charles. *Statius' Thebaid and the Poetics of Civil War*. Cambridge, U.K.: Cambridge University Press, 2007.

Melander, Erik, Therése Pettersson, and Lotta Themnér. "Organized Violence, 1989–2015." *Journal of Peace Research* 53, no. 5 (Sept. 2016): 727–42.

Mendell, Charles W. "The Epic of Asinius Pollio." *Yale Classical Studies* 1 (1928): 195–207.

Meyer, Robert T. "The Middle-Irish Version of the *Pharsalia* of Lucan." *Papers of the Michigan Academy of Science, Arts, and Letters* 44, no. 3 (1959): 355–63.

Miller, Andrew John. *Modernism and the Crisis of Sovereignty*. New York: Routledge, 2008.

Moir, Lindsay. "The Concept of Non-international Armed Conflict." In *The 1949 Geneva Conventions: A Commentary*, edited by Andrew Clapham, Paola Gaeta, and Marco Sassòli, 392–414. Oxford: Oxford University Press, 2015.

——. *The Law of Internal Armed Conflict*. Cambridge, U.K.: Cambridge

University Press, 2002.

Momigliano, Arnaldo. "Ancient History and the Antiquarian." *Journal of the Warburg and Courtauld Institutes* 13, no. 3/4(1950): 285–315.

Le Monde. "Pour Valls, le FN peut conduire à la 'guerre civile.'" Dec. 11, 2015. http://www.lemonde.fr/elections-regionales-2015/video/2015/12/11/pour-valls-le-fn-peut-conduire-a-la-guerre-civile_4829710_4640869.html.

Moses, Dirk. "Civil War or Genocide? Britain and the Secession of East Pakistan in 1971." In *Civil Wars in South Asia: State, Sovereignty, Development*, edited by Aparna Sundar and Nandini Sundar, 142–64. New Delhi: Sage India, 2014.

Mueller, John. *Retreat from Doomsday: The Obsolescence of Major War*. New York, Basic Books, 1989.

Müller, Jan-Werner. *A Dangerous Mind: Carl Schmitt in Post-war European Thought*. New Haven, Conn.: Yale University Press, 2003.

Mundy, Jacob. "Deconstructing Civil Wars: Beyond the New Wars Debate." *Security Dialogue* 42, 3(June 2011): 279–95.

Münkler, Herfried. *The New Wars*. Translated by Patrick Camiller. Cambridge, U.K.: Polity, 2005.

Murphy, Dan. "Why It's Time to Call Syria a Civil War." *Christian Science Monitor*, June 5, 2012. http://www.csmonitor.com/World/Backchannels/2012/0605/Why-it-s-time-to-call-Syria-a-civil-war.

Musick, Michael P. "A War by Any Other Name." *Prologue: The Journal of the National Archives* 27, no. 2(Summer 1995): 149.

Nation, R. Craig. *War on War: Lenin, the Zimmerwald Left, and the Origins of Communist Internationalism*. Durham, N.C.: Duke University Press, 1989.

Neely, Mark A., Jr. *The Civil War and the Limits of Destruction*. Cambridge, Mass.: Harvard University Press, 2007.

Neff, Stephen C. *Justice in Blue and Gray: A Legal History of the Civil War*. Cambridge, Mass.: Harvard University Press, 2010.

——. *War and the Law of Nations: A General History*. Cambridge, U.K.: Cambridge University Press, 2005.

Nelson, Eric. *The Royalist Revolution: Monarchy and the American Founding*. Cambridge, Mass.: Harvard University Press, 2014.

Neumann, Sigmund. "The International Civil War." *World Politics* 1, no. 3 (April 1949): 333–50.

Newman, Edward. "Conflict Research and the 'Decline' of Civil War." *Civil Wars* 11, no. 3 (Sept. 2009): 255–78.

——. *Understanding Civil Wars: Continuity and Change in Intrastate Conflict.* London: Routledge, 2014.

Nicolet, Claude, ed. *Demokratia et Aristokratia: À propos de Caius Gracchus: Mots grecs et réalités romaines.* Paris: Université de Paris I, 1983.

Nipperdey, Thomas, Anselm Doering-Manteuffel, and Hans-Ulrich Thamer, eds. *Weltbürgerkrieg der Ideologien: Antworten an Ernst Nolte: Festschrift zum 70. Geburstag.* Berlin: Propyläen, 1993.

Nolte, Ernst. *Der europäische Bürgerkrieg, 1917–1945: Nationalsozialismus und Bolschewismus.* Berlin: Propyläen, 1987.

Norbrook, David. "Lucan, Thomas May, and the Creation of a Republican Literary Culture." In *Culture and Politics in Early Stuart England*, edited by Kevin Sharpe and Peter Lake, 45–66. Basingstoke: Palgrave, 1994.

——. *Writing the English Republic: Poetry, Rhetoric, and Politics, 1627–1660.* Cambridge, U.K.: Cambridge University Press, 1999.

Núñez González, Juan Maria. "On the Meaning of *Bella Plus Quam Ciuilia* (Lucan 1, 1): A Relevant Hyperbole." In *Studies in Latin Literature and Roman History 13*, edited by Carl Deroux, 380–89. Brussels: Latomus, 2006.

Odysseos, Louiza. "Liberalism's War, Liberalism's Order: Rethinking the Global Liberal Order as a 'Global Civil War.'" Paper presented at Liberal Internationalism, San Francisco, March 25, 2008.

——. "Violence *After* the State? A Preliminary Examination of the Concept of 'Global Civil War.'" Paper presented at Violence Beyond the State, Turin, Sept. 12–15, 2007.

Orlansky, Jesse. *The State of Research on Internal War.* Science and Technology Division, Research Paper P-565. Arlington, Va.: Institute for Defense Analyses, 1970.

Orr, D. Alan. "The Juristic Foundation of Regicide." In *The Regicides and the Execution of Charles I*, edited by Jason Peacey, 117–37. Basingstoke: Palgrave, 2001.

——. *Treason and the State: Law, Politics, and Ideology in the English Civil War*. Cambridge, U.K.: Cambridge University Press, 2002.

Orwin, Clifford. "Stasis and Plague: Thucydides on the Dissolution of Society." *Journal of Politics* 50, no. 4(Nov. 1988): 831-47.

Osgood, Josiah. *Caesar's Legacy: Civil War and the Emergence of the Roman Empire*. Cambridge, U.K.: Cambridge University Press, 2006.

——. "Ending Civil War at Rome: Rhetoric and Reality, 88 b.c.e.-197 c.e." *American Historical Review* 120, no. 5(Dec. 2015): 1683-95.

O'Shaughnessy, Andrew. *An Empire Divided: The American Revolution and the British Caribbean*. Philadelphia: University of Pennsylvania Press, 2000.

Östenberg, Ida. "*Veni Vidi Vici* and Caesar's Triumph." *Classical Quarterly* 63, no. 2(Dec. 2013): 813-27.

Pani, Erika. "Ties Unbound: Membership and Community During the Wars of Independence: The Thirteen North American Colonies(1776-1783) and New Spain(1808-1820)." In *Les empires atlantiques des Lumières au libéralisme, 1763-1865*, edited by Federica Morelli, Clément Thibaud, and Geneviève Verdo, 39-65. Rennes: Presses Universitaires de Rennes, 2009.

Panourgía, Neni. *Dangerous Citizens: The Greek Left and the Terror of the State*. New York: Fordham University Press, 2009.

Patten, David A. "Is Iraq in a Civil War?" *Middle East Quarterly* 14, no. 3 (Summer 2007): 27-32.

Pavković, Aleksandar. *Creating New States: Theory and Practice of Secession*. With Peter Radan. Aldershot: Ashgate, 2007.

Pavone, Claudio. *A Civil War: A History of the Italian Resistance*. Translated by Peter Levy and David Broder. London: Verso, 2013.

Payne, Stanley G. *Civil War in Europe, 1905-1949*. Cambridge, U.K.: Cambridge University Press, 2011.

Pelling, Christopher. "'Learning from That Violent Schoolmaster': Thucydidean Intertextuality and Some Greek Views of Roman Civil War." In *Citizens of Discord: Rome and Its Civil Wars*, edited by Brian W. Breed, Cynthia Damon, and Andreola Rossi, 105-18. New York: Oxford University Press, 2010.

Pérez Vejo, Tomás. *Elegía criolla: Una reinterpretación de las guerras de*

independencia hispanoamericanas. Mexico, D.F.: Tusquets, 2010.

Pettersson, Therése, and Peter Wallensteen. "Armed conflicts, 1946–2014", *Journal of Peace Research* 52, no 4 (Jul. 2015): 536–50.

Phillipson, Nicholas. *Adam Smith: An Enlightened Life*. London: Allen Lane, 2010.〔ニコラス・フィリップソン『アダム・スミスとその時代』永井大輔訳，白水社，2014 年〕

Pictet, Jean S. *Geneva Convention for the Amelioration of the Condition of the Wounded and Sick in Armed Forces in the Field: Commentary*. Geneva: International Committee of the Red Cross, 1952.

Pinker, Steven. *The Better Angels of Our Nature: Why Violence Has Declined*. New York: Viking, 2011.〔スティーブン・ピンカー『暴力の人類史』上下巻，幾島幸子・塩原通緒訳，青土社，2015 年〕

Pitts, Jennifer. "Intervention and Sovereign Equality: Legacies of Vattel." In *Just and Unjust Military Intervention: European Thinkers from Vitoria to Mill*, edited by Stefano Recchia and Jennifer M. Welsh, 132–53. Cambridge, U.K.: Cambridge University Press, 2013.

Platt, Stephen R. *Autumn in the Heavenly Kingdom: China, the West, and the Epic Story of the Taiping Civil War*. New York: Alfred A. Knopf, 2012.

Pocock, J. G. A. "The Fourth English Civil War: Dissolution, Desertion, and Alternative Histories in the Glorious Revolution." *Government and Opposition* 23, no. 2 (April 1988): 151–66.

——. "Political Thought in the English-Speaking Atlantic, 1760–1790: I, The Imperial Crisis." In *The Varieties of British Political Thought, 1500–1800*, edited by J. G. A. Pocock, Gordon J. Schochet, and Lois G. Schwoerer, 246–82. Cambridge, U.K.: Cambridge University Press, 1993.

——. "Thomas May and the Narrative of Civil War." In *Writing and Political Engagement in Seventeenth-Century England*, edited by Derek Hirst and Richard Strier, 112–44. Cambridge, U.K.: Cambridge University Press, 1999.

——, ed. *Three British Revolutions, 1641, 1688, 1776*. Princeton, N.J.: Princeton University Press, 1980.

Poignault, Rémy. "Napoleon Ier et Napoleon III lecteurs de Jules César." In *Présence de César: Actes du Colloque de 9–11 Décembre 1983: Hom-*

mage au doyen Michel Rambaud, edited by Raymond Chevallier, 329-45. Paris: Belles Lettres, 1985.

Portinaro, Pier Paolo. "L'epoca della guerra civile mondiale?" *Teoria Politica* 8, no. 1-2(1992): 65-77.

Pressman, Jeremy. "Why Deny Syria Is in a Civil War?" *Mideast Matrix*, Jan. 16, 2012. http://mideastmatrix.wordpress.com/2012/01/16/syria-civil-war.

Price, Jonathan J. *Thucydides and Internal War*. Cambridge, U.K.: Cambridge University Press, 2001.

——. "Thucydidean *Stasis* and the Roman Empire in Appian's Interpretation of History." In *Appian's Roman History: Empire and Civil War*, edited by Kathryn Welch, 45-63. Swansea: The Classical Press of Wales, 2015.

Raaflaub, Kurt A. "Caesar the Liberator? Factional Politics, Civil War, and Ideology." In *Caesar Against Liberty? Perspectives on His Autocracy*, edited by Francis Cairns and Elaine Fantham, 35-67. Cambridge, U.K.: Francis Cairns, 2003.

——. *Dignitatis contentio: Studien z. Motivation u. polit. Taktik im Bürgerkrieg zwischen Caesar u. Pompeius*. Munich: Beck, 1974.

——, ed. *Social Struggles in Archaic Rome: New Perspectives on the Conflict of the Orders*. 2nd ed. Oxford: Blackwell, 2005.

Rabinbach, Anson. "The Challenge of the Unprecedented: Raphael Lemkin and the Concept of Genocide." *Simon Dubnow Institute Yearbook* 4 (2005): 397-420.

Rachum, Ilan. "The Meaning of 'Revolution' in the English Revolution(London, 1648-1660)." *Journal of the History of Ideas* 56, no. 2(April 1995): 195-215.

Radan, Peter. "Lincoln, the Constitution, and Secession." In *Secession as an International Phenomenon: From America's Civil War to Contemporary Separatist Movements*, edited by Don H. Doyle, 56-75. Athens: University of Georgia Press, 2010.

Ramsey, Robert D., III. *A Masterpiece of Counterguerrilla Warfare: BG J. Franklin Bell in the Philippines, 1901-1902*. Fort Leavenworth, Kans.: Combat Studies Institute Press, 2007.

Ranzato, Gabriele. "Evidence et invisibilité des guerres civiles." In *La*

guerre civile entre histoire et mémoire, edited by Jean-Clément Martin, 17-25. Nantes: Ouest, 1994.

Rech, Walter. *Enemies of Mankind: Vattel's Theory of Collective Security*. Leiden: Martinus Nijhoff, 2013.

Reiter, Dan, Allan C. Stam, and Michael C. Horowitz. "A Revised Look at Interstate Wars, 1816-2007." *Journal of Conflict Resolution* 60, no. 5 (Aug 2016): 956-76.

Remak, Joachim. *A Very Civil War: The Swiss Sonderbund War of 1847*. Boulder, Colo.: Westview Press, 1993.

Rey, Alain. *"Révolution": Histoire d'un mot*. Paris: Gallimard, 1989.

Rice, Susan E., Corinne Graff, and Janet Lewis. *Poverty and Civil War: What Policymakers Need to Know*. Brookings Institution, Global Economy and Development Working Papers 02 (Dec. 2006).

Richardson, Lewis Fry. *Statistics of Deadly Quarrels*. Edited by Quincy Wright and C. C. Lienau. Pittsburgh: Boxwood Press, 1960.

Rieber, Alfred J. "Civil Wars in the Soviet Union." *Kritika: Explorations in Russian and Eurasian History* 4, no. 1 (Winter 2003): 129-62.

Rohrbacher, David. *The Historians of Late Antiquity*. London: Routledge, 2002.

Rosenberger, Veit. *Bella et expeditiones: Die antike Terminologie der Kriege Roms*. Stuttgart: Franz Steiner, 1992.

Rosenfeld, Sophia. *Common Sense: A Political History*. Cambridge, Mass.: Harvard University Press, 2011.

Rougier, Antoine. *Les guerres civiles et le droit des gens*. Paris: L. Larose, 1903.

Rusconi, Gian Enrico. *Se cessiamo di essere una nazione: Tra etnodemocrazie regionali e cittadinanza europea*. Bologna: Il Mulino, 1993.

Sambanis, Nicholas. "A Review of Recent Advances and Future Directions in the Literature on Civil War." *Defense and Peace Economics* 13, no. 2 (June 2002): 215-43.

——. "What Is Civil War? Conceptual and Empirical Complexities of an Operational Definition." *Journal of Conflict Resolution* 48, no. 6 (Dec. 2004): 814-58.

——. "It's Official: There Is Now a Civil War in Iraq." *The New York Times*, July 23, 2006. http://www.nytimes.com/2006/07/23/opinion/23

sambanis.html.

Sarkees, Meredith. "Patterns of Civil Wars in the Twentieth Century: The Decline of Civil War?" In *Routledge Handbook of Civil Wars*, edited by Edward Newman and Karl Derouen, 236–56. London: Routledge, 2014.

Sarkees, Meredith Reid, and Frank Whelon Wayman. *Resort to War: A Data Guide to Inter-state, Extra-state, Intra-state, and Non-state Wars, 1816–2007*. Washington, D.C.: CQ Press, 2010.

Scanlon, Thomas Francis. *The Influence of Thucydides on Sallust*. Heidelberg: Winter, 1980.

Schiavone, Aldo. *Spartacus*. Translated by Jeremy Carden. Cambridge, Mass.: Harvard University Press, 2013.

Schnur, Roman. *Revolution und Weltbürgerkrieg: Studien zur Ouverture nach 1789*. Berlin: Duncker & Humblot, 1983.

——. *Rivoluzione e guerra civile*. Edited by Pier Paolo Portinaro. Milan: Giuffrè, 1986.

Schuhmann, Karl. "Hobbes's Concept of History." In *Hobbes and History*, edited by G. A. J. Rogers and Tom Sorell, 3–24. London: Routledge, 2000.

Seager, Robin. *Pompey the Great: A Political Biography*. 2nd ed. Oxford: Blackwell, 2002.

——. "Sulla." In *The Cambridge Ancient History*. 2nd ed. Vol. 11, *The Last Age of the Roman Republic, 146–43 b.c.*, edited by J. A. Crook, Andrew Lintott, and Elizabeth Rawson, 165–207. Cambridge, U.K.: Cambridge University Press, 1994.

Seaward, Paul. "Clarendon, Tacitism, and the Civil Wars of Europe." In *The Uses of History in Early Modern England*, edited by Paulina Kewes, 285–306. San Marino, Calif.: Huntington Library, 2006.

Serna, Pierre. "Toute révolution est guerre d'indépendance." In *Pour quoi faire la Révolution*, edited by Jean-Luc Chappey, Bernard Gainot, Guillaume Mazeau, Frédéric Régent, and Pierre Serna, 19–49. Marseille: Agone, 2012.

Sewall, Sarah. Introduction to *The U.S. Army/Marine Corps Counterinsurgency Field Manual: U.S. Army Field Manual No. 3–24: Marine Corps Warfighting Publication No. 3–33. 5*. Chicago: University of Chicago Press, 2007.

Sewell, William H., Jr. *Logics of History: Social Theory and Social Transformation*. Chicago: University of Chicago Press, 2005.

Shapiro, James. "'Metre Meete to Furnish Lucans Style': Reconsidering Marlowe's Lucan." In *"A Poet and a Filthy Playmaker": New Essays on Christopher Marlowe*, edited by Kenneth Friedenreich, Roma Gill, and Constance B. Kuriyama, 315–26. New York: AMS Press, 1988.

Sheehan, James J. *Where Have All the Soldiers Gone? The Transformation of Modern Europe*. Boston: Houghton Mifflin, 2008.

Sherwin-White, A. N. *The Roman Citizenship*. 2nd ed. Oxford: Clarendon Press, 1973.

Shy, John. *A People Numerous and Armed: Reflections on the Military Struggle for American Independence*. Rev. ed. Ann Arbor: University of Michigan Press, 1990.

Simms, Brendan. *Three Victories and a Defeat: The Rise and Fall of the First British Empire, 1714–1783*. London: Allen Lane, 2007.

Singer, J. David, and Melvin Small. *The Wages of War, 1816–1965: A Statistical Handbook*. New York: John Wiley & Sons, 1972.

Siordet, Frédéric. "The Geneva Conventions and Civil War." *Revue internationale de la Croix-Rouge. Supplement* 3, nos. 11–12 (Nov.–Dec. 1950): 132–44, 201–18.

Siotis, Jean. *Le droit de la guerre et les conflits armés d'un caractère non-international*. Paris: Librairie Générale de Droit et de Jurisprudence, 1958.

Sivakumaran, Sandesh. *The Law of Non-international Armed Conflict*. Oxford: Oxford University Press, 2012.

Skaperdas, Stergios, et al. *The Costs of Violence*. Washington, D.C.: World Bank, 2009.

Skinner, Quentin. *Forensic Shakespeare*. Oxford: Oxford University Press, 2014.

——. "A Genealogy of the Modern State." *Proceedings of the British Academy* 162 (2009): 325–70.

Small, Melvin, and J. David Singer. *Resort to Arms: International and Civil Wars, 1816–1980*. Beverly Hills, Calif.: Sage, 1982.

Snow, Vernon F. "The Concept of Revolution in Seventeenth-Century England." *Historical Journal* 5, no. 2 (1962): 167–74.

Solis, Gary D. *The Law of Armed Conflict: International Humanitarian Law in War*. Cambridge, U.K.: Cambridge University Press, 2010.

Speier, Hans. *Revolutionary War*. Santa Monica, Calif.: Rand, 1966.

Stansfield, Gareth. “Accepting Realities in Iraq.” Chatham House Middle East Programme Briefing Paper 07/02(May 2007). http://www.chathamhouse.org.uk/publications/papers/view/-/id/501/.

Stauffer, John. “Civility, Civil Society, and Civil Wars.” In Center for Civil Discourse, *Civility and American Democracy: Nine Scholars Explore the History, Challenges, and Role of Civility in Public Discourse*, 88–99. Boston: University of Massachusetts, 2012.

Stouraitis, Ioannis. “Byzantine War Against Christians—an *Emphylios Polemos*?” *Byzantina Symmeikta* 20(2010): 85–110.

Straumann, Benjamin. *Roman Law in the State of Nature: The Classical Foundations of Hugo Grotius’ Natural Law*. Cambridge, U.K.: Cambridge University Press, 2015.

Suri, Jeremi. *Power and Protest: Global Revolution and the Rise of Détente*. Cambridge, Mass.: Harvard University Press, 2003.

Sutton, Malcolm. *An Index of Deaths from the Conflict in Ireland, 1969–1993*. Belfast: Beyond the Pale, 1994.

Taheri, Amir. “There Is No Civil War in Iraq: Here Is Why.” *Asharq Al-Aswat*, March 31, 2006. http://www.aawsat.net/2006/03/article55267289.

Talmon, Stefan. “Recognition of the Libyan National Transitional Council.” *ASIL Insights*, June 16, 2011. http://www.asil.org/insights/volume/15/issue/16/recognition-libyan-national-transitional-council.

Thomas, Richard. “‘My Brother Got Killed in the War’: Internecine Intertextuality.” In *Citizens of Discord: Rome and Its Civil Wars*, edited by Brian W. Breed, Cynthia Damon, and Andreola Rossi, 293–308. New York: Oxford University Press, 2010.

Toft, Monica Duffy. “Is It a Civil War, or Isn’t It?” *Nieman Watch dog*, July 28, 2006. http://www.niemanwatchdog.org/index.cfm?fuseaction=ask_this.view&askthisid=220.

Tønnesson, Stein. “A ‘Global Civil War’?” In *The Consequences of September 11: A Symposium on the Implications for the Study of International Relations*, edited by Bengt Sundelius, 103–11. Stockholm: Utrike-

spolitiska Institutet, 2002.

Trakulhun, Sven. "Das Ende der Ming-Dynastie in China (1644): Europäische Perspektiven auf eine 'große Revolution.'" In *Revolutionsmedien—Medienrevolutionen*, edited by Sven Grampp, Kay Kirchmann, Marcus Sandl, Rudolf Schlögl, and Eva Wiebe, 475–508. Constance: UVK, 2008.

Traverso, Enzo. *A ferro e fuoco: La guerra civile europea, 1914–1945*. Bologna: Il Mulino, 2007.

——. "The New Anti-Communism: Reading the Twentieth Century." In *History and Revolution: Refuting Revisionism*, edited by Mike Haynes and Jim Wolfreys, 138–55. London: Verso, 2007.

U.K. Ministry of Defence. *The Manual of the Law of Armed Conflict*. Oxford: Oxford University Press, 2004.

United Nations Assistance Mission for Iraq. "Human Rights Report, 1 September–31 October 2006." http://www.uniraq.org/documents/HRReportSepOct2006EN.pdf.

Uppsala Conflict Data Program. http://www.pcr.uu.se/research/UCDP/.

Urbainczyk, Theresa. *Slave Revolts in Antiquity*. Berkeley: University of California Press, 2008.

U.S. Army Field Manual 100–20: Military Operations in Low Intensity Conflict (Dec. 5, 1990). http://www.globalsecurity.org/military/library/policy/army/fm/100-20/10020gl.htm.

U.S. Department of State, Office of Electronic Information, Bureauof Public Affairs. "Daily Press Briefing—December 2, 2011." http://www.state.gov/r/pa/prs/dpb/2011/12/178090.htm.

Varon, Elizabeth R. *Appomattox: Victory, Defeat, and Freedom at the End of the Civil War*. New York: Oxford University Press, 2014.

Varouxakis, Georgios. *Liberty Abroad: J. S. Mill on International Relations*. Cambridge, U.K.: Cambridge University Press, 2013.

——. "'Negrophilist' Crusader: John Stuart Mill on the American Civil War and Reconstruction." *History of European Ideas* 39, no. 5 (Sept. 2013): 729–54.

Vasquez, John A. *The War Puzzle Revisited*. Cambridge, U.K.: Cambridge University Press, 2009.

Viola, Paolo. "Rivoluzione e guerra civile." In *Guerre fratricide: Le guerre*

civili in età contemporanea, edited by Gabriele Ranzato, 5-26. Turin: Bollati Boringhieri, 1994.

Vité, Sylvain. "Typology of Armed Conflicts in International Humanitarian Law: Legal Concepts and Actual Situations." *International Review of the Red Cross* 91, 873 (March 2009): 69-94.

Vlassopoulos, Kostas. "Acquiring (a) Historicity: Greek History, Temporalities, and Eurocentrism in the *Sattelzeit* (1750-1850)." In *The Western Time of Ancient History: Historiographical Encounters with the Greek and Roman Pasts*, edited by Alexandra Lianeri, 156-78. Cambridge, U.K.: Cambridge University Press, 2011.

Wahrman, Dror. *The Making of the Modern Self: Identity and Culture in Eighteenth-Century England*. New Haven, Conn.: Yale University Press, 2004.

Waldmann, Peter. "Guerra civil: Aproximación a un concepto difícil de formular." In *Sociedades en guerra civil: Conflictos violentos de Europa y América Latina*, edited by Peter Waldmann and Fernando Reinardes, 27-44. Barcelona: Paidós, 1999.

Walter, Barbara F. "Does Conflict Beget Conflict? Explaining Recurring Civil War." *Journal of Peace Research* 41, no. 3 (May 2004): 371-88.

Wellman, Christopher Heath. *A Theory of Secession: The Case for Political Self-Determination*. Cambridge, U.K.: Cambridge University Press, 2005.

Wiedemann, Thomas. "Reflections of Roman Political Thought in Latin Historical Writing." In *The Cambridge History of Greek and Roman Political Thought*, edited by Christopher Rowe and Malcolm Schofield, 517-31. Cambridge, U.K.: Cambridge University Press, 2000.

Wills, Garry. *Lincoln at Gettysburg: The Words That Remade America*. New York: Simon & Schuster, 1992.

Wilmshurst, Elizabeth, ed. *International Law and the Classification of Conflicts*. Oxford: Oxford University Press, 2012.

Wimmer, Andreas. *Waves of War: Nationalism, State Formation, and Ethnic Exclusion in the Modern World*. Cambridge, U.K.: Cambridge University Press, 2013.

Wimmer, Andreas, Lars-Erik Cederman, and Brian Min. "Ethnic Politics and Armed Conflict: A Configurational Analysis of a New Global Data

Set." *American Sociological Review* 74, no. 2(April 2009): 316–37.

Wimmer, Andreas, and Brian Min. "From Empire to Nation-State: Explaining Wars in the Modern World, 1816–2001." *American Sociological Review* 71, no. 6(Dec. 2006): 867–97.

Wiseman, T. P. *Remus: A Roman Myth*. Cambridge, U.K.: Cambridge University Press, 1995.

——. "The Two-Headed State: How the Romans Explained Civil War." In *Citizens of Discord: Rome and Its Civil Wars*, edited by Brian W. Breed, Cynthia Damon, and Andreola Rossi, 25–44. New York: Oxford University Press, 2010.

Witt, John Fabian. *Lincoln's Code: The Laws of War in American History*. New York: Free Press, 2012.

Wong, Edward. "A Matter of Definition: What Makes a Civil War, and Who Declares It So?" *New York Times*, Nov. 26, 2006. http://www.nytimes.com/2006/11/26/world/middleeast/26war.html.

Woodman, A. J. "Poems to Historians: Catullus 1 and Horace, *Odes* 2.1." In *Myth, History, and Culture in Republican Rome: Studies in Honour of T. P. Wiseman*, edited by David Braund and Christopher Gill, 199–213. Exeter, U.K.: University of Exeter Press, 2003.

Woolhouse, Roger. *Locke: A Biography*. Cambridge, U.K.: Cambridge University Press, 2007.

World Bank. *World Development Report 2011: Conflict, Security, and Development*. Washington, D.C.: World Bank, 2011.

Wrangham, Richard, and Dale Peterson. *Demonic Males: Apes and the Origins of Human Violence*. Boston: Houghton Mifflin, 1996.

Wright, Quincy. "The American Civil War(1861–65)." In *The International Law of Civil War*, edited by Richard A. Falk, 30–108. Baltimore: Johns Hopkins Press, 1971.

——. *A Study of War*. 2 vols. Chicago: University of Chicago Press, 1942.

Wyke, Maria. *Caesar: A Life in Western Culture*. London: Granta Books, 2007.

Wynn, Philip. *Augustine on War and Military Service*. Minneapolis: Fortress Press, 2013.

York, Neil L. "Defining and Defending Colonial American Rights: William Bollan, Agent." *American Political Thought* 3, no. 2(Fall 2014): 197–

227.

Zavis, Alexandra. "Maliki Challenges 'Civil War' Label." *Los Angeles Times*, Dec. 5, 2006. http://articles.latimes.com/2006/dec/05/world/fg-iraq5.

Zurbuchen, Simone. "Vattel's 'Law of Nations' and the Principle of Non-intervention." *Grotiana* 31(2012): 69-84